和魂汉神

中国民间信仰在德川日本的本土化

吴伟明 著

生活·讀書·新知 三联书店

Simplified Chinese Copyright © 2022 by SDX Joint Publishing Company.
All Rights Reserved.
本作品简体中文版权由生活·读书·新知三联书店所有。
未经许可，不得翻印。

和魂漢神：中國民間信仰在德川日本的在地化
© 香港中文大學 2020
本書簡體中文版由香港中文大學出版社授權出版，本版限在中國內地發行。

图书在版编目（CIP）数据

和魂汉神：中国民间信仰在德川日本的本土化／吴伟明著．—北京：生活·读书·新知三联书店，2022.10
（三联精选）
ISBN 978-7-108-07219-1

Ⅰ．①和⋯　Ⅱ．①吴⋯　Ⅲ．①信仰–民间文化–文化交流–中国、日本　Ⅳ．① B933

中国版本图书馆 CIP 数据核字（2022）第 169639 号

责任编辑	崔　萌
装帧设计	鲁明静
责任校对	曹秋月
责任印制	张雅丽
出版发行	生活·讀書·新知 三联书店
	（北京市东城区美术馆东街 22 号 100010）
网　　址	www.sdxjpc.com
图　　字	01-2021-3196
经　　销	新华书店
印　　刷	北京隆昌伟业印刷有限公司
版　　次	2022 年 10 月北京第 1 版
	2022 年 10 月北京第 1 次印刷
开　　本	850 毫米 × 1092 毫米　1/32　印张 9.375
字　　数	172 千字　图 35 幅
印　　数	0,001-5,000 册
定　　价	45.00 元

（印装查询：01064002715；邮购查询：01084010542）

献 给

启蒙恩师谭汝谦

目录
Contents

自　序　1

导　论　中国民间信仰的日本化　5

第一部　圣帝明君篇

1　伏羲　3

2　神农　33

3　大禹　60

第二部　文武二圣篇

4　孔子　89

5　关帝　118

第三部 守护神灵篇

6 妈祖 149
7 石敢当 177
8 钟馗 202

结 语 "和魂汉神"现象的历史意义 233
参考书目 240

自　序

年纪渐长，愈觉万物随缘聚散。一期一会，应珍惜当下。这本书的面世亦是一种缘分。我一直从事德川汉学的研究，日夜埋首日本儒者的著作，本来对近世中日宗教交流史较少注意。数年前当我撰写《德川日本的中国想象：传说、儒典及词汇的在地化诠释》（北京：清华大学出版社，2015年）时，发现了一个极有意思的现象，就是中国渡来人传说中的历史人物在日本中世及近世均经历了神道化的洗礼。徐福在日本死后成为日本地方的守护神祇，杨贵妃被看作日本神祇在中国的化身，吴太伯被追溯为日本皇室的祖先。这种天马行空的联想虽或流于荒诞，但在中日文化交流史上却有其独特意义，显示日本人善于将中国元素用作丰富自己文化的素材。

我喜欢在日本各地旅游，发思古之幽情，想起在参观佛寺、神社、古迹及祭礼时，经常看见一些中国人物成为当地人崇拜的对象。我不禁要问：中国的民间信仰在日本是否经过类似的本土化洗礼？它们是否被融进日本的文化体系内？这些疑问成为本研究的起点。我大约四五年前写作《德川日本的中国想象》时开始思考这个问题，而且搜集相关文献。本书只算是一个中途站，终点仍遥不可及。毕竟个人能力有限，期待同行往后的共同努力，开拓这方面的研究。

跟"汉文"一词的用法相似，"汉神"是域外文人对中国神祇的称呼。日本的汉神即使仍采用与中国相同的名字，但是其形象、身份、祭祀方式及功能等均相当日本化。我对此本土化现象深感兴趣，曾尝试寻找相关的论文及专著阅读，但数量与内容的深度均令人失望。我最终决定自己着手，从日本原始文献入手，尝试有系统地整理中国民间信仰在德川日本的本土化过程。我的专业是中日思想文化交流史及东亚易学史，并非中日宗教史的专家。本研究是从中日思想文化交流的角度，在文献上考察中国民间信仰如何在近世日本入乡随俗，成为日本宗教、民俗及文艺的一部分。

为了从事这方面的研究，数年间我不断搜集相关的原始文献及多次去日本做实地考察。唯一遗憾的是"新冠"疫情令我无法在2020年春季赴九州岛做实地调查。我非常感激香港特区政府的大学教育资助委员会优配研究金（General Research Fund）资助这个研究计划（编号：14603218），以及香港中文大学文学院出版补助金（Publication Subvention Fund）的支持，林少阳教授对本书的名字及视角提供宝贵意见，谭汝谦、马丁·柯尔奎（Martin Collcutt）、黑住真、徐兴庆、王勇、陈玮芬教授对此作的关心与支持，京都大兴寺及水户祇园寺的住持破例让我参观其所藏的关帝及天妃（妈祖）木像，香

自 序

港中文大学出版社编辑叶敏磊、张炜轩及其团队的协助,以及两位匿名评审员的推荐。本书若干章节的早期版本曾在《汉学研究》《思与言》《台湾师大历史学报》《域外汉籍研究集刊》《中国文化研究所学报》《成大历史学报》及《道教研究学报》刊登,感谢它们允许我将文章作大幅修订后以专著的形式出版。

本书是我的第四本中文学术专著。在执笔之初已打算交付香港中文大学出版社。我对它抱有独特感情,因为香港中文大学是我的母校及大半生教研的地方,加上我的首本中文专著亦是交给了中大出版社。其后我的两本中文专著分别在清华大学出版社及台湾大学出版中心出版。我想是"爱回家"的心情令我回归中大出版社。

我将这书献给启蒙恩师谭汝谦教授。当年我在中大新亚书院历史系念书时,最初只是个愤世嫉俗、独来独往的"问题学生"。有幸谭老师发掘了我并培养我走上研究中日文化交流史的道路。若念大学时没有遇上谭老师,我也许不会成为学者,亦不会与日本结缘。谭老师是我年轻时期的贵人。他的包容、鼓励及教导改变了我一生的命运,我对他的启蒙之恩永不忘怀。

吴伟明

2020 年立秋于中大梁銶琚楼汗牛书斋

导 论
中国民间信仰的日本化

任何宗教信仰传播域外后总会出现不同程度的本土化（localization）或风土化（indigenization）。保守主义者往往批评域外出现的变化为离经叛道，但从宗教全球化的角度而言，不同地域的演化会给各大宗教增加新的创意与活力。本土化成为宗教全球化的常见现象及动力。佛教离开印度后，在中国、日本、东南亚均大放异彩。[1]基督教在中东、东欧、西欧、非洲、北美、南美及亚洲各自发展出独特的个性。[2]中国民间信仰在"汉字文化圈"的传播同样入乡随俗，成功融入各地的风土文化，产生跟中国不同的形象、传说、祭祀方式、典籍、功能及文艺表现形态。

中国民间信仰的特色是以一般平民百姓为主要对象，糅合道教、佛教、儒家、地方民间传说、风俗等元素。[3]它在域外的流布有两大主要形态：第一，以域外华商及华裔居民为主要对象，集中在华人聚居的港口或城市。他们大多跟随中国原属地区的宗教习俗，信仰的本土化程度不高。那霸及长崎的关帝、妈祖信仰便属此类。第二，以域外之民为主，包括公卿、官吏、学者、僧侣、军人、商人及农民。在地理上分布覆盖的对象较广，输入的中国民间信仰跟本地风俗及宗教混合，呈现高度的本土化。大阪道修町的神农祭及水户藩的天妃崇拜是其例子。第一类形态一直受到从事日本华侨史及中日文化交流史研究的学者的重视，累积了颇为丰富的研究成果。第二类形态相对较少受学界关注，相关研究主要从民族学、宗教学及乡土史的角度集中讨论一些细微课题，缺乏宏观的分析。本书的重点放在第二类形态。它以原始文献为基础，辅以日、中、英语的先行研究及实地调查，探讨中国民间信仰如何在德川时期被日本人吸收与改造，使它们融进日本文化体系。

日本可谓是"汉字文化圈"中最具个性的成员。对于中国文化，日本能按自身需要有选择地吸收与改造，以丰富自己的文化。日本不在中华朝贡体制之内，加上有大海相隔及国家本位意识，在吸收中国文化时常做大幅调整，以配合日本的传统价值取向及政治现实。中国元素往往成为建构日本文化及表达日本既存价值观及审美观的素材。来自中国的人物、概念及历史词汇，即使是使用跟中国相同的中文来表示，日本人通常也会更改其内容或做出不同解读。[4]不少中国的传说及小说在日本亦经过重新演绎，创造出崭新的形态及意义。[5]

中国民间信仰在日本中世（1185—1603）已大量传入，而且被编入大乘佛教的体系。[6]德川时代（江户或近世，

1603—1868）是中国民间信仰的全盛期，它与神道及地方风俗融合，成为日本民间信仰的一部分。研究德川日本的中国民间信仰传播史有助了解中日宗教的互动。跟汉籍、儒学、文学、艺术不同，中国民间信仰在德川日本的主要参与者并非江户、大阪、京都的贵族、高官、高级武士或著名学者，而是社会的中低下阶层，包括各地的农民、商人、渔民、低级武士、地方官吏、神官及僧侣。因此这一研究给中日文化交流史提供一个极为珍贵的平民视角。

中国民间信仰繁多，天地万物皆可成为被崇拜的对象。本研究集中探讨德川时期日本人对中国人物的崇拜，这包括历史上真实存在过（孔子、关羽）、半历史半传说（神农、大禹、伏羲）及民间传说（妈祖、石敢当、钟馗）的人物。中国民间信仰在德川日本经历不同程度的本土化。中国的圣帝明君、文武二圣及守护神灵在日本已变得面目全非，各自披上神道及民间习俗的外衣，成为日本文化的一部分。

圣帝明君的日本化

中国远古有一个被后世儒家认定为理想化的时期，由传说中的三皇五帝建立生计、制度与人伦。根据《史记·五帝本纪》及司马贞的《三皇本纪》，三皇是伏羲、女娲、神农；五帝是黄帝、颛顼、帝喾、尧、舜。此外，燧人氏、有巢氏、禹及后稷亦在远古圣王之列。以儒学的道统而言，尧、舜、禹、汤、文、武常被奉为道统之始。中国人不但以远古圣帝明君为治国典范，而且加以祭祀，其中伏羲、女娲、神农、黄帝及禹成为民间信仰。

日本在奈良（710—794）、平安（794—1185）时代以来，经中世至近世大量输入汉籍及儒家文化，历代日本人对中国三代圣王推崇备至，其中以伏羲、神农及禹受到特别重视。这大概是三者均开物成务，利泽天下之故。相对而言，尧舜禅让及汤武革命跟以天皇为中心的日本传统政治伦理相违，因此其在日本的地位不及中国。

日本人为何祭祀中国古代圣人伏羲、神农及禹？这会否跟他们的民族意识及文化认同有所抵触？日本人使用两大机制以超越这个潜在的认同危机：第一，强调中国古代圣人的普遍性。对日本儒者而言，伏羲、神农及禹不再是局限于中国一地的圣人，而是人类的共同圣人。[7]第二，一些日本人将伏羲、神农及禹看作日本神祇在中国的垂迹或将他们与日本的神祇混同。国学家平田笃胤（1776—1843）作《三五本国考》（1835）就是要说明中国上古三皇均是来自日本。这两大机制，前者脱中，后者入日，均可大大降低日本人接受中国民间信仰的心理阻力。

伏羲是三皇之首，被奉为人类文明的祖先。中国各地均有人拜祭伏羲，他在儒释道三教中均有一定的地位。伏羲在日本常被推崇为施政典范及易学始祖。受中国佛教的影响，一些中世禅僧及公卿学者以伏羲及其妻女娲分别为宝应声菩萨及吉祥菩萨的化身。中世禅僧在易占前有祭祀伏羲的仪式。德川时代儒学盛行，伏羲的重要性大为增强，儒者歌颂他为易学及道统之始，一些兵学、忍术、茶道、料理、音乐的学派亦奉伏羲为始祖。

有德川儒者及国学家将伏羲与日本神祇联想起来。幕府儒官林罗山（1583—1657）的弟子黑泽石斋（1612—1678）曾指出伏羲与日本神祇大国主命相似，又记松江藩盐楯岛的岛民将两者混同。国学家本居宣长（1730—1801）相信伏羲、神农、黄帝、尧、舜均是少名毗古那神的化身。平田笃胤认为伏羲为大国主神在中国的垂迹，相信大国主神在远古察觉中国人十分落后，于心不忍，故短暂飞渡中国，化身伏羲以施教。笃胤及其弟子对伏羲评价甚高，肯定其创造八卦、历法、度量衡之功。伏羲在日本虽受推崇，在思想史有其地位，而且祭孔时伏羲等历代圣人亦列祭，但是德川日本并没有专门祭祀伏羲的寺庙。

神农是与伏羲并列的人类文明始祖，因对医、农、工、商有重大贡献而被祭祀。中国各地皆有神农庙，医家更奉他为祖师爷。日本是中国域外最重视神农的地方，获医师及药业者的拜祭。日本神农信仰的最大特色是跟神道及佛教混同。中世出现将神农视作佛教药师如来化身的本地垂迹思想。

大阪道修町少彦名命神社的神绘

近世大阪道修町药商将日本药神少彦名命与神农混同，而且一起祭祀，并称少彦名命为"神农氏"（神农さん）。道修町举行神农祭以防霍乱、麻疹等疫病。一般百姓有拜神农像或挂神农画的习俗。

神农亦被一些人看作天照大神之弟素盏鸣尊的化身，这可能是因为在外形上两者都是牛角人身。神农及素盏鸣尊被部分佛教徒认为是佛祖诞生地祇园精舍守护神牛头天王的化身，他们相信牛头天王在远古先后渡中国及日本，分别成为神农及素盏鸣尊。本居宣长及平田笃胤都认为神农是日本神祇的化身。宣长以神农为少彦名命在中国的化身，目的是前往古代中国教导当地人务农。笃胤以神农是日本雨神多伎都比古命的化身，指出多伎都比古命是远古渡中的日本众神之一。

禹是中国的治水神,不论官方还是民间均有祭祀。禹在日本是最普及的中国民间信仰之一,其在日本治水史的重要性高于神道的治水神濑织津姬及佛教河神辩才天。大禹治水的传说在日本中世已成为民间信仰,备受各地民众崇拜,著名例子是京都鸭川五条松原桥东岸的夏禹王庙。

禹王崇拜在近世升温,在多个河川均有人立禹王碑,相关遗迹遍及关东、近畿、四国及九州岛。一些近世神社及佛寺亦有供奉禹王,但是采用跟中国不同的祭祀日期及形式。相模国(今神奈川县,除东北部外)酒匂川出现主祭禹的文命神社,禹被奉为"文命大明神"。美浓国(今岐阜县南部)高须藩举行的禹王祭跟日本一般的民俗祭典相近。此外,中国传来的禹步影响歌舞伎、净琉璃、田乐、神乐、猿乐、能乐及相扑的步法。

文武二圣的日本化

孔子及关羽在中国分别被尊称为"文圣"及"武圣",统称"文武二圣"。[8]孔子是儒家圣人,地位超然。中国历代政权以儒学作为意识形态的核心元素,释奠(祭孔仪式)成为国家大典,汉代以降,历代朝廷均有举行。官方学校及民间书院在入学礼时亦多举行释奠(或较简单的释菜)以示尊师重道。关羽是三国时代蜀国大将,因其忠义而被后世祭祀,成为普及的民间信仰。他亦是武将典范，被封"武圣人"。关帝诞主要是民间的宗教活动，少有官式祭祀。孔庙及关帝庙在中国的数目多不胜数。清朝以降，华南甚至出现文武庙，合祀文昌帝（孔子）及关帝。中国社会多是文人、官员祭孔，武人、商人拜关。

日本没有文武庙，但有孔庙及关帝庙。孔子在日本亦被奉为圣人及文人典范，在儒者、汉学家之间享有崇高地位。早于八世纪日本人已开始祭孔，至近世江户幕府及地方诸藩均加以推广。日式释奠在仪式、祭祀对象、主祭、衣饰、乐舞、祭品、祭器、祭文及孔庙设计等多方面都跟中国不同。德川日本并非中华朝贡体系成员，而祭孔也并非国家大典，因此其祭孔享有较大自由度，不用紧随明清的方式，可以随意添加神道的元素。幕府祭孔最初在忍冈的林家私邸的先圣殿进行。林家二代家督林鹅峰（1618—1680）在释奠时配祭日本学问之神菅原道真（845—903）。后来幕府改在其所建的汤岛圣堂大成殿举行释奠，将军、幕臣及大名用神道方式献刀。及后幕臣新井白石（1657—1725）改革释奠，用日本礼仪取代明朝仪式。参拜者穿上日式官服，采用神道式的拍手。

地方藩校的释奠呈现更高程度的本土化，很多藩校将神道元素及日本历史人物加进释奠之中。水户藩弘道馆大成殿的释奠虽有参考汤岛圣堂，但其祭服、祭器、祭品、仪式均采日式。弘道馆内设鹿岛神社，开藩校孔庙、神社并立的先河。津藩藩校有造馆在大成殿主祭孔子，配祭奈良朝大臣吉备真备（695—775）及日本学问之神菅原道真。长州藩乡校文教馆用神道仪式举行释菜，共祭五人，孔子被置末位，其余都是日本人物或神祇。经过神道化洗礼的释奠成功融入日本的政治及宗教体制。

关羽信仰在日本的普及程度远不及祭孔，拜祭关帝者局限于少数人士。随《三国演义》传入日本后，中世禅僧对关羽颇感兴趣，一些武将及华商开始对其祭祀。室町将军足利尊氏（1305—1358）奉关羽为军神加以拜祭。弘前藩藩主津轻为信（1550—1608）因为崇拜关羽而留长须。华商王直（？—1559）曾在长崎五岛建关王祠。

关羽信仰在近世有明显的发展。关帝在长崎四大唐寺依明清方式来祭祀，参拜者主要为华商。此外，水户、京都、大阪亦有关帝庙。各地一些佛寺及神社供奉关帝画像或绘马。此外，关帝也融入日本风土人情及文艺的世界。德川儒者及幕末志士以关羽为忠义与勇武的典范，认为其精神与武士道相合。关帝像出现在江户神田祭的山车及大阪天满宫天神祭的木偶上。端午节的五月人形中亦有关羽。关帝为汉诗、歌舞伎、浮世绘提供题材，不时出现在歌舞伎及净琉璃的剧本中。浮世绘有不少关羽图，采用纯日式风格，关羽的造型有些像日本武士。近世随笔及小说亦有提及关羽，其形象多元，内容具创意。

守护神灵的日本化

对一般百姓而言，求神拜佛多是出于趋吉避凶的心态。他们选择民间信仰时主要参考两事：第一，神祇的属性是否相合。各神祇应对不同的祈愿，如平安、求子、财运、婚姻、治病、学业、驱鬼、辟邪等。此外，各行各业均有其祖师爷及守护神。第二，灵验与否的口碑。香火鼎盛的庙宇多以灵验见称。名人效应对口碑帮助很大。

日本本土已有大量神道系的守护神，但对中、印的守护神亦加以包容及本土化。成功移植至日本的中国民间守护神以妈祖、石敢当及钟馗为代表。三者在近世日本呈现高度本土化，分别与神道、灵石崇拜及地方农村习俗融合。它们的信者主要是日本的平民，包括农民、渔民及商人。

妈祖在中国是渔民的保护神，在日本其信众大多是从事跟航海相关的行业，包括远航商人、渔民、航运工人等。华人聚居的长崎是日本妈祖信仰的重镇，拜祭者主要是华商。妈祖在日本亦有日本人的信众，例如水户藩及萨摩藩便发展出以日本人为对象的独特妈祖信仰。两地的妈祖信仰在名称、祭祀日期、形式及庙宇均与中国不同。它们最大的特色是与神道混同。水户藩渔民将神道海上守护神弟橘媛视作妈祖，而且在天妃神社将妈祖及弟橘媛合祀。妈祖在萨摩藩亦被日本化。萨摩野间岳有神社及佛寺祭祀妈祖，人们将妈祖视作野间岳大权现或松尾明神等九州岛地方神祇。当地人甚至流传妈祖到过野间岳的传说。此外，妈祖亦被部分日本船民及造船业工匠视作神道系统的船只守护神船灵。可见妈祖在日本德川一代已经出现三种不同的神道神祇说。

石敢当是中国路边或路口常见辟邪镇魔用的石碑。近世日本出现大量石敢当，最初是德川初期从琉球经鹿儿岛传入或直接由中国商人带来，后来大多由日本人所立。日本的石敢当以九州岛为主要散布地，遍及四国及本州岛各地。除辟邪镇魔外，石敢当在日本还有其他跟中国不同的功能，包括道标、纪念先人、消灾解难、防盗、祈求商业繁盛、介绍地方特色、石灯装饰等。石敢当信仰在日本与神道、阴阳道、修验道融合，例如萨摩藩日置郡有一石柱上左右分别刻上"石敢当"及"猿田彦命"，反映石敢当与神道的融合。鹿儿岛有一块刻上"金神、水神、石敢当"的石，大概受阴阳道的影响。神道及阴阳道自古有拜灵石及泰山府君的习俗。民间亦有拜路旁石神之风，因此性质相近的石敢当较易为日本人接受。日本不少神社内都可以找到石敢当。

钟馗是驱鬼大臣。日本人在德川时期尊称他为钟馗样、钟馗大臣、钟馗大明神、钟鬼及正鬼，从称号中亦可见钟馗已融入本土宗教与文化。钟馗在室町时代（1336—1573）已成辟邪、招福，或预防天花病的神祇。钟馗亦登上中世舞台，宣扬神道、佛教及武士思想。石见国（今岛根县石见）之石见神乐《钟馗》是有关天照大神之弟素盏呜尊渡唐化身钟馗替玄宗(685—762)治病的故事,可谓是神道版的本地垂迹思想。能乐《钟馗》的内容则是有关钟馗死后靠驱鬼护国,从自杀的悔恨中获得解脱。这反映佛教及武士思想融入钟馗信仰。

钟馗信仰在德川时代进一步跟本地风俗、宗教及文艺融合,在年中行事、祭典及习俗上都有所反映。端午节日,人在家中放置钟馗绘、钟馗人形或钟馗旗以祈求儿童平安成长。东北及甲信越地区的村民用稻草做成巨大人偶钟馗样以辟邪、保佑丰收及生育。江户举行的山王祭及神田祭均有钟馗为主题的山车。近畿及中国地区的居民喜欢在屋顶放置钟馗瓦及在大门贴钟馗札。钟馗的须形(钟馗髭)在关东成年男子之间流行。

近世一些神社及佛寺有供奉钟馗的画像及举行纪念钟馗的活动,例如新潟东浦原郡鹿濑町的正鬼神社每年举行钟馗祭,其间上演须佐之男命击退大疫神的神剧,可见村民将钟馗与须佐之男命混同。钟馗对近世日本文艺亦有影响,单是钟馗画便数以百计,部分是疱疮绘及麻疹绘。

小　结

已故剑桥大学日本宗教史专家卡门·布雷克(Carmen Blacker)曾表示:"日本宗教的精华在于成功及可行的融合

精神。其主要成分是将神道、地方信仰混合不同派别的大乘佛教。"[9]其实中国民间信仰亦是日本宗教融合（religious syncretism）的对象。日本宗教学者堀一郎（1910—1974）强调中国的儒学及道家是构成日本民间信仰的重要元素。[10]约翰·布林（John Breen）及马可·铁云（Mark Teeuwen）指出神道是由外来宗教元素糅合日本神话及民俗而成。他们将这个混合过程称作"神道化"（Shintoization）。[11]不论是中国的圣帝明君、文武二圣还是守护神灵均在德川日本被日本人祭祀。表面上是中国民间信仰传播至日本，但本研究显示真正的本质是中国民间信仰在日本的本土化。中国民间信仰经历大规模的变化后，被纳入日本传统的民俗传承及宗教系统。这些渡海而来的汉神虽然保留了中国的名字，但它们已在日本入乡随俗，在形式及精神上已相当日本化。我称这种宗教本土化现象为"和魂汉神"。

汉神在日本本土化的主要形式如下：第一，中国人物与日本神祇混同，经常出现合祀，甚至部分被认为是日本神祇在中国的垂迹。第二，中国人物被供奉在日本的神社或佛寺，接受日式的祭祀。部分取得神道神祇或佛教菩萨的称号。第三，中国人物在日本地方的祭礼及习俗中出现，大多采用神社或日式的服饰、音乐、舞蹈及山车巡游。第四，中国人物在日本文学及艺术作品中登场，显示与中国不同的形象及衍生崭新的故事，不少是借题发挥的创作，充满天马行空的想象。第五，中国人物崇拜添加新的功能，例如治病、防灾、地标、装饰、纪念先人、防盗、平息纠纷等。

假若明清人士在日本看见中国神灵变成"大权现""大明神"或"さん"，在神社、寺院被供奉，在民间节日及祭典中出现，在舞台、文学作品中以不同形象登场，不大吃一惊才怪。可是以宏观的角度而言，本土化其实在跨文化互动中十分常见。若中国民间宗教坚持依循中式传统，参拜者只会局限于日本的华人，而无法在日本社会普及。本土化令中国神灵在日本变得面目全非，成为半中半日的混种宗教。近世日本人对这些"和魂汉神"的抗拒自然大减，使它们可以融入日本各阶层的宗教、习俗及文艺，发挥更大的影响力。

注　释

〔1〕 See William Theodore de Bary, ed., *The Buddhist Tradition: In India, China and Japan* (New York: Modern Library, 1969), and Donald K. Swearer, *The Buddhist World of Southeast Asia* (Albany: State University of New York Press, 2010).

〔2〕 See Ruy O. Costa, ed., *One Faith, Many Cultures: Inculturation, Indigenization and Contextualization* (New York: Orbis Books, 1988), and Martin Marty, *The Christian World: A Global History* (New York: Modern Library, 2007).

〔3〕 Stephen Teiser, "Popular Religion," *The Journal of Asian Studies* 54:2 (May 1995): 378-395.

〔4〕 参吴伟明：《德川日本的中国想象：传说、儒典及词汇的在地化诠释》（北京：清华大学出版社，2015年）。

〔5〕 参吴伟明主编：《中国小说与传说在日本的传播与再创》（上海：上海交通大学出版社，2018年）。

〔6〕 Yoshihiro Nikaidō, *Asian Folk Religion and Cultural Interaction*（台北：台湾大学出版社，2015年）.

〔7〕 德川儒者对孔子多强调其教义的普遍性及超越性，所以才出现山崎暗斋（1619—1682）的日本人应该基于孔孟之道打倒侵略者孔孟的假设性言论。此外，中江藤树（1608—1648）对其崇拜的道教太乙神（亦名太一、天皇大帝）亦强调其普遍性，因它是宇宙万物之神及人类共同的祖先，连神道的众神亦是太乙神所生。

〔8〕 历代朝廷对孔子及关羽所赐封号甚多，"文圣"来自北魏孝文帝所授的"文圣尼父"，而"武圣"则来自清顺治帝所封的"武圣人"。

〔9〕 Carmen Blacker, "The Religions of Japan," in Jouco Bleeker & Geo Widengren, eds., *Historia Religionum: Handbook for the History of Religions. II* (Leiden: E. J. Brill, 1971), p.516.

〔10〕 Ichirō Hiro, *Folk Religion in Japan: Continuity and Change* (Chicago: University of Chicago Press, 1968), pp. 91-100.

〔11〕 John Breen and Mark Teeuwen, *A New History of Shinto* (Chichester: Wiley-Blackwell, 2010), pp. 1-65.

第一部 圣帝明君篇

1 伏羲

伏羲（亦称庖牺、羲皇、太昊、青帝）是中国上古传说中的三皇之首，是人类文明的共同祖先。相传他是中国历史上首位皇帝，对后世的贡献遍及易学、天文、婚姻、渔猎、畜牧、琴瑟、医学、料理、曲尺、文字、丝织、官制及军队等不同领域。伏羲在黄河流域成为颇为流行的民间信仰。相传早在春秋时代河南已出现太昊伏羲陵供人祭祀。在宋元明清时期，伏羲的相关祭祀活动因获官方赞助而使伏羲信仰广为普及。[1]在三皇五帝崇拜中，伏羲的重要性虽或不及神农及禹，但仍具相当影响力。伏羲在儒、佛、道三教中均有地位，他是儒家的羲皇，在道教是东王公的化身，在佛教是宝应声菩萨下凡。

随着汉籍的外输，伏羲在日、朝、越、琉球等中国邻近地域均备受重视。他的传说故事很早已传入日本，相关的记载散见于历代文献。伏羲在日本虽然常被推崇为施政典范及易学始祖，但是并没有发展成民间信仰，对文艺的影响亦有限。到了德川时代，拜儒学兴起及汉籍流布所赐，伏羲的相关文字大增。伏羲在德川思想史中扮演值得注意的角色，伏羲不但是个文化象征,亦成为借题发挥的论述题材。本章以原始文献为基础,探讨德川学者如何讨论伏羲及借用伏羲阐明自家学派的思想。此开拓性研究对了解日本人对中国文化的态度,及如何利用中国元素构建日本文化有参考价值。

德川以前文献中的伏羲

伏羲传说何时传入日本至今仍不可考。[2]伏羲的故事在《周易》《尚书》《诗经》《礼记》《庄子》及《史记》等中国文献中均有记载,而这些汉籍多在奈良时期已经传入日本,不过迟至平安时期伏羲才开始见诸日本文献。他在官撰史书曾出现数次,但其个性并不明显,多跟中国其他上古圣王一起,共同代表理想化的远古盛世。

古代日本天皇常以中国的三皇五帝为施政典范。官史《续日本后纪》(869)记仁明天皇(808—850)在八四〇年因天灾下诏减免税役,自称以伏羲、神农为榜样:"是以羲农隔代,同期于勤劳,勋华(按:尧舜)殊时,共均于爱育。"[3]官史《日本三代实录》(901)记清和天皇(850—881)在八六九年大地震后下罪己诏,其中亦有"羲农异代,未隔于忧劳。尧舜殊时,犹均于爱育"。[4]平安朝廷编纂的史书《日本纪略》谓村上天皇(926—967)于九五七年因天灾而下诏更改年号,曾以伏羲作八卦做解释曰:"今日有开元事,改天历十一年为天德元年，诏温故知新。羲皇演八卦而不朽，体元居正（按：意为集天地元气，居于正道）。"[5]

除史书外，日本上古的佛教文献亦有讨论伏羲。受中国的《须弥四域经》及日本的本地垂迹思想影响，平安前期天台宗僧安然（841—901）相信伏羲及其妻女娲均是菩萨的化身。[6] 他在《悉昙藏》（880）引用唐初道宣（596—667）所编佛教文献集《广弘明集》的名句："故《须弥四域经》云：'宝应声菩萨化为伏羲，日祥菩萨化为女娲。'"[7] 安然又写道："一卦中更开为八卦、八八六十四也。然八卦者伏羲所出。伏羲本是应声菩萨变化。"[8] 可见安然不单抄录中国的疑伪经，而且本身亦接受伏羲为宝应声菩萨垂迹的观点。

中世文献描述伏羲的次数及其独立性均有所增加，在汉学基础颇深的禅僧及公卿的诗文中更不时出现。伏羲的角色可归纳为以下五大形式：

第一，朝臣用伏羲来歌颂现行天皇的仁德及功绩。镰仓时期（1185—1333）关白藤原兼经（1210—1259）在一二五〇年曾作汉诗一首，歌颂后深草天皇（1243—1304）的治世可媲美"太昊氏风传盛德"[9]。南北朝公卿洞院公贤（1291—1360）在一三六〇年上奏时称颂后光严天皇（1338—1374）云："天泰平岁，万方娱乐之春，民庶迎羲皇向上之风，群臣夸吾君无偏之泽。"[10]

第二，以伏羲为治国典范。镰仓军记物语《源平盛衰记》

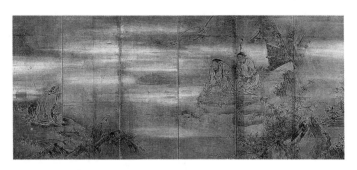

仙人高士图屏风左　狩野永德绘

记天台宗僧静宪法印（1124—？）以伏羲及神农为例，劝告后白河天皇（1127—1192）努力学习，要得知天下事，不要沉迷宴会。他谏曰："切不可思食之事。伏羲、神农，圣人也，犹懂分别琼树根。……夫天下治事如此。"[11] 战国时期（1467—1603）织田信长（1534—1582）兴建安土城时委托狩野派画师狩野永德（1543—1590）作伏羲、神农、黄帝的三皇袄绘（按：屏风图），有以古代帝王为榜样之意。[12]

第三，歌颂伏羲在文化上的贡献，伏羲成为文字及音乐的祖先。镰仓公卿藤原良经（1151—1210）在《新古今和歌集》（1205）的《真名序》中表示，伏羲造文字后，中国官方便开展修史事业，但日本朝廷自神武开国至今仍未编诗集，所以才决定出版《新古今和歌集》，他写道："伏羲基皇德而四十万年，异域自虽观圣造之书史焉。神武开帝功而八十二代，当朝未听睿策之撰集矣。"[13] 下级贵族橘成季（？—

1272）在《古今著闻集》（1254）有赞美伏羲之词："伏羲氏王天下，创书契、结绳成文籍。"[14]僧人东麓破衲在室町时代的词典《下学集》（1444）记："琴，伏羲造。"[15]

以上三种形式均是蹈袭旧说，在古代中国及日本文献早已广泛存在。其实更值得注意的是另外两种涉及儒、释、神三教关系的形式：

第一，中世文献中伏羲的主要身份是易学始祖。论者多是热衷汉籍及易学的禅僧。中世禅僧喜欢借易说佛。[16]岐阳方秀（1363—1424）认为佛理跟易学相通并比较两者曰："不离等妙之佛位，犹如六十四卦未尝外乎坎离也。佛初成觉于菩提树下者，包羲划卦之意也。"[17]中世易学集大成者桃源瑞仙（1430—1489）在《百衲袄》抄录宋代临济宗禅僧戒环的《法华经要解》："卦乃天地自然之理，独不同哉？伏羲画之以示人，吾佛象之以设法。各默得其同耳。"[18]

除思想的层次外，伏羲在易占的仪式中亦成为崇拜对象。禅僧的最高学府足利学校在易占前祈求伏羲、文王、周公、孔子、郑玄、王弼及朱熹这七位易学先贤相助。[19]这种仪式在中世随足利学校毕业生传播至日本各地，瑞仙在使用占卜前亦进行相同仪式。[20]战国大名武田信玄（1521—1573）安奉伏羲、神农、文王及周公的木像于一佛寺内，每次使用易占前均拜祭，祈求易学四圣显灵相助。[21]

第二，利用伏羲阐明自己的宗教思想。本地垂迹说在中世禅僧之间流传颇广,不但神道诸神,连中国神祇、三皇亦被看作菩萨的化身。文章博士藤原茂范(1204—?)在其所撰的日本首部中国通史《唐镜》(1296)中以伏羲、女娲为中国历史之始,并将之分别介绍为宝应声菩萨及吉祥菩萨的化身。[22]存觉上人(1290—1373)在《诸神本怀集》(1324)提倡本地垂迹说,曰:"其时人民多生苦恼。阿弥陀佛遣二菩萨,一名宝应声菩萨,一名宝吉祥菩萨,则伏羲、女娲是也。"[23]禅僧宗山等贵(1463—1526)曾谓:"应声菩萨今伏羲是,吉祥菩萨今女娲是。"[24]日莲宗始祖日莲(1222—1282)在《立正安国论》(1260)将伏羲、神农的时代合称"羲农之世",是个犹如乌托邦的世界,并表示人们只要专心念《法华经》便可回复"羲农之世"的状态。[25]

相对之下,神道思想浓厚的《神皇正统记》(1339)对伏羲作较负面的评论。北畠亲房(1293—1354)介绍中国的创世传说曰:"有关世界之建立,儒书谓有王名伏羲为之。异国之书谓浑沌未分,天地人始,似神代也。又谓有王名盘古,以目为日月,发为草木。"[26]他本身不相信中国的创世传说,认为不及日本神代史可信。书中显露的更重要的观点是中日国体不同,中国自伏羲以来,通过禅让、革命及外族入侵等不同方式,不断改朝换代,其国体不及万世一系的日本:

> 昔日世道正直之时,选贤为君之事有之,但其定制。

> 乱世以力争国，民间可出君位。戎狄起而夺国有之，累世之臣迫其君让位有之。伏羲氏以降，天子易姓凡三十六回，其乱难以形容。唯我国天地开辟至今，帝位从不被夺，皇统一姓相传不断。[27]

因此他以伏羲为负面教材，以显示日本的优越性。这是中世少数对伏羲的负评。

中世文献中的伏羲基本上是多元及正面，被禅僧及公卿表扬或借用。中世的伏羲论被德川时期的日本人所继承及发扬，有重复旧说亦有表达崭新的观点。[28]

德川儒者论伏羲

中世日本论伏羲者以禅僧及公卿为主。德川时代儒学兴起，汉籍流行，日本有关伏羲的文字明显有所增加，而且多出于儒者之手。对德川时期的日本人而言，伏羲不是陌生的名字。一般学者对伏羲多少会有些印象，甚至连在长崎生活的荷兰人亦闻其名。荷兰人菲歇尔（Johannes Fredericus van Overmeer Fisscher, 1800—1848）在一八二〇—一八三〇年的十年间在长崎出岛生活，回国后于一八三三年写成《日本风俗备考》（*Bijdrage tot de kennis van het Japansche rijk*）一书，内附《北斋漫画》风格的彩色插图，其中一幅为伏羲及其夫人图，伏羲的面貌酷似西洋人，不过仍保留牛角、长发及披植物为衣的传统造型。图下有文字介绍曰："伏羲与神农是最早的日本人夫妇"，此明显是将女娲误作神农，而且混淆了中日神话。可见菲歇尔对伏羲与女娲传说一知半解，弄出张冠李戴的情况。[29]

德川武艺及文艺的一些学派奉伏羲为始祖。兵学家山鹿素行（1622—1685）以兵学始于伏羲："兵法者，其理出伏羲氏之一划，其用超轩辕氏之制法矣。世能知以兵法为战用之术，不知以本源为日新之用。"[30]风山流兵学含阴阳五行及易卦、易图元素，其始祖伊贺风山（1644—1718）推崇伏羲为所有兵法的源头，指出自伏羲按星宿创立兵法后，黄帝、姜太公、孙子及诸葛孔明均受其影响。[31]甲贺派忍者藤林保武在忍术经典《万川集海》（1676）中以伏羲为忍术的始祖："军法始于上古伏羲帝，至黄帝而盛。虽传后代，有心者尊之，无用者不知。忍术为军用之要术。始于伏羲黄帝之时，虽无忍术之军书，其质已在。"[32]

茶道奉神农与伏羲为始祖，例如里千家十一代传人玄玄斋千宗室（1810—1877）在其《茶道学理由》伸述此义。[33]他在举行茶道仪式时使用八卦盆。[34]料理亦以伏羲为开山之祖，因相传他在上古教导人们将禽兽的身体切开，故获"庖牺"之名。林罗山在《庖丁书录》（1652）中表示："伏羲氏天下之王时，狩猎飞鸟、野兽，去其无用之处，切开其体，以供祭祀,供庖厨之始,故获庖牺氏之名。"[35]琴师亦以伏羲为祖师。浦上玉堂(1745—1820)作汉诗述怀如下:"玉堂琴士一钱无,只有琴樽兼画图,谁识独弦默对处,折中太古伏羲徒。"[36]

跟神农及禹不同,伏羲在德川日本没有成为民间信仰,没有出现专门拜祭伏羲的地方。根据《纪伊国名所图会》(1812)的记载,纪伊国(今和歌山县)日高郡上志贺村在德川时代有一名伏羲神农黄帝社的小祠,内有伏羲、神农、黄帝三皇的木像供村民拜祭。《纪伊国名所图会》记曰:"上志贺村近世成立小祠,村民刻三皇的像献酒祭祀。《续日本纪》(797)云:'延宝十年,伊势纪伊等国杀牛用祭汉神。今本国无祭祀汉神之祠。当社祭三皇,盖后世好事者所为也。'"[37]这是德川时代唯一拜祭伏羲的寺庙,但是未见有其他相关记载,相信参拜者应该不多。[38]

伏羲在德川思想的重要性大于文艺与民间信仰。德川儒者对伏羲有不少充满赞美及怀缅的文字。当时十分流行汉诗,日本儒者撰写歌颂伏羲的汉诗。跟神农颂不同,伏羲诗数量不算多,亦非画像的赞文。德川儒者透过汉诗怀缅远古的理想时代。儒者龟田鹏斋(1752—1826)作七绝《偶作》,感叹今不如昔,怀缅伏羲的时代:"梅花坠地不上枝,黄河入海不再归,百年日月如流电,人间无复伏羲时。"[39]汉诗人服部南郭(1683—1759)曾表示梦见伏羲:"夏日清风卧草堂,无

《伏羲》 狩野山雪绘

端牵睡到羲皇。"[40]文人兼七弦琴师浦上玉堂亦以梦见伏羲托附理想:"虚堂理曲清音滑,铜鼎暖贤醺睡优。禽鸟不啼春也老,梦中真与伏羲游。"[41]幕末志士高杉晋作(1839—1867)阅读王阳明的《传习录》后作汉诗《书传习录后》一首,借伏羲歌颂王阳明的致良知之理。其诗曰:"王学振兴圣学新,古今杂说遂沉湮,唯能信得良知字,即是羲皇以上人。"[42]

德川时代以伏羲为主题的艺术品数量不算多,较有名的伏羲图为狩野山雪（1590—1651）的《伏羲》（1632）、狩野探幽（1602—1674）的《四圣人像》、画僧鹤洲灵鹄（1641—1731）的《中国历代帝王图伏羲》（1687）及津山藩绘师狩野如真的《伏羲神农黄帝》（1818）。雕像方面有尾张藩（今爱知县）初代藩主德川义直（1600—1650）作祭礼用的黄金像《伏羲》（作者及制作年份不明）。这些作品大多供儒者作祭祀时使用。

德川不同思想学派对伏羲的评价各异，多是借题发挥，用来支持其所属学派的主张。儒者对伏羲的讨论最多，主要从易学及道统这两大角度加以肯定，伏羲被奉为易学及道统之始。

就易学而言，一般德川学者奉伏羲为开拓者。德川为日本易学全盛期，伏羲因此获得推崇。谈《易》者歌颂伏羲属老生常谈，跟中国儒者并无不同。阳明学派的熊泽蕃山（1619—1691）写道："中华圣人伏羲氏始，显乾坤之画，生六爻八卦，八八而成六十四卦。"[43]德川前期天文学者井口常范亦赞曰："伏羲明天文地理，法《河图》，说阴阳，作《易》以道变。"[44]徂徕学派太宰春台（1680—1747）有七言诗称颂伏羲，谓自其画八卦后，世上事理变得井然有序："羲皇画后事相承，脱却方圆有四棱。"[45]儒者帆足万里（1778—1852）在《入学新论》（1843）中曰："伏羲君天下，画八卦、作书契，为儒教所本。"[46]

相对易学，德川儒者用伏羲论道统更具思想史意义。中国儒者论道统多以尧、舜、禹为始，这大概是因为"四书""五经"中只有《周易》给予伏羲特别崇高的地位，不少经书甚至没有提及伏羲，孔子亦只是"祖述尧舜，宪章文武"而已。最早提出道统论的孟子以尧、舜、禹、汤、文王、孔子为道统。唐代韩愈（768—824）在《原道》中以尧、舜、禹、汤、文、武、周公、孔、孟为道统。清康熙帝（1654—1722）以尧、舜、禹、汤、文、武、孔子、曾子、子思及孟子为道统。在中国只有少数儒者（如朱熹、石介、马麟、费密）以伏羲为道统之始。朱熹曾谓："恭惟道统，远自羲轩。"[47]不过朱子以后，大部分中国儒者仍以尧舜为道统之首。

日本儒者的道统论跟中国不同，因为他们对尧舜的禅让有所保留，对中国三皇五帝的认同主要是文化传承，而非政治传统，所以多以伏羲、神农为道统之始。[48]德川儒学不同派别多以伏羲为道统的始祖，这亦是德川儒学的特色之一。

推崇古学的兵学家山鹿素行在《圣教要录》（1665）的《道统》一文中提出儒学道统论始于伏羲、神农，终于孔子之说：

> 伏羲、神农、黄帝、尧、舜、禹、汤、文、武、周公之十圣人，其德其知施天下，而万世被其泽。及周衰，天生仲尼，自生民以来，未有盛于孔子也。孔子没而圣人之统殆尽。[49]

此十一圣人观反映其反宋学的性格，否定曾子、子思、孟子以来，包括朱子的儒者为道统的观点。他自称"以周公、孔子为师，而不以汉、唐、宋、明诸儒为师"[50]。可见他重视道统完成者周公、孔子多于开拓者伏羲、神农。

朱子学者林罗山的道统论以伏羲为始，以朱熹为终。他在《道统小传序》（1644）谓："道统传图，吾尝附翼之，系之以词。而原夫圣贤事迹，则五帝本于《易大传》，三代君臣据于《诗》《书》《礼》《春秋》等。仲尼及弟子考于《论》、《孟》、《太史公之记》（按：《史记》的别称）。周子、程子以下取诸宋史《言行录》《伊洛渊源录》。"[51]一六三二年他委托狩野派画师狩野山雪画《历圣大儒像》二十一幅，分别是伏羲、神农、黄帝、尧、舜、禹、汤王、文王、武王、周公、孔子、颜子、曾子、子思、孟子、周敦颐、张载、程颢、程颐、邵雍及朱熹。他在一六三六年请求朝鲜使节副使金世濂（1593—1646）为其写赞，然后将这些画像放于上野忍冈林家私塾（昌平学问所及汤岛圣堂前身）的孔庙内供奉。此二十一幅圣人图后来移置汤岛圣堂，供学子礼拜之用。[52]山雪的伏羲图完成于一六三二年，图中伏羲的造型是牛角人头人身，身披兽皮，手执纸笔画八卦。金世濂的题字引《易·系辞下》之"仰则观象于天，俯则观法于地。观鸟兽之文，与地之宜。近取诸身，远取诸物，于是始作八卦，以通神明之德，以类万物之情"。根据世濂的记载，幕府安排朝鲜使节去日光东照宫参拜江户首代大将军德川家康（1543—1616）的神位，他发现东照宫内安置上述二十一幅大儒画像。[53]在神宫安放儒家圣人画像反映德川初期相当流行的神儒融合论。虽不清楚这些画像是否借自林家的《历圣大儒像》，但东照宫的安排很可能受林罗山的道统论影响。

另一朱子学者山崎暗斋亦以道统始于伏羲，终于朱熹。其道统的系谱主要来自朱子。[54]他在《朱书抄略》（1680）的序文写道：

> 顺圣人性命之理，建教学之法，始于皇羲，成于帝尧，备于周公。孔子修六经，垂天下万世之法。……邹鲁之后，伊洛接其传。至朱子，解孔子之书，明六经之道，是则述而不作者，嘉之所愿学也。[55]

跟朱子一样，暗斋否定将汉至唐的儒者视为道统。暗斋歌颂伏羲通过乾坤二象阐明"持敬"的重要性。[56]"持敬"指抱持恭敬心情，忠实继承圣人之道。"持敬"与否成为暗斋的道统标准。

"古学先生"伊藤仁斋（1627—1705）早年并不排斥宋学，其道统论包容朱子学及阳明学。他的《道统图》（1662）以伏羲为始，下达二程、朱熹及王阳明。[57]他在《历代圣贤道统图赞》的首句赞美伏羲有开启道统之功："隆古之邈邈兮荒兮。

肇生神圣,斯为牺皇。仰观俯察,道统由兴。"[58]每次举行学习会时,仁斋会挂上《道统图》,与众人一起向图敬礼。不过他晚年以《道统图》受神家影响而弃用,其子东涯(1670—1736)记其父"道统之说,晚年不取。详见于《童子问》"[59]。仁斋在《童子问》中强调儒者应直接跟孔孟学习,否定宋学为道统。晚年他只挂孔子像而已。

古学大师荻生徂徕(1666—1728)重视"先王之道",探讨上古圣人如何建立厚生、礼乐之道。"先王之道"虽跟道统看似相近,但其实内容不同。[60]其先王之道始于三皇。伏羲、神农及黄帝均从事厚生之道,此道经颛顼、帝喾传至尧、舜时,随礼乐确立而圆满结束。他对尧舜的重视多于三皇,他在《弁道》(1717)中写道:"伏羲、神农、黄帝亦圣人也,其所作为,犹且止于利用厚生之道。历颛顼、帝喾,至于尧舜,而后礼乐始立焉。"[61]徂徕在《萱园十笔》的言论更为详尽:"伏羲、神农、黄帝之所以为圣也,其所为不过于利用厚生之间矣。及尧之时,利用厚生之道大备,而正德未广也。尧之思,其在兹乎?夫圣人之教,礼乐而已矣。礼乐详于《舜典》,绎其文,其昉兹乎?圣人之思至于礼乐而极焉。"[62]

受明朝心学及神道影响的石门心学摹仿儒学道统,提出心学传承的系谱。伏羲及神农被视作心学的起源。石门心学重视的商农道德伦理来自内心而非知识,其始祖石田梅岩(1685—1744)指出,伏羲、神农之世虽未有文字,但二人均

能成为圣人,可见道由心生,非由文字而生:

> 圣人之道成于心,虽不知文字,可成亲之孝、君之忠、友之交。无文字之世,伏羲、神农为圣人。只能尽心尽五伦之道,虽一字不学,亦可谓实学者也。[63]

后期心学者上河淇水(1748—1817)作《心学传承图》,其心学正统始于伏羲、神农,经周公、文武、孔孟、程朱,完成于石田梅岩及手岛堵庵(1718—1786)。[64]

重视自然、平等及农本的安藤昌益(1703—1762)亦有讨论儒学道统。他早年在京都求学时曾作《儒道统之图》,将自己置于来自三皇五帝、孔子的道统之中。后来他创立自然真营道以对抗儒家,攻击从伏羲至孔子代表儒家道统的十一位"圣人"。他对代表儒家道统之首的伏羲绝不留情,在《自然真营道》中批评伏羲以私意制《易》取代自然之道,又谓自伏羲建立帝王制、文字及婚姻后,人类便放弃直耕及不再平等。[65]他视《易》及阴阳思想为上古中国君主欺骗百姓的工具:

> 君相置己于百姓之上,不耕而安食安民。为求百姓之尊严,用日火配君,土配相。又以天阳地阴以分尊卑上下,谓之法也。君相遂立于上,自伏羲以来天下传

《易》而自然始失。[66]

虽然昌益相信伏羲创《易》及建立帝王制，但其批判的立场却跟一般儒者相反。[67]

从以上围绕伏羲的道统论可见，道统论成为德川不同学派的意识形态战场，伏羲只是当中一枚棋子而已。虽然大部分德川儒者的道统论均以伏羲为始，但因为各自所持的学术立场不同，他们对伏羲的评价不一。

德川国学及神道视角下的伏羲

跟儒者不同，国学家从神道及国粹主义的角度讨论伏羲，发表不少崭新但颇古怪的观点。伏羲竟被看作日本神祇在中国的垂迹。一些国学家提出中国三皇五帝均是日本神祇化身的观点，可能想借此挑战当时徂徕学提倡的圣人之道古史观。国学家本居宣长评论古代中国历史时，对三皇五帝还是比较客气，批评的对象主要是周朝文武二王及以后的君王，因为他们令中国的易姓革命不断发生。宣长在《钳狂人》（1785）及《古事记传》（1798）中表示，伏羲、神农、黄帝、尧、舜均是日本药神兼农神少名毗古那神的化身。《钳狂人》记曰："以吾古学而言，天竺、汉国、三韩等外国乃少名毗古那神之造化。汉国之伏羲、神农、黄帝、尧、舜等均出此神。"[68]《古事记》

记此神从熊野赴常世国,宣长解释为西渡中国。他在《古事记传》如此主张:

> 少名毗古那神从天而降,造诸外国。不论其成立前后及优劣异同,皆此神所造也。以人命之长短而言,以为万国由此神所造于时不合者或有之,此误也。神代命长,年数悠长。此神在汉国成伏羲,存在于远古。万国皆以此为准,无容置疑。[69]

伏羲虽被看作少名毗古那神的化身,但此神在神代史中并非主神,曾被众神看不起,最后只身远赴常世国。[70]在宣长心中,常世国只是皇国域外之地,因此其创造神少名毗古那神跟皇国的创造神不能相提并论。

国学家平田笃胤的伏羲观在宣长的基础上加以修正及伸延,对伏羲的评价明显大为提升。他以三皇五帝为"真圣",贬文、武、周、孔为"伪圣"。他认为古代中国圣人均是日本神祇的化身,肯定其文明开化之功。笃胤在《赤县太古传》、《三五本国考》、《大扶桑国考》(1836)及《太昊古易传》(1836)等著作中指出,伏羲及女娲皆为日本神祇,他们分别是大物主神(亦名大国主神)及须势理毗卖命的化身。在神道诸神中,大物主神是水神及雷神,可除疫、保丰收。笃胤在《太昊古易传》中肯定伏羲创造八卦教化人民的贡献:

平田篤胤在《太昊古易传》以伏羲
为大物主神在中国的化身

其后吾国大物主神,戎名太昊宓戏氏,授赐《河图》《洛书》,创作奇妙之八卦,变化大衍之数,行鬼神之事。以龟体甲文为象,造干支之文字。所谓《易》者,专用于垂教也。[71]

对他而言,伏羲及神农的《易》才是"古易"及"真易",传世的《周易》只是"伪易"。他的易学使命是回复古易的面貌。[72]此外，笃胤在《太昊古易传》及《三五本国考》中谓伏羲及女娲创造历法。《太昊古易传》尝试透过先秦文献重塑伏羲的历法。笃胤又视伏羲为度量衡的始创者，在《赤县度制考》中写道："抑古尺度此法，实于是孔语。起于古明王之身度。其谓明王者，无疑乃太昊伏羲氏也。"[73]

笃胤弟子生田万（1801—1837）亦相信伏羲及女娲是日本神祇的化身。他歌颂伏羲创《易》以建立人伦：

> 所谓"神易"者，人界疆土未定之世，吾之大国主神，彼称之为大昊，渡汉国教其愚民人伦，此《易》之所以作也。此距今四千八百八十余年。[74]

他认为伏羲及女娲曾制定历法，而其论据颇为古怪。《尚书·尧典》记载"羲和制历"，他将羲和解作伏羲及女娲，因羲是伏羲，和是娲的同音字及略称。笃胤在《三五本国考》写道："生田国秀如此认为：'羲者，羲皇之义也。和者，其妻女娲氏之娲也，略称也。伏羲及女娲传授历法，故名之。'"[75]笃胤另一弟子大国隆正（1793—1871）相信万国均由天照大神之弟素盏呜尊所开，古代中国三皇及其大臣均是日本神祇的化身。不过他认为伏羲来自八岛篠见神，而非其师所指的大国主神。[76]以上可见平田派国学视伏羲为日本天神在中国的垂迹，以合理化借用来自中国的易理及历法。

一些儒学者亦从神道的观点讨论伏羲,这类言论可分两大方向。第一,利用伏羲主张神儒一致论。阳明学者中江藤树的思想包容神道及道教。他在一六三九年参观琵琶湖竹生岛辩才天圣地后,作汉诗:"艮上一阳从坎出,卦神本是大明神。浮屠误做辩才天,天运循环必复真。"[77]批评佛教徒将天照大神当作日轮辩才天(日轮天女)的日本垂迹,不明其真身是道教的太乙神。他在一六四一年到访伊势神宫内宫后,咏诗表示天照大神之恩德可比伏羲:"光华孝德续无穷,正与牺皇业亦同,默祷圣人神道教,照临六合太神宫。"[78]他相信天照大神及太乙神其实是同一神祇,而且歌颂他们发扬孝德及设教。

阳明学者熊泽蕃山指出中国易道及日本神道有相近之处,因两者同属天地自然之理。他在《三轮物语》写道:

> 中华圣人伏羲氏始,显乾坤之画,生六爻八卦,八八而成六十四卦。(本朝)亦用八咫、八坂等八字。可见天地之神道一贯,乃和汉共同之自然妙理。[79]

伏羲画八卦,日本神道亦以八为神圣数字,有"八咫琼勾玉""八咫乌""八咫镜""八坂琼曲玉""八坂神社""八幡神""大八洲"及"八百万神"等,反映中日均属于同一"天地之神道"。

林罗山弟子黑泽石斋指出伏羲与日本神祇大国主命相似，均在远古教导人民文字、畜牧及捕鱼。他在《怀橘谈》中记载松江藩盐楢岛的岛民将两者混同。岛上有神社拜少彦名命（少名毗古那神）及大国主神，岛民亦拜伏羲、神农及岐伯。[80]石斋认为日本人应拜日本神祇。

第二，通过中日比较强调日本的优越性。平田派国学将上古中国视为蛮夷之地，日本天神基于怜悯，化身三皇开拓中国文明。深受神道史观影响的水户学者会泽正志斋（1781—1863）相信日本的古代史比中国更悠久、更为文明，因为中国在伏羲以前是洪荒之世，但日本在天神七代已有可观的文明发展。他比较后曰："或云伏羲之前是洪荒之世。震旦如此，谁能贬皇国？'天照大神之时非洪荒，此正论也。'此本居（宣长）大人常见之论，可见非妄言也。"[81]

本章结语

伏羲在日本文化及中日文化交流史上只扮演次要的角色，对德川宗教及文艺的影响有限。伏羲在德川文献中若隐若现。虽然汉学在德川日本兴起，但伏羲无法获得他在中国所享有的同等地位。第一，伏羲在日本没有成为民间信仰，没有出现相关寺庙及祭祀，跟本土宗教的互动有限。[82]这跟神农、禹、徐福、关羽、妈祖在日本民间的信仰形成强烈对比。第二，他没有对日本文艺创作带来重大的影响。除了少量汉诗及画像，伏羲的故事并无出现在浮世绘、净琉璃、歌舞伎、小说等文艺作品中。伏羲对德川文艺的启发远远不及关羽、杨贵妃及钟馗。

伏羲在德川思想史上的重要性大于宗教史及文化史。日本一些文人雅士视伏羲为文化符号，代表遥远古代人类文明的理想治世。在德川以前的文字，伏羲多与其他古圣王一起代表远古盛世，个性及独特性不强。德川文献对伏羲的描述比以前相对鲜明及独立，例如儒者歌颂其易学贡献，及兵学、料理以他为始祖便属此类。

德川日本的伏羲论大多不太深入及全面，虽然伏羲的名字不时出现，各派对他的评论只是点到即止，若不是作敷衍及装饰性文字，便是借用其名义阐述自己的论述。德川文献对伏羲的讨论来自不同思想流派，其中以儒者为主力，这跟儒学的兴起关系密切。其相关文字多是歌颂伏羲对道统及易学的贡献。朱子学、古学、阳明学及石田心学均引伏羲阐明自家的观点。受国粹主义影响的学者从国学及神道的角度评论伏羲。

伏羲本身是个易于借题发挥的论述题材。汉籍对伏羲的记载其实不多，而且多流于零碎及片面，这正好为后世提供附会的空间。德川不同学派均有学者通过讨论伏羲表达自己的主张，他们心目中的伏羲各有不同。儒者以他为上古圣王，有佛教徒及国学家却分别认为他是菩萨及日本神祇的化身。一些兵学、茶道及料理门派奉伏羲为祖师爷。对于伏羲,德川不同学派各自表述,各取所需。这正反映日本人对中国文化的态度,就是利用中国元素表达及构建日本文化。

注　释

〔1〕 参刘惠萍:《伏羲神话传说与信仰研究》(台北:文津出版社,2005年),页344—358。

〔2〕 考古学上显示伏羲及女娲在奈良时代以前可能已经传入日本,但至今仍缺乏有力证据。鸟取县今木神社有刻疑似伏羲及女娲图案的石头,内刻古代隶书体的"鸟"及"虎"。根据乡土史家小坂博之的研究,这些字是日本最古的汉字,刻于弥生中期的公元前五十六年。参ジャパン通信社编:《月刊文化財発掘出土情報》208号(1999年9月),页88—89。此外,日本创世神话是否跟伏羲及女娲有关亦引起学界讨论。《古事记》记日本列岛由伊邪那岐和伊邪那美两兄妹的结合而产生,有学者推测它可能受伏羲及女娲传说所启发,并指出中日两大创世传说有很多共通处,包括兄妹结婚、生下肉球、巡绕及人类祖先论等。参谷川健一著,文婧、韩涛译:《日本的众神》(北京:社会科学文献出版社,2015年),页62。

〔3〕 神宮司庁编:《古事類苑・歲時部20》(京都:古事類苑刊行会,1930年),页1479。

〔4〕《日本三代実録》16,経済雑誌社编:《国史大系》第4卷(東京:経済雑誌社,1914年),页293。上述两句大同小异,在汉籍找不到典故出处,不过《礼记》有"五帝殊时",上古日本人可能受其启发而创作此句。

〔5〕《古事類苑・歲時部3》,页176。

〔6〕《须弥四域经》是佛教疑伪经,作者及成书年份不详。此书早已佚

失，只能从其他书籍的引文中窥见部分内容。它将神农、伏羲、女娲、孔子、老子等中国圣帝、圣人视作佛教菩萨的化身。本地垂迹说在平安时代兴起，认为神道诸神是佛教菩萨在日本的本地垂迹。

〔7〕 安然：《悉曇藏》卷1（東京：佛書刊行会，1922年），頁8。《须弥四域经》主张上古中国圣人皆菩萨化身，意图将儒、道编入佛教系统之内。"宝应声菩萨化为伏羲，吉祥菩萨化作女娲，儒童应作孔丘，迦叶化为李老"是其名句。

〔8〕 同上，頁16—17。

〔9〕 藤原兼経：《岡屋関白記》，《古事類苑・文学部20》，頁647。

〔10〕《洞院公賢之書狀》，《古事類苑・歲時部11》，頁754。

〔11〕 译自《源平盛衰記》卷4（東京：国民文庫刊行会，1910年），頁73。

〔12〕 参《近世初期における帝鑑図の制作背景》，《熊本大学教育学部紀要》第64期（2015年12月），頁224。

〔13〕 藤原良経等著，峯村文人注：《新古今和歌集》（東京：小学館，1995年），頁52。

〔14〕 译自《今昔物語集4・文学》序，経済雑誌社編：《国史大系》第16卷（東京：経済雑誌社，1901年），頁227。

〔15〕 東麓破衲：《下学集》卷2。日本国立国会図書館电子版（请求记号：WA16-121）。

〔16〕 吴伟明：《易学对德川日本的影响》（香港：中文大学出版社，2009年），頁3—16。

〔17〕 转载自芳賀幸四郎：《中世禅林の学問および文学に関する研究》（東京：日本学術振興会，1956年），頁76。

〔18〕 桃源瑞仙：《百衲襖》卷3（東京：慶應義塾大学館藏影印本），頁89。

〔19〕 吴伟明：《易学对德川日本的影响》，頁12。

〔20〕 吴伟明：《从〈百衲袄〉看中世日本易学的本地化》，《学术月刊》

2014年第1期,页165。

〔21〕 高坂昌信:《龍虎豹三品》,石岡久夫編:《日本兵法全集1·甲州流兵法》(東京:人物往來社,1967年),頁108—109。

〔22〕 藤原茂範著、增田欣編:《唐鏡:松平文庫本6》(広島:広島中世文芸研究会,1966年),頁13—14。

〔23〕 译自存覚:《諸神本懷集》,小川獨笑編:《経釈抜萃法語集16》(東京:松田甚左衛門,1902年),頁84。

〔24〕 東京帝国大学文学部史料編纂掛編:《大日本史料》第8編(東京:東京大学出版会,1968年),頁24。

〔25〕 日蓮:《立正安国論》(東京:德間書店,1973年),頁115—116。

〔26〕 译自北畠親房:《神皇正統記》,有馬祐政編:《勤王文庫》第1編(東京:大日本明道会,1927年),頁46。

〔27〕 译自同上,頁47。

〔28〕 例如德川僧侣论伏羲多是重弹老调,反复重申本地垂迹说,以伏羲为菩萨所变。真言宗僧运敞(1613—1693)相信中国古代帝王及智者皆菩萨的化身:"《须弥图经》云:'宝应声菩萨化为伏羲……'以此而推,三皇五帝、孔李庄周皆是菩萨化身。"運敞:《三教指帰註》,高岡隆心編:《真言宗全書》(東京:真言宗全書刊行会,1935年),頁160—161。

〔29〕 参 Johannes Fredericus van Overmeer Fisscher, *Bijdrage tot de kennis van het Japansche rijk* (Amsterdam: J. Muller, 1833), p. 8; 国立国会図書館編:《日本と西洋—イメージの交差》(東京:国立国会図書館,2012年),頁10。

〔30〕 山鹿素行:《武教全書》,石岡久夫編:《日本兵法全集5·山鹿流兵法》(東京:人物往來社,1967年),頁253。

〔31〕 译自伊賀風山:《経権提要》(1670),石岡久夫編:《日本兵法全集7·諸流兵法(下)》(東京:人物往來社,1967年),頁215。

〔32〕 译自藤林保武:《万川集海》,今村嘉雄等編:《日本武道全集4·砲術、水術、忍術史》(東京:人物往來社,1966年),頁423。

〔33〕 千宗室著,萧艳华译:《〈茶经〉与日本茶道的历史意义》(天津:

南开大学出版社，1992年），页11。

〔34〕 吉野裕子：《陰陽五行と日本の文化》（東京：大和書房，2003年），頁91。

〔35〕 译自林羅山：《庖丁書録》，日本随筆大成編輯部編：《日本随筆大成》第1期，第11卷（東京：日本随筆大成刊行会，1931年），頁859—860。

〔36〕 转载自石川淳：《石川淳全集》第16卷（東京：筑摩書房，1991年），頁537。

〔37〕 加納諸平、神野易興等編：《紀伊国名所図会》後編，下卷（貴志康親，1936年），頁345。

〔38〕 近世山口县萩市须佐町高山半山之处出现黄帝社（黄帝祠），是日本唯一祭黄帝的祠。黄帝成为"黄帝大权现"，被奉为航海、造船的守护神，亦成为高山的地方守护神。相传崇神天皇时，黄帝的神灵飞来高山，然后在须佐之浦教导当地人民造船及航海的技术。此祠在近世后期差点儿被获藩视为淫祠而废除。幕末至明治初航海大盛，黄帝社香火复兴。参野村春畝：《防長風土記》（徳山：青雲社，1957年），頁753。

〔39〕 亀田鵬斎：《善身堂詩鈔》（1836），载王福祥编著：《日本汉诗与中国历史人物典故》（北京：外语教学与研究出版社，1997年），页59。

〔40〕 山本和義、横山弘校注：《服部南郭・祇園南海3》（東京：岩波書店，1991年），頁149。

〔41〕 入矢義高編：《日本文人詩選》（東京：中央公論社，1992年），頁97。

〔42〕 高杉晋作：《東行詩文集》（東京：豊文社，1893年），頁2。末句来自南宋词人辛弃疾《鹧鸪天》的"自是羲皇以上人"。

〔43〕 译自熊沢蕃山：《三輪物語》，三枝博音編：《日本哲学全書4・神道篇、儒教篇》（東京：第一書房，1936年），頁176。

〔44〕 译自井口常範：《天文図解》，三枝博音編：《日本哲学全書第8卷天文・物理学家の自然観》（東京：第一書房，1936年），頁29。

〔45〕 小林松篁（1948—？）的收藏品（http://kohkosai.com/syuuzouhin/

002.htm)。

〔46〕 帆足万里:《入学新論·原教》,帆足記念図書館編:《帆足万里全集·上巻》卷1(東京:ぺりかん社,1988年),頁2。

〔47〕 朱熹:《沧州精舍告先圣文》(1194),郭齐、尹波点校:《朱熹集》卷86(四川:四川教育出版社,1996年),页4446。

〔48〕 有关德川儒者的道统论,参陈玮芬:《日本江户汉学者对道统论的继承和发展》,《人文及社会学科教学通讯》第8卷第5期(1998年),页106—155。亦有部分德川儒者以道统始于尧舜(如伊地知季安),但并非主流。有关德川儒者对尧舜禅让的保留,参 Masao Maruyama, "Orthodoxy and Legitimacy in the Yamazaki Ansai School" (trans. Barry Steben), in Chun-chieh Huang & John Allen Tucker, eds., *Dao Companion to Japanese Confucian Philosophy* (New York: Springer, 2014), pp. 315–330.

〔49〕 山鹿素行:《聖教要録》,田原嗣郎、守本順一郎校注:《日本思想大系32·山鹿素行》(東京:岩波書店,1970年),頁342。

〔50〕 同上。

〔51〕 武田信成:《道統小伝》(京都:井筒屋六兵衛,1681年)。東京大学図書館藏(请求记号:儒014:1)。

〔52〕 林羅山:《聖賢像軸》,京都史蹟会編:《林羅山文集·上卷》卷64(東京:ぺりかん社,1979年),頁896。

〔53〕 参葛兆光:《文化间的比赛:朝鲜赴日通信使文献的意义》,《中华文史论丛》2014年第2期,页1—62。

〔54〕 王维先、铁省林:《朱熹的道统思想对日本"暗斋学派"的影响》,《齐鲁学刊》2010年第1期,页22—26。

〔55〕 载虎竹正幸等编:《世界教育宝典·日本教育编第6》(町田:玉川大学出版部,1967年),页362。

〔56〕 参 Barry Steben, "Edo as Method: An Introduction to Koyasu Nobukuni's Recent Scholarship," *Sino-Japanese Studies* 12:2 (April 2000): 34。

〔57〕 伊藤東涯編:《歴代聖賢道統図賛》,《古学先生文集》卷3(京

都：玉樹堂,1717年),頁27—28。日本国立国会図書館电子版（请求记号：862-140)。

〔58〕同上书,頁26。

〔59〕同上书,頁28。

〔60〕朱子学的道统重视以理论道,而徂徕的圣人之道则以历史发展论道,两者不尽相同。参蓝弘岳：《荻生徂徕的古代中国史观与政治思想——"圣人之道"的重构与"宋学"批判》,《汉学研究》第33卷第3期(2015年),頁169—203。

〔61〕荻生徂徠：《弁道》,吉川幸次郎等校注：《日本思想大系36·荻生徂徠》(東京：岩波書店,1973年),頁201。

〔62〕荻生徂徠：《蘐園十筆》,関儀一郎編：《日本儒林叢書》第7冊(東京：鳳出版,1978年),続編,随筆部第一,頁91。

〔63〕译自石田梅岩：《都鄙問答》,柴田実編：《石田梅岩全集》(東京：石門心学会,1956年),頁6。

〔64〕上河淇水：《心学承伝之図》,柴田実校訂：《日本思想大系42·石門心学》(東京：岩波書店,1971年),頁202—203。

〔65〕安藤昌益：《自然真營道》,三枝博音編：《日本哲学思想全書6·自然篇》(東京：平凡社,1956年),頁36—38。

〔66〕译自上书,頁40—41。

〔67〕例如寺岛良安在《倭汉三才图会》写道："太昊帝庖牺氏继天而王,为百王之先,此称帝之始也。"寺島良安：《倭漢三才図会》(東京：日本随筆大成刊行会,1928年),頁94。

〔68〕译自本居宣長：《鉗狂人》(京都：綛田屋平右衛門,1821年),頁48。日本国立国会図書館电子版（请求记号：210.3-To339Mk-Ⅱ)。

〔69〕译自本居宣長著,倉野憲司校訂：《古事記伝3》(東京：岩波書店,1942年),卷10《少名毘古那神の段》,頁200—201。

〔70〕宣长在《古事记传》中指出,《古事记》的"常世国"是外国之意,以别于尊贵的"皇国"。参裵寬紋：《宣長はどのような日本を想像したか〈古

事記伝〉の"皇国"》(東京:笠間書院,2017年),頁16—30。

〔71〕译自平田篤胤:《太昊古易伝》,平田盛胤、三木五百枝校訂:《平田篤胤全集6》(東京:法文館,1935年),頁2。

〔72〕参吴伟明:《德川国学对〈易经〉的研究与挪用:平田笃胤的易学新解》,《汉学研究集刊》第18号(2014年6月),页1—22。

〔73〕译自平田篤胤:《赤縣度制考》上卷,頁17。日本国立国会図書館电子版(请求记号:848-139)。亦收录在平田篤胤全集刊行会编:《新修平田篤胤全集13》(東京:名著出版,1977年),頁372—373。

〔74〕译自生田万:《彖易正義》,芳賀登編:《生田万全集3》(東京:教育出版センター,1986年),頁469。

〔75〕译自平田篤胤:《三五本国考》下卷。日本国立国会図書館电子版(请求记号:839-28)。

〔76〕参大国隆正:《学統辯論》,田原嗣郎等校注:《日本思想大系50·平田篤胤、伴信友、大国隆正》(東京:岩波書店,1973年),頁487。

〔77〕柳町達也編:《陽明学大系8.日本の陽明学上》(東京:明德出版社,1973年),頁41。

〔78〕同上书,頁46。

〔79〕译自熊沢蕃山:《三輪物語》,三枝博音編:《日本哲学全書4·神道篇、儒教篇》(東京:第一書房,1936年),頁176。

〔80〕黒沢石斎:《懷橘談》(松江:秦慶之助,1914年),頁52—54;Yijiang Zhong, *The Origin of Modern Shinto in Japan: The Vanquished Gods of Izumo* (London: Bloomsbury Publishing, 2016), p. 37.

〔81〕译自会沢正志斎:《読級長戸風》,関儀一郎編:《日本儒林叢書》第4册(東京:鳳出版,1978年),頁17。

〔82〕主拜伏羲的高岛神社在1940年才建立于静冈县清水市。有学者认为宇贺神(《古事记》称宇迦之御魂神,《日本书纪》称仓稻魂命)人头蛇身,头部可为老翁或妇女,可能跟伏羲及女娲有关。参原田禹雄:《琉球を守護する神》(宜野灣:榕樹書林,2003年),頁131。

2 神农

神农（亦名炎帝、连山、列山、药王大帝、五谷王）是中国传说中远古的三皇五帝之一，中国人以他为人类文明的老祖宗，并相信他对医、农、工、商都做出重大贡献而加以祭祀。据说神农曾亲尝百草及发明农具，因此自古在中国被奉为药神及农神。拜祭神农成为中国相当普及的民间习俗，各地皆建有神农庙。神农信仰随汉籍、汉移民及华商等传播至域外，在日本、韩国、越南都受医师及百姓的祭祀。[1]日本是中国之外最重视神农的地方，神农信仰在日本中世出现，在德川时代达最高峰。中日的神农信仰有同有异。相近之处为两地均以神农为药王，受医师及药业者的拜祭。不同之处更得注意，亦是本章重点所在。日本的神农信仰颇具个性，包括跟神道及佛教混同、获不同行业的支持及出现大量神农图赞等。至今的相关研究主要从医学史或美术史角度讨论上古及中世日本的神农信仰。本章从比较文化史的视角，以原始文献为基础，探讨神农信仰在近世日本如何形成，及从中日比较及文化互动的角度剖析其本质。这是首个整理德川神农信仰的研究，期望对日本神农信仰的研究有所突破并有助于了解中国文化在日本的本土化。

德川以前的神农崇拜

中医早在平安时代已传入日本，日本人透过传入的中国医书开始认识神农，其中以中国最古药物书《神农本草经》的影响最大。它在东汉（25—220）时代结集成书，托称为神农所撰，真实作者不明。中国很早已将神农与医学联系起来，日本亦受其影响。《神农本草经》在唐朝（618—907）传入日本。百科全书式的平安前期类书《秘府略》（831）曾引用《神农本草经》的四段佚文。日本最早医书《医心方》（986）更多处引用《神农本草经》，而且记载有中国已失传的《神农食经》其中两段文字。荣西禅师（1141—1215）在其《吃茶养生记》（1211）歌颂神农以茶为药，感叹曰："汉家神农隐而三千余岁，近代之药味讵理乎？"[2]平安朝廷内负责医疗的典药寮亦采用《神农本草经》为主要教材。[3]平安及镰仓时代的医学文献中常见神农之名，反映日本人对神农十分重视，不过朝廷医家仍未见有拜祭神农的习俗。镰仓中期出现将神农视作日本医祖之说。[4]朝廷医官惟宗具俊（？—1288）在《医谈抄》（1284）中奉神农为本草之祖，谓"药自神农始世"及"百药起自神农"。[5]

日本的神农崇拜在十三世纪开始形成，出现了由朝鲜半

2 神农

岛传来的神农画及赞文。[6]神农图赞在中国一直存在。古代秦氏从朝鲜半岛来日本定居,可能已带来神农信仰,但没有在日本传播。相传在十五代天皇应神天皇(传说人物,相传生卒年为148—200)时,神农皇帝末孙融通王从三韩归化日本,并带来牛头人身的神农画。融通王本身擅长医学,有挂神农画以求恶疾消失之举。[7]中世开始出现由日本人创作的神农画及赞文。日本最早的神农画见《马医草纸》(佚名,1267)。[8]中式神农图的造型大多是牛角人头人身,左手持药草,右手持赭鞭(按:传说中可验百草是否有药用价值或毒性的赤色鞭子)。《马医草纸》中的神农却是普通人的样貌,穿上类似日本公卿的衣装,跟神农人头牛角、穿兽皮在中国的形象完全不同。《马医草纸》的神农图侧有汉字标音梵文如下:"唵呼卢呼卢,旃陀利摩登耆娑婆呵。"这句其实是来自真言宗的《药师如来观行仪轨法》,是拜祭药师如来时口诵的真言咒文,目的是祈福消灾。此咒文原文为:"唵。呼卢呼卢。战驮利。摩登耆娑婆呵。"意译为:"归命,速疾。暴恶相,象王,成就。"[9]可见中世已出现将神农视作佛教药师如来化身的本地垂迹思想。[10]

日本的神农图赞在室町及战国时期不断增加,内容亦出现变化。唐医甘伯宗的《名医传》及明医熊宗立(1409—1482)的《历代名医图赞》(1476)对日本的神农图赞影响颇大,奠定神农为牛角人头人身,左手持药草,右手持赭鞭的形象。室町时代水墨画大师雪舟等杨(1420—1506)创作的几款《神农图》都采用上述的中式形象。五山僧月舟寿桂（1470—1533）作《神农像赞》五种。临济宗僧大休宗休（1468—1549）作神农图赞如下："救民医国世难逢，着鹿皮衣显圣容。大地都卢禅本草，舌头具眼只神农。"[11]室町时代木匠云阁造神农坐像。[12]战国医师曲直濑道三（1501—1594）在《神农像赞》作七言汉诗一首。战国大名武田信玄在佛寺安奉伏羲、神农、文王、周公四大圣人木像，每次用《易》占卜前均加以祭祀。[13]织田信长在安土城（1576年建成，1585年废城）天守阁最高的第六层安置伏羲、神农及黄帝的画像，他似乎希望借圣人画像建立自己的政治正统性。[14]

近世以前神农信仰的相关文献记载相对匮乏，只能窥其轮廓，难以作系统性整理及深入分析。大体而言，神农信仰在中世以禅僧为主力，医官为副，论述比较零碎及个人化，它至近世才发展成较有系统及集团性质的民间信仰，增加了在宗教及民俗上的影响。

近世医家的神农信仰

近世神农信仰的主力不再是佛教僧侣，而是医家及儒者。他们将神农信仰发展至全盛，建立有系统及规模的祭祀仪式，并且留下大量相关的文献记录。

近世汉方药医师及药业者均将神农当作其行业的祖师

2 神农

《马医草纸》中的神农图

爷,奉其为"药王"或"药神"。[15]神农的身影在德川汉方药可谓无处不在。[16]《神农本草经》大行其道。德川时代在一八二四年及一八五四年出现两个版本的《神农本草经》,分别由狩谷掖斋及森立之(1807—1885)辑录中日典籍中所引佚文而成。森版在江户出版,附《神农本草经》考异,影响力较大。德川时代还出现一些解说《神农本草经》的著作,其中包括太田澄元(1721—1795)的《神农本经臆断》《神农本草经纪闻》及铃木良知(1761—1817)的《神农本经解故》。[17]

卖药业(药问屋)及医家均拜祭神农。近世日本出现神农祭,纪念神农开拓医药之功。卖药业者奉神农为守护神,习惯在家安奉神农像或悬挂神农挂轴,定期拜祭。医师田代宗敬元禄宝永年间(1704—1710)在京都五条天神宫(今五条天神社）安置神农像，开德川医家拜神农之始。[18]大阪道修町的药屋木津屋（1711年创立）在近世一直有悬挂神农画像及拜神农坐像的习惯。[19]

　　道修町是医家神农信仰的发祥地。它在战国时期已成为全国的药市，在八代将军德川吉宗（1684—1751）时其规模进一步扩充，成为药种屋（按：贩卖汉方药的商户）的大本营。[20]道修町药商共同拜祭日本药祖神少彦名命（并称此神为"神农氏"［神农さん］）及中国药祖神神农，反映当时将少彦名命及神农混同的神儒习合现象。道修町药商自一七二七年组织社团神农讲（亦名药祖讲）。[21]一七八〇年他们正式将少彦名命及神农合祀，并成立少彦名命神社，神社内供奉少彦名命及神农的画像。

　　一八二二年大阪霍乱（日本人称"虎狼痢"）猖獗，道修町举行首次神农祭祈求平安，并派发用虎头骨做的药丸（"虎头杀鬼雄黄丹"）及名为"神农之虎"的纸老虎护身符。仿照

道修町少彦名命神社的神愿绘马（作者拍摄）

2 神农

明清习俗,自一八二二年起医师在每年十一月二十三日(冬至)举行神农祭。京都医师茅原定(1774—1840)在《茅窗漫录》(1833)记曰:"此邦之医者,每年冬至之日称神农祭。食用赤豆饼、赤豆饭,又用酒肴盛馔之具,集亲戚交友贺宴,成为常例。"[22]这种形式基本上依循中国明清习俗。幕末全国暴发霍乱,不同地方纷纷举行神农祭以祈求疫症消失。

作为个人信仰,医师拜神农者多不胜数,幕府及地方诸藩的医官亦不例外。五代将军德川纲吉(1646—1709)对推动神农崇拜可谓不遗余力。[23]他不但亲自绘神农画赠予每位幕府医官,而且每幅均不同,可见其对神农崇拜相当认真。一七〇〇年单是七月二十三日一天之内,便有六位医官获赠其神农画。[24]以数量而言,相信纲吉是德川时代制作神农画最多的人。他又将神农木像从江户药王寺东光院移至汤岛圣堂加以供奉。一七九七年神农木像被迁往幕府的医学馆跻寿馆,每年春秋都举行拜祭,而且带有官祭的性质。此外,一些藩的医学所亦悬挂神农画像,定期加以拜祭,例如一八〇五年福井藩设立济世馆,挂神农画像,众医官齐集拜祭,由学监诵读祭文。汉方医在家中及医馆挂神农画像亦十分普遍。江户后期的酒落本(按:近世短篇小说,内容多与妓院相关,笔调谐谑)《风俗八色谈》(1736)卷一记载一则有趣故事:一位庸医买了一神农画拜祭,结果被神农报梦斥责。

近世日本医师多于每年一月八日祭神农,这个祭期跟中国不同。中国医师一般在四月二十八日药王节或八月一日天医节祭祀神农。水户藩医原昌克(1753—1820)在《祭神农》(1800)一文中指出,中国人以八月一日为天医节,日本医师却改在一月八日祭神农,这是因为纪念药师佛及江文大明神(按:辩才天的神道垂迹)曾于一月八日向日本高僧圆仁(793—864,谥号慈觉大师)显现。他本人并不认同这个做法,评曰:

> 《潜居录》曰:"八月朔,古人以此日为天医节,祭黄帝岐伯。"本邦医家以正月八日祭神农,盖原于医师如来结缘日。(慈觉大师[圆仁谥号]修经时,一佛一神日来护之,药师尊、江文大明神,以八日现,侬为结缘日。)可笑之甚也!大己贵命、少彦名命,为本邦医药之鼻祖。而医家不祀二神者,盖由无下遗训及今日者,惜哉其方法之亡![25]

医师茅原定亦反对日本医师在一月八日祭神农,骂道:"正月八日药师结缘日有祭药师、神农者。生此国不知医道祖神,愚昧文盲之至,可笑可耻之甚!"[26]

近世是创作神农图赞最热衷的时期。[27]医师曲直濑玄朔(1549—1632)、吉益东洞(1702—1773)、山胁东洋(1706—

2 神农

1762)、畑柳泰(1765—1832)、多纪元坚(1794—1823)及今村了庵(1814—1890)均作神农图赞。玄朔的《神农像赞》共有五种,二为赞词,三为七言诗。其中两诗内容相同,只是四句次序相反:

> 伟哉圣德神农氏,百草尝过复教耕。
> 荡荡遗风几千岁,人间说此有长生。[28]

一七一九年庄内藩医官小野元珉在鹤冈药草园建神农堂。一八〇四年福井藩藩医浅野文骥(1764—1830)在家中设置医学馆,其开馆式向神农、扁鹊、张仲景的画像献酒及诵读祭文。[29]加贺藩藩医在制药之前会先斋戒沐浴及拜神农像。[30]福山藩亦兴建了神农庙。一七三六年该藩医官马屋原玄益(?—1764)雕刻神农木像,医官五十人共同倡议建神农庙以安置神农像,最终玄益在家中建神农庙(炎帝庙)。他在建庙的颂文曰:

> 迨神农氏出,营屋宇,为四民之利。尝百草知滋味,辨良毒救天伤,而使众庶跻于寿域,而黄岐为问答作《素问》。医家者流源之矣。呜呼!炎帝之德大哉!民生无贵无贱可仰可崇。[31]

江户时代日本人提起本草学及汉方药时自然会跟神农联系起来。一八三六年一些对本草学感兴趣的大名（富山藩前田利保，1800—1859；福冈藩黑田齐清，1795—1834）、幕臣（大田大州）及画家（关根云停，1804—1877）组成赭鞭会研究本草及编纂本草书籍。[32]此外，近世很多汉方成药以神农为名，如"陈熟神农艾""神农感应丸"及"神农解毒丸"等。

江户时期拜祭神农的职业不限医师、药师，香具师（民间流动卖药者）及的屋（露天小贩，自称"神农"）均拜神农及悬挂神农挂轴。[33]一般百姓亦有拜神农像的，主要是希望预防及治疗疾病。江户时代民间有挂神农画像医治小儿麻疹的习俗。浮世绘师歌川芳藤（1828—1887）在《麻疹禁忌》（1862）内附当时流行的麻疹绘，画中母亲与子女一起看神农挂画以防麻疹。[34]

近世儒家的神农信仰

获官方赞助的汤岛圣堂是幕府的汉学中心，亦成为大阪道修町以外另一神农崇拜的重镇。汤岛圣堂的神农崇拜由儒者主持并获幕府赞助，跟大阪道修町的神农崇拜形成鲜明对比。[35]汤岛圣堂内有等身大神农木像，左手持药草，右手持赭鞭。幕医千贺道荣作对联赞曰："观天地类阴阳万世被其化，尝草木察酸苦千秋仰其功。"[36]该木像是三代将军德川

2 神农

家光(1604—1651)在一六四〇年命令工匠藤原真信雕刻制作,并于同年安奉在东光院药园寺内的药园,跟药师如来一起合祭。一六九〇年药园迁移,一六九八年五代将军德川纲吉将神农像移至汤岛圣堂新建的神农庙内供奉。这是日本最初的神农庙。[37]神农庙是一座小祠,坐落于汤岛圣堂东北方的小山丘。自一八二二年起,汤岛圣堂于每年十一月二十三日(即冬至之日)举行神农祭,祈求止息霍乱。

江户中期幕府医官多纪元德(1731—1801)向十一代将

歌川芳藤的麻疹绘《麻疹禁忌》

军德川家齐（1773—1841）建议，在江户医学馆建神农堂，举行春秋两回官祭。家齐答允，遂于一七九一年将神农木像从汤岛圣堂移至医学馆（按：东京大学前身）。医学馆神农堂成为幕府第二个成立的神农庙，位于医学馆中央。[38]萨摩藩第八代藩主岛津重豪（1745—1833）在一七七三年仿汤岛圣堂，在鹿儿岛设立圣堂（后改名造士馆），讲授儒典。翌年在圣堂增设医学馆，馆内有神农堂，供奉神农像。[39]

著名儒者如林罗山、中江藤树、林鹅峰、熊泽蕃山、伊藤东涯、山县周南（1687—1752）、井上金峨（1732—1784）、龟田鹏斋及佐藤一斋（1772—1859）等均留下歌颂神农的赞诗或赞文。[40]小川泰山（1769—1785）画《神农图》及服部南郭作神农挂轴。罗山于一六三二年委托狩野派画家狩野山雪绘成一幅神农图，然后献纳于其上野私邸的孔子庙。他在《神农赞》中（1662）颂曰："古有兽形而人心者，今有人貌而兽者，不亦吁乎！今对此像，聊不感其尝草、造医，而感牛首而圣心者云。"[41]罗山子鹅峰颂曰："得位得名又大德，百草药毒赏能识。继天立极功业余，医国济民跻寿域。"[42]水户藩二代藩主德川光圀（1628—1701）在一六四八年作《神农赞》。他曾在一六四六年患麻疹，作《神农赞》有感恩及预防之意。跟光圀关系密切的明朝遗臣朱舜水（1600—1682）在一六六一年亦作《神农像赞》，颂曰："农则神而药则师，圣人之忧民乃如此哉！"[43]

2 神农

儒者除肯定神农在医药上的贡献外,亦强调神农是圣人,有善心及德行。山鹿素行以儒学道统始于伏羲及神农。他在《道统》中谓:

> 伏羲、神农、黄帝、尧、舜、禹、汤、文、武、周公之十圣人,其德其知施天下,而万世被其泽。及周衰,天生仲尼。自生民以来,未有盛于孔子也。孔子没而圣人之统殆尽。[44]

儒者贝原益轩(1630—1714)在《日本岁时记》(1688)强调神农在农业方面亦做出巨大贡献,因此神农不但是药王及圣人,亦是农神。益轩如此记筑前国(今福冈县西部)农民祭祀神农:

> 筑前之农民此月初丑日祭田神,在神篱酒食、聚男女饭宴。问始于何时?无人得知。贱女只知祭田神,不知祭何神灵。吾以为做耒耨(按:犁与锄,泛指农具),教人开始耕作的神农氏应是所祭之田神。神农人身牛首,丑日祭之,宜也。丑与牛相通之故。此月农事完后祭之,以达报恩德之意。[45]

他反对日本人年初拜祭药师如来的习俗,认为他们应拜神农、少彦名命及大己贵命（大国主命）。这多少反映德川儒者重儒神、轻佛的思想取向。

古学派大师荻生徂徕是德川时代崇拜中国圣人的代表人物。他将圣人分两大类，代表文明两大阶段：利用厚生及制礼作乐。首阶段的圣人先利用厚生以解决人们的基本生活所需，次阶段的圣人制礼作乐，建立道统，提升文化及精神生活。他在《弁道》中曰："伏羲、神农、黄帝亦圣人也，其所作为，犹且止于利用厚生之道。历颛顼、帝喾，至于尧舜，而后礼乐始立焉。"[46]虽然神农的主要贡献在厚生，但徂徕不否认他对立礼乐亦有功。他在《琴学大意抄》（1722）中肯定神农发明琴的功劳，有助教化。及后伏羲、尧、舜、文王、武王均用琴施教。[47]他在日本听雅乐时，感觉可与中国古代圣人神交。[48]反徂徕学的儒者石川麟洲（1707—1759）认为伏羲、神农、黄帝之功不止于利用厚生："伏羲画卦，黄帝垂衣裳，其道岂止利用厚生？又传

《神农》 狩野山雪绘

伏羲制嫁娶，以俪皮为礼。神农作五弦之瑟。"[49]

近世神农与神佛的融合

神农信仰在近世日本与神道及佛教混同，神农在一些神社及佛寺中受到供奉祭祀，甚至被部分神官及僧侣看作神佛在中国的垂迹。

在德川日本将神农及少彦名命合祀的情况相当普遍。德川中期国学派杂学家林自见（1694—1788）在《杂说囊话》（1764）谓："本朝之医祖，少彦名命，淡岛明神是也。大己贵命，三轮明神是也。本朝之医，以神农并此两祖神祭奠有之。"[50] 京都二条通药商成立的药祖神社（1858年创建，俗称"二条の神农さん"）合祀少彦名命、大己贵命及神农。神社内有日本黄檗宗始祖隐元隆琦（1592—1673）从中国请来的神农像。每年十一月二十三日会举行药祖神祭，拜祭神农像。

近世不少人将神农视作日本药祖神少彦名命的化身。各地的少彦名神社多将少彦名命合祀神农。《少彦名神劝请尊社书》（1780）记："少彦名神为本朝医药之祖神，在异朝为神农氏，成其医药之祖。"[51] 神农在中国跟酒及温泉无关，但在日本则同时是酒神及温泉之神，这大概是因为少彦名命是酒神及温泉之神之故。

神农亦被一些人看作素盏鸣尊（亦称速须佐之男命、降马头主、武答天王、祇园天王）的化身，主要是因两者的牛头外形相近。早在中世初期日本医师已将两者混同。十二世纪成书的《觉禅钞》记："祇园天王如药宝贤童子，神农药师所变，云々医师说。"[52]备后国（今广岛县东部）有素盏鸣神社，合祀牛头天王。素盏鸣神社于一七五〇年建正观音堂，其纪念文曰：

> 舜羽（舜及项羽）有重瞳子（一个眼睛有两个瞳孔）不同其心。神农、武答，以牛头利见疾疫。心必不依形耶？何有异同也？于是伊弉诺第四王子素盏鸣尊（《日本纪》，或神素戈呜尊，或速盏鸣尊）者，为稚童，字牛头天王，头戴犊角，形类药叉，又称武答天神。[53]

国学家本居宣长及平田笃胤均认为神农是日本神明的化身。宣长在《钳狂人》指出神农是少彦名命在中国的化身："天竺、三韩及其余之外国皆少名毗古那神（少彦名命）之造化。汉国之伏羲、神农、黄帝、尧舜均出此神。"[54]后来他在《古事记传》中认为神农在古代中国教人民务农，是受到司掌天照大神的衣食住的丰受大神御灵所感应。[55]笃胤在《赤县太古传》及《春秋命历序》（1833）提出神农是日本雨神兼石神多伎都比古命的化身，并称之为药仙。他在《春秋命历

2 神农

序》中将神农看作多伎都比古命在远古渡中时的别称:"有神人名石年(按:石神多伎都比古命)。苍色大眉,戴玉理。驾六龙,出地辅。号皇神农。"[56]他高度评价相传是神农所作的《连山易》,认为比流传于世的《周易》保存更多太古《易》的本义。[57]笃胤弟子大国隆正继承师说,以神农为远古渡中的日本众天神之一,但将多伎都比古命改为宇贺御魂命(亦称仓稻魂命),评曰:"四祖平田先生以大国主神化身伏羲氏。吾换其配当,八岛筱见神为伏羲氏,宇贺之御魂神为神农氏,大国主为黄帝氏。此三皇为吾地神祇于彼地之现形。"[58]

除大阪道修町少彦名命神社外,德川日本一些神社亦有神农祭祠。大阪堺药祖神社是日本最古老的药祖神社,神社内供奉的一尊神农像,据称是一三九七年由足利义满(1358—1408)派遣的明船带回来的。堺药祖神社亦称神农神社,主祭少彦名命及"神农大神",于每年十一月二十三日举行药祖祭。美浓国郡上八幡有一小神社名神农药师堂,合祀药师如来及神农,内供奉德川中期制作的药师如来像。纪伊国伏羲神农黄帝社(现称石尾神社)自古拜伏羲、神农及黄帝,神社内挂三帝画像,每年举行夏祭及冬祭。江户后期成书的《纪伊续风土记》介绍此神社曰:"上志贺村,伏羲神农黄帝社:本社三社,末社妙见社,在长床村之北,何时劝请为当村及久志村之氏神不详。"[59]

中世及近世流行本地垂迹说，神农及素盏鸣尊被部分佛教徒认为是牛头天王的化身。[60]牛头天王是日本神佛习合的产物，在中国及印度没有这个神。牛头天王托称是佛祖诞生地衹园精舍的守护神，是药师如来的化身。牛头天王是疫病神，在平安时期开始受人拜祭，以求免受疫病及蝗虫所害。跟牛头天王相似，神农及素盏鸣尊均为牛头人身，因此被看作牛头天王在中、日的垂迹。

尾张藩津岛的牛头天王信仰亦以牛头天王即为神农，认为牛头天王先后渡中国及日本，分别成为神农及素盏鸣尊。该地所藏中世文献《牛头天王缘起》谓中国秦始皇始称神农为牛头天王："秦始皇之世，尊崇神农帝，为最初配以牛头天王之名也。盖神农皇帝牛头、马面、人身、鸟手足，故取其首而称牛头天王也。"[61]《牛头天王缘起》又记牛头天王在钦明天皇元年（540）由朝鲜人传入。同年钦明天皇下令建立津岛神社供奉素盏鸣尊，可见牛头天王在日本很早已与素盏鸣尊习合。[62]

泥中舍龟六的《骏江杂说辨》引荻生徂徕的《南留别志》，表示牛头天王即中国上古的神农氏及日本的素盏鸣尊，曰："牛头天王乃神农，俗称素盏鸣尊。尊牛头之事不见神书。神农却是牛头人身。"[63]

佛教徒认为神农、素盏鸣尊及牛头天王都是菩萨的化身。公卿藤原茂范在《唐镜》中表示，神农及牛头天王均为药师如来的化身："此帝（神农）乃医王如来之反身，分百草之味以治病，为众生之利，并垂迹日本国，祇园牛头天皇（即牛头天王）申奉之。"[64]中世禅僧月舟寿桂在《题绍巴所藏神农像》中视神农为佛教药王二位王子药王菩萨与药上菩萨的化身："舜为佛，佛为舜。……然则神农之于二王子，如舜与佛也耶？今也绍巴，佛其心，医其术，以故得神农像，晨昏奉之，为法王子。"[65]美浓国牧野药师寺在近世重建佛堂时使用的募捐文中有"大医王（药师如来）即是神农氏，竺支互分身"[66]。信浓国分寺本堂药师堂在一八六〇年竣工，其屋根左右两侧分别有神农及少彦名神的瓦像。神农像牛角人身，身披兽皮，口含草药。一些佛寺亦有供奉神农，例如京都临济宗大本山建仁寺（一二〇二年开山）在一八〇八年安置由京都佛师（佛像工）山田平治所造的神农坐像。

本章结语

神农信仰在近世日本能够达至高峰绝非历史偶然，而是基于中世以来的发展及近世社会呈现的有利条件。神农与神佛的融合、拜神农画像、创作图赞等特色在中世已经出现，至近世不断加深。近世亦呈现新的元素如神农祭、神农庙及神农讲等。此外，近世汉学大盛，各行业组织化及幕府的鼓励都有助其成长。中国医书及儒典的大量输入令人们对神农产生兴趣及敬意。

神农在近世深受日本人的敬仰,成为医师、药业者及儒者崇拜的对象。[67]神农信仰成为团结药业、香具师及的屋的一种力量。药商令大阪道修町成为全国最大的神农信仰中心,每年均举办大型神农祭。江户汤岛圣堂是大阪道修町以外另一神农信仰的重镇,其情况跟大阪不同,主力不是医师、药业者,而是幕府及儒者。幕府赞助汤岛圣堂的神农庙及赐予医官神农画。儒者歌颂神农的贡献。神农在近世日本渗透不同阶层及行业,其普及程度胜过同样是来自中国的关帝及石敢当。

神农信仰在近世日本的普及不应只视作中国文化在域外的扩张,若更准确地分析,其本质应是中日文化互动,反映日本人如何将中国文化再脉络化以适应日本的风土。神农信仰在日本经历过本土化的洗礼,跟中国的情况不大相同,其中最大特色是它跟日本固有信仰结合。神农信仰与日本的神道及佛教混同,神农被一些学者及百姓认为是日本神祇(少彦名命、素盏鸣尊、牛头天王、多伎都比古命及仓稻魂命)或佛教菩萨(药师如来、药王菩萨及药上菩萨)的化身。一些神社及佛寺将神农分别合祀日本神祇及佛教菩萨。将神农视作日本神祇的化身,在神社内供奉及在神道仪式中出现,可以消解作为日本人崇拜外国神祇及人物所构成的身份认同危机。日本人祭祀神农的日期、形式及动机均与中国人大异其趣。始于中世的神农本土化过程在近世完成,神农信仰随本土化而加速在日本普及,不过神农已变成为日本神农,而不再是中国神农。

注 释

〔1〕越南及朝鲜均有神农信仰。部分越南人主张越南人是神农的后裔。《大越史记全书》谓越南开国之君是神农三世孙帝明之后。《淮南子·主术训》亦有"昔者神农之治天下也……其地南至交阯"之句,成为越南儒者经常引用的论据。参马达:《越南开国传说与中国历史文化渊源》,《河南科技大学学报(社会科学版)》第28卷第3期(2010年6月),页27—29。越南李文馥(1785—1849)在一八三一年出使清朝时撰《夷辨》一文,强调越南是圣人神农之后,是华非夷。韩国汉城(今首尔)皇宫内有先农坛,祭祀神农及后稷。济州道晋濠祠庙庭有《炎帝神农渊源记碑》,宣称朝鲜姜氏来自神农一系,因神农之母生于姜水。参金宅圭:《韩国民俗文艺论》(汉城:一潮阁,1980年),页96—113。

〔2〕榮西:《喫茶養生記·上》(京都:法藏館,1939年),頁7。

〔3〕Federico Marcon, *The Knowledge of Nature and the Nature of Knowledge in Early Modern Japan* (Chicago: Chicago University Press, 2015), pp. 29-30.

〔4〕小曾戶洋:《近世日本の医薬界における神農画賛流行の背景》,《日本医史学雑誌》第40巻第3号(1994年),頁333。

〔5〕惟宗具俊:《医談抄》,美濃部重克編:《伝承文学資料集成》(東京:三彌井書店,2006年),頁78。曲直瀨道三在《神農画賛》亦曾引用《医谈抄》中有关神农的文字。

〔6〕《先代旧事本紀大成経》谓推古天皇(554—628)时"皇太子(按:

圣德太子）亲造大己贵尊及炎帝神农像，安于院正殿"。此书于一六七九年在江户书店被发现，托称为圣德太子所作。江户幕府判它为伪书而禁止贩卖。

〔7〕 佐藤一羊：《神農の由来》（大阪：神農社，1930年），頁16—19。融通王成为渡来人秦氏的祖先。《日本書紀》称其为弓月君，《新撰姓名錄》则用融通王之名。

〔8〕《近世日本の医薬界における神農画賛流行の背景》，頁333—334。《马医草纸》记中、日、印十位马医的事迹，神农为其中之一。

〔9〕 参佛光大辞典编修委员会编：《佛光大辞典》（台北：佛光出版社，1988年），頁4416。

〔10〕 此种思想始于中国，谓药师佛转世为神农以拯救苍生。参钟宗宪：《炎帝神农信仰》（北京：学苑出版社，1994年），頁161—163。

〔11〕 大休宗休：《見桃錄》，国訳禅宗叢書刊行会编：《国訳禅宗叢書》卷10（東京：国訳禅宗叢書刊行会，1921年），頁92。

〔12〕 此坐像近世落于富山藩滑川药业者之手，于每年一月八日神农祭时拿出来供奉。

〔13〕 吴伟明：《易学对德川日本的影响》，頁129。

〔14〕 Kendall H. Brown, *The Politics of Reclusion: Painting and Power in Momoyama Japan* (Honolulu: University of Hawai'i Press, 1997), p. 112.

〔15〕 日本人一般以神农、药师如来、少彦名命及大国主命为药王，中国人以孙思邈（581—682）及神农为药王。近世日本药商以神农及荣西作药神。

〔16〕 例如日本汉方药偏向使用小剂量，用神农秤加以测定药量。医师丹波元坚（1795—1857）对此亦有论及。神农秤在孙思邈的文字中曾经被提及，但其实它在中国无人使用。此外，中日两地均认为饮茶始于神农。三谷良朴（1665—1741）的《和汉茶志》（1728）记神农为中国最早喝茶及认为茶有解毒功效的人。参 Sen Soshitsu XV (trans. Dixon Morris), *The Japanese Way of Tea: From Its Origins in China to Sen Rikyu* (Honolulu: University of Hawai'i Press, 1998), p. 3.

〔17〕 近世琉球亦重视《神农本草经》。吴继志在《质问本草》（1785）

的《例言》中写道:"自神农氏尝药以来,赭鞭之学(按:本草学)广被八方……"吴继志:《質問本草》(和泉屋吉兵衛,1837年),页15。日本国立国会図書館电子版(请求记号:特1-820)。

〔18〕 安西安周:《明治先哲医話》(東京:竜吟社,1942年),页81。京都五条天神社主祭日本医神少彦名命,大阪道修町的少彦名命像便是从京都五条天神社请来。

〔19〕 参别所俊顯:《道修町と神農信仰》,《薬史学雑志》第43卷2号(2008年),页231。

〔20〕 德川中后期道修町药种中买仲间(按:药物批发者)供奉神农木刻坐像。该像在明治元年遗失,1933年寻获,2018年移至道修町少彦名神社。

〔21〕 "讲"是以民间信仰为基础而组成的组织,主要从事讲经、宗教仪式或互助等活动。除神农讲外,近世日本还流行观音讲、药师讲、富士讲、庚申讲及地藏讲等。参福田アジオ编:《結衆・結社の日本史》(東京:山川出版社,2006年),第二章《講と日待》,页81—96。有关神农讲的功能,参三浦三郎:《神農伝説の展開とその儀礼民俗》,《薬史学雑志》第3卷2号(1968年),页5—6。

〔22〕 译自茅原定:《茅窻漫錄》,滝本誠一编:《日本経済叢書》卷19(東京:日本経済叢書刊行会,1917年),页124。

〔23〕 德川纲吉崇拜中国古代圣帝明君,一生致力于推广"四书""五经",神农信仰是其中国圣人崇拜的表现之一。

〔24〕 马继兴:《神农药学文化研究》(北京:人民卫生出版社,2012年),页125。

〔25〕 原昌克:《叢桂偶記》,神宫司庁编:《古事類苑・方技部13》卷25(京都:古事類苑刊行会,1914年),页1029。

〔26〕 译自茅原定:《茅窻漫錄》(1833年),页129—130。

〔27〕 参《近世日本の医薬界における神農画賛流行の背景》,页333—334。除医师外,画家及禅僧亦多作神农图赞。近世画家俵屋宗达(?—1643)、小原庆山(?—1733)、狩野随川(?—1745)、石里洞秀(?—

1785)、圆山应举（1733—1795）、谷文晁（1763—1841）、渡边华山（1793—1841）及田能村直入（1814—1907）均作《神农像赞》。渡日禅僧东皋心越（1639—1696）为神农图作诗两首。禅僧泽庵宗彰（1573—1645）作《神农像赞》及白隐慧鹤（1686—1769）作神农画三幅（以《泷见神农像》最为有名）。佛教画家加藤信清（1734—1810）作《神农图》。

〔28〕 转引自《神农药学文化研究》，页 123。

〔29〕 福井县教育史研究室编：《福井县教育百年史：史料编》（福井：福井县教育委员会，1975 年），页 23。

〔30〕 参铃木昶：《日本の伝承薬：江戸売薬から家庭薬まで》（東京：薬事日報社，2005 年），頁 17。

〔31〕 菅茶山编：《福山志料・上》卷 12（福山：福山资料发行事务所，1910 年），页 22。

〔32〕 平野满：《天保期の本草研究会"赭鞭会"——前史と成立事情および活動の実態》，《駿台史学》第 98 号（1996 年 9 月），页 1—46。

〔33〕 George A. De Vos, *Socialization for Achievement: Essays on the Cultural Psychology of the Japanese* (Berkeley: University of California Press, 1973), p. 285.

〔34〕 除神农外，钟馗、源为朝、桃太郎、住吉明神、麦殿大明神、牛头天王及出云国麻疹除御神等皆成麻疹绘的主题。参 Gregory Smits, "Warding off Calamity in Japan: A Comparison of the 1855 Catfish Prints and the 1862 Measles Prints," *East Asian Science, Technology, and Medicine* 30 (2009): 15-17。

〔35〕 有关汤岛圣堂及大阪道修町的神农崇拜比较，参汤浅高之等：《湯島聖堂"神農祭"と少彦名神社"神農さんのお祭り"の比較の検討》，《日本歯科医史学会会誌》第 18 卷第 4 期（1992 年 9 月），页 287—295。

〔36〕《神農祭並に先儒祭祭典記》，《斯文》第 40 号（1967 年），页 49。

〔37〕 铃木三八男：《神農廟略志》（東京：斯文会，1969 年），页 1—2。

〔38〕 町泉寿郎：《江戸医学館の官立化と神農祭祀》，《斯文》第 122 号

(2013年3月),頁81—108。

〔39〕 参田村省三:《篤姫の時代》,古閑章編:《新薩摩学 6·天璋院篤姫》(鹿児島市:南方新社,2008年),頁15。

〔40〕 例如中江藤树在遗稿目录中有《赞神农》,井上金峨作《神农赞》及佐藤一斋作《题神农像七绝三行书》。

〔41〕 林羅山:《羅山林先生文集》卷46(京都:平安考古学会,1918年),頁15。

〔42〕 转引自高嶋藍、湯城吉信:《三木家絵画に見る江戸時代の文人世界》,《懐徳堂センター報》(2008年),頁51。

〔43〕 徐庆兴编:《新订朱舜水集补遗》(台北:台湾大学出版中心,2004年),页250。

〔44〕 山鹿素行:《聖教要録·上》,広瀬豊編:《山鹿素行全集》第11卷(東京:岩波書店,1940年),頁39。

〔45〕 译自貝原益軒:《日本歳時記》,神宮司庁編:《古事類苑·神祇部31》卷2(京都:古事類苑刊行会,1930年),頁619。

〔46〕 荻生徂徠:《弁道》,收录在吉川幸次郎等校注:《日本思想大系36·荻生徂徠》(東京:岩波書店,1973年),頁201。

〔47〕 川島絹江編:《荻生徂徠著〈琴学大意抄〉翻刻》,《東京成徳短期大学紀要》第37号(2004年),頁17、28。

〔48〕 Yuanzheng Yang, *Japonifying the Qin: The Appropriation of Chinese Qin Music in Tokugawa Japan*(University of Hong Kong, Ph.D. dissertation,2008), p. 128.

〔49〕 石川麟洲:《辨道解蔽》,関儀一郎編:《日本儒林叢書》第4冊(東京:東洋図書刊行会,1929年),頁12。

〔50〕 译自林自見:《雑説嚢話》,日本随筆大成編輯部編:《日本随筆大成》第2期,第8卷(東京:吉川弘文館,1973年),頁399。

〔51〕《少彦名神勧請尊社書》收藏于大阪道修町少彦名命神社資料館展示室。笔者于2019年2月6日访问。

〔52〕 觉禅:《觉禅钞》卷118,高楠顺次郎编:《大正新修大藏经・图像部》卷4(台北:新文丰,1983年),页434。

〔53〕 宮原直倁:《備陽六郡志》,得能正通编:《備後叢書》卷2(東京:備後郷土史会,1935年),页81。

〔54〕 译自本居宣长:《鉗狂人》,神宫司庁编:《古事類苑・文学部21》卷14(京都:古事類苑刊行会,1930年),页665。

〔55〕 藤井義博:《本居宣長におけるいのちの視野》,《藤女子大学紀要》第48号第Ⅱ部(2011年),页90。

〔56〕 平田篤胤:《春秋命歷序考》卷1,页50。日本国立国会図書館电子版(请求记号:862-124)。

〔57〕 Wai-ming Ng, "The Shintoization of the Yijing in Hirata Atsutane's Kokugaku," *Sino-Japanese Studies* 19(2012):38.

〔58〕 译自大国隆正:《学統弁論》,田原嗣郎等校注:《日本思想大系50・平田篤胤、伴信友、大国隆正》(東京:岩波書店,1973年),页487。

〔59〕 译自仁井田好古等编:《紀伊続風土記》第2輯(東京:帝国地方行政会出版部,1911年),页481—482。

〔60〕 相传日本早在七世纪已有将牛头天王配素盏鸣尊。参今泉篤男:《京都の歷史1》(京都:学芸書林,1968年),页101。《牛头天王缘起》更将此做法推至六世纪钦明天皇元年。

〔61〕 转译自大屋行正:《伊勢志摩地方の蘇民符と注連縄》,《勢田川調小留書4》(2012年),页8。

〔62〕 这跟《八坂社旧记集录》的记述有所不同。它谓牛头天王信仰在齐明天皇二年(656)由高句丽使者传入。八坂神社拜牛头天王,奉之为速须佐乃男(素盏鸣尊)。参紀繁継编:《八坂社旧記集録》上卷(1870年),页1。日本国立国会図書館电子版(请求记号:212-181)。

〔63〕 转译自《政界往来》卷27(1961年),页123。徂徕虽介绍此说,但本身并不相信。参荻生徂徕:《南留別志》,《荻生徂徕全集18》(東京:みすず書房,1983年),页26。

2 神农

〔64〕 藤原茂範著、増田欣編:《唐鏡:松平文庫本6》,頁119—134。

〔65〕 塙保己一編:《続群書類従》第12—13輯,文筆部(東京:経済雑誌社,1894年),卷332。绍巴是指战国连歌师里村绍巴(1525—1602)。

〔66〕 市木武雄編:《梅花無尽蔵注釈4》(東京:八木書店,1993年),頁33。

〔67〕 亦有德川学者对神农提出比较负面的意见。安藤昌益批评神农破坏直耕及建立帝王制,他在《統道真伝》(1752)谓:"伏羲、神农以前之世,人民自始直耕而安食衣。有人以神农为农业之始,此乃不懂自然之妄伪也。"译自《統道真伝》,安藤昌益研究会編:《安藤昌益全集20》(東京:農山漁村文化協会,1995年),頁62。富永仲基(1715—1746)则怀疑神农是战国时期农学家许行虚构出来的人物。

3 大禹

禹（姓姒，名文命）是传说中的中国远古帝王，因治水有功而为后世纪念。他在中国被尊称为大禹，成为治水神灵的代表。大禹信仰在中国根深蒂固，不论官方还是民间均有祭禹的仪式。[1]中国多位皇帝（包括秦始皇、康熙、乾隆等）曾亲自祭禹。儒家以禹为圣人，道教以禹为水官大帝，佛家以禹为伽蓝神之一的平水大王。[2]中国历代留下大量歌颂大禹的石碑、诗文及图像。[3]大禹信仰随汉籍及移民传播至邻邦，日本、朝鲜及越南均受其影响。[4]禹在日本虽未被官方祭祀，却备受各地民众崇拜，而且获"禹王"的尊称，对日本治水文化、宗教及政治伦理均有相当影响。

日本禹王信仰在德川时代达到全盛期，出现数量可观的相关遗迹及文献。日本人对尧舜禅让及汤武革命均有所保留，但对禹的评价几乎是全面肯定。他们将禹视作圣帝明君，念念不忘其治水功绩。在三皇五帝之中，若论日本人的重视程度，大概只有神农可以与禹相提并论。当今学界对日本禹王遗迹的考察方面取得丰硕成果，但在文献整理上却相对不足。[5]德川时代有关禹王信仰的文献十分零碎，搜集及整理的难度

3 大禹

颇高。本章以原始文献为基础,探讨禹王信仰在德川日本的展开与影响,特别重视禹在德川治水史及中日文化交流史上的角色。它显示禹成为德川治水文化及文艺的一部分,而日本的禹王信仰跟中国的大禹崇拜存在颇多不同之处。

德川以前的禹王崇拜

自五世纪朝鲜半岛五经博士来日以降,儒典不断传入,大禹的故事亦随"四书""五经"的传播而在古代日本家喻户晓,成为政治伦理典范及治水神信仰的重要部分。日本最早有关禹的文字多是用他来歌颂天皇的德行。禹在奈良及平安时期虽已是政治及道德典范,但本身仍未成为崇拜对象。《古事记》歌颂天明天皇"可谓名高文命(按:夏禹),德冠天乙(按:商汤)"[6]。《日本书纪》(720)记孝德天皇下诏时曾引《管子》之"禹立建鼓于朝,而备讯望也"[7]。平安初期完成的史书《日本后纪》称赞迁都平安的平城天皇"声滔嗣禹"。[8]天台宗开创者最澄(767—822)用禹的典故讲述人生道理如下:"古贤禹王,惜一寸之阴,半寸之暇。"[9]镰仓三代将军源实朝(1192—1219)受《尚书·益稷》之中禹的发言启发,在和歌中写下"洪天漫水,土民愁叹"一句。[10]

大禹治水的传说在中世成为民间信仰,日本最古的禹王崇拜可追溯至镰仓时期。当时京都鸭川五条有松原桥(五条桥），位于人们前往清水寺参拜的路上。根据镰仓后期成书的《百练抄》，一二八八年鸭川曾出现特大洪水，将整条松原桥冲走。相传当时负责防洪的防鸭河使在鸭川松原桥东岸建夏禹王庙以求平息水患。夏禹王庙在中世一直存在。室町时代的相国寺日记《荫凉轩日录》（1488）对它记载曰："此庙乃祭祖先之灵及诸神之祠也。"[11]虽然不太清楚其中的祖先及诸神所指为何，但估计禹庙可能将禹合祀其他神灵。在京都屏风绘《洛中洛外图》（1549）中，禹庙仍坐落在五条松原桥附近。

中世禅僧好汉籍，留下不少赞美大禹治水的文字。虎关师炼（1278—1346）在五言汉诗《曝书》中有"禹凿山川曲，恬埜地脉断"之句。[12]一四三三年四国龙泽寺开山，取名禹门山，以示对禹的敬仰，因为禹门是夏禹在山西所凿的工程。正宗龙统（1428—1498）记述其父东益之（1376—1441）仿禹在美浓国郡上治水。益之曾颂禹曰："禹何人也？驱聚治内万姓，迭山石筑陂堤者里许。新凿沟洫，汩其道路，而远挽河水于安光乡。变原野作水田者，凡一万六千余。岁贡倍前。"[13]快川绍喜（？—1582）于一五八二年获正亲町天皇（1517—1593）御赐"国师"之号。他作汉诗《黄丽化龙》表达内心的喜悦，诗中将自己比喻作一登龙门声价十倍的小鸟："莺入禹门改旧容，金衣八十一鳞重，桃花开口叫希记。"[14]

战国时代军人领袖对禹亦存敬意。《阴德太平记》(1717)称许战国武将毛利隆元(1523—1563)奔走九州岛战线,无闲拜访父亲,犹如"禹稷过门不入"。[15]丰臣秀吉(1537—1598)派家臣前田利家(1539—1599)治理宇治川,秀吉目睹利家亲自拿铲带领群众治水,赞许他有禹王的遗风,曰:"昔夏之禹王拿锄断金花山之洪水,以救众生。今利家公之心亦然。"[16]

可见早在德川以前,禹已成为民间宗教及治水、治国的榜样,受日本人的歌颂及祭祀。不过禹王崇拜的热潮仍未出现,其本地特色亦不甚明显,要直至近世才正式形成日式的禹王信仰。

德川日本的禹王遗迹

禹王崇拜在德川时代升温,多个主要河川出现禹王碑(文命碑),这跟儒学兴起、汉籍流通及治水工程频密关系密切。儒者取代僧侣成为近世的主力知识阶层,作为儒家先王及圣人的禹因此备受敬重。大量汉籍由唐船经长崎输入,而且部分在日本再版,日本人对禹的认识不断增加。此外,德川开启了悠长的太平盛世,江户幕府及地方诸藩均积极治水以改善运输及农耕。[17]在多种有利的条件下,禹王信仰的相关遗迹大量出现,遍及关东、近畿、四国及九州岛。按其成立先

后可分为以下九大遗迹:

第一,京都鸭川禹王庙。这是日本最古的禹王信仰遗迹。大阪儒者中井竹山(1730—1804)在《草茅危言》(1789)中谓:"水利之事,京都加茂川(按:鸭川上游)往古涨溢甚,都人昏垫之害,《旧记》多见。夫故有诸手当,置防鸭河使等。又四条通东岸建夏禹王庙祭祀。"[18] 据京都儒医黑川道祐(1623—1691)在《雍州府志》(1684)的描述,一二二八年八月鸭川严重泛滥,地藏菩萨化作僧人向防鸭河使中原为兼建议建禹庙及辩才天社以镇灾:

> 后堀河院安贞二年,大风雨,鸭河洪水泛滥,使势多判官为兼防河水,为兼茫然失所。于时异僧忽然来告为兼曰:"欲防此水,则于鸭河东岸南建夏禹庙,北建辩才天社,须祭之。"言终异僧入寺不见。……然则异僧地藏之现身乎?为兼为奇异之恩,于兹建两社而祈之,水忽干。夏禹庙今不知其处。[19]

这种鸭川治水神是地藏菩萨化身的说法在德川时代才见诸文字记录。鸭川禹庙本在五条中州,但在德川初期它被移至四条松原桥。《京町鉴》(1762)表示它在当时已不复存在。《都名所图会》(1786)介绍宫川町时,记曰:"宫川者,鸭川四条以南之别号也。昔日此处有禹王庙。治洪水之神也。后世人家建屋此地，遂成町名。"[20]

此外，鸭川东岸的仲源寺亦是德川时代治水信仰重镇之一。仲源寺的"仲源"来自中原为兼的"中原"。[21]有学者主张寺内的目疾地藏尊菩萨像其实是禹王像。杂学家山崎美成（1796—1856）在随笔集《提醒纪谈》（1850）如此说明：

> 今鸭河之边有目疾地藏，谓为可治眼病之地藏尊，此实昔日河防祭之禹王像也，乃防大雨使河川泛滥之祭也。地藏尊者，误也。雨止地藏尊再讹为目疾地藏，拜之可治眼疾。细看此像，可知非地藏尊也。[22]

美成还指出在鸭川四条旁的建仁寺夷之社（惠比须神社）其实最初亦祭禹，后世误祭蛭子神：

> 京都建仁寺有夷之社，本非祭蛭子，而是祭夏禹王。昔鸭河泛滥，为害甚大，人们建禹王庙祭之。日本称唐土及外国为夷，后世将夷国之神误传，才成蛭子之社。[23]

从以上的佛寺祭禹及地藏菩萨劝人祭禹的记载反映禹王信仰与佛教的融合，这是日本禹王信仰有别于中国的特色之一。

第二，香东川大禹谟碑。赞岐国（今香川县）高松香东川时而干涸，时而泛滥。土木工程名人西嶋八兵卫（1596—

1680）在一六二五至一六三九年被津藩藩主藤堂高虎（1556—1630）派去治理香东川，使下流两分流合一，以解决水流不足的问题。八兵卫在一六三八年完成水利工程，同年建大禹谟石碑加以纪念。"大禹谟"三字由八兵卫亲书，成为日本现存最古的禹王碑。八兵卫亦获"赞岐之禹王"的美誉。此碑原埋于岸边，有镇压水魔之意，直到一九一二年才出土。

第三，关东埼玉郡久喜文命圣庙。在五代将军德川纲吉之治世，久喜的地方豪族岛田忠章为纲吉养女八重姬（1689—1746）进药，建议在她的领地埼玉久喜立禹庙，并在自己的私邸腾出空地兴建。禹庙于一七〇八年完成，称为文命圣庙，庙中拜祭"文命皇神"。《文命皇神尊御由来记》记曰：

> 余吾法眼殿为五代将军纲吉公之姬君进药。姬君领武州埼玉郡小林村高三百五十五石余。村之长老岛田左内源忠章谓该建禹庙。忠章于居所建祠拜祭，此文命圣庙也。[24]

此禹庙以祈福、治病为目的，跟治水无关，这情况不论在日本还是中国均属罕见。

第四，大阪本町淀川夏大禹圣王碑。淀川由三川合流而成，水流湍急，经常泛滥。元和及贞享年间官方曾派人修治。一七一九年有人在大阪本町淀川堤防立夏大禹圣王碑以祈免

3 大禹

大阪武内神社的夏大禹圣王碑（作者拍摄）

受水患之苦。该碑是一块自然石上刻"夏大禹圣王"，没有碑文。[25]它后来被放置于药师寺，一九二三年再被移至武内神社。与夏大禹圣王碑并立的是坚牢地神碑。大禹是水神，坚牢地神是佛教大地之神，象征水土之神并重，合祭两者以祈求该地免受水患与地震。

第五，相模国酒匂川文命神社。富士山在一七〇七年的宝永大喷火后，酒匂川泛滥成为常态。小田原藩藩主大久保忠增（1656—1713）向幕府求助，八代将军德川吉宗遂派治水工程师田中丘隅（1663—1792）前往治水。一七二六年七月三日丘隅在治理酒匂川后获赐金百两，他出资建文命神社（今福泽神社）祭禹。文命神社内禹被祭祀为"文命大明神"及"治水之神",社内有文命东堤碑(1726)、文命西堤碑(1726)、文命宫(1726)及文命社御宝前塔(1807)。自一七二七年起每年四月一日该神社举行治水神文命祭,地方官吏及百姓均会出席。昌平坂学问所编的《新编相模国风土记稿》(1841)记曰:"享保十一年,为防酒匂川水患,田中丘隅右卫门奉官命筑堤。堤上有禹王庙,名曰文命。"[26]丘隅为文命东堤碑撰碑文,表示祭禹是仿效中原为兼治理鸭川之后的做法:

> 昔安贞二年,势田判官为兼奉敕治水,建神禹祠于鸭河。旧章可据,故今累石设神座于堤上,越四月朔四方氓庶,传闻其事,不期云集,膜拜者弗已。[27]

丘隅撰写碑文初稿后,呈交幕臣大冈忠相(1677—1752)审阅。忠相却不太满意其文字,命丘隅向其师荻生徂徕请教。徂徕对大禹十分尊敬,他及其高足服部南郭对碑文修辞曾提供意见。《萱园杂话》(1787)记载此事如下:

> 大冈越前守殿欲立禹王碑记治酒匂川一事。碑文为(田中)久吾所书,提交越前守殿。越前守殿给徂徕书信《与惣右卫门相谈》,拜托一日之内将碑文修订。遂派濡水(徂徕门人宇佐美濡水)赴越前守殿屋敷。因碑文内

有:"伊势判官为兼奉敕命治水,立神禹庙于鸭川。"问南郭其出处。答曰:"此见《雍州志》也。"[28]

文命神社的成立涉及江户幕府及大儒,情况独特,所以此记录十分宝贵,由此可见,地方及幕府对撰写文命东堤碑碑文均相当认真。

第六,九州岛丰后国(今大分县北部)臼杵川禹稷合祀坛碑(通称禹王塔)。此坛碑由臼杵藩儒官庄子谦(1697—1754)提议而设置,在一七四〇年获臼杵藩九代藩主稻叶泰通(1730—1768)的支持下完成。建此坛祭祀治水之神禹及五谷之神稷以祈求免受臼杵川水患及农作物丰收。最初臼杵藩对于是否建此坛碑曾有争论,结果经卜筮后决定兴建。该坛呈正方形,面积为四方丈,中间的石塔分两层,高五尺。坛碑的字体出自书法家源君岳(1699—1779)。自此每年均进行春秋二祭,祈求风调雨顺、农业丰收及盗贼不至,祭祀一直进行至一八七一年才停止。这是日本唯一将禹稷合祀的庙宇。[29]子谦在《禹稷合祀碑记》(1740)中写道:

> 昔在尧之时,洚水方割,乃命禹治,克治绩成,于是焉。后稷教民稼穑,播时百谷,烝民乃粒。万邦作乂。繇是观之,之二神即人之天,民之父母也。昔我皇京亦祀帝禹。今大夫有事,……鸠工(按:召集工人)造坛

于松崎。降二神以合祀焉。立碑其旁为表经，于是乎神之眷之，水为顺流，而畎亩（按：农田）永治矣。[30]

与子谦及君岳同门的服部南郭在《大禹后稷合祀碑铭》(1740)用四言诗说明日本人祭祀大禹的意义是推行道德教化：

> 大禹底绩，明德远矣。匪直也迹，万世永赖。
> 罔方不祀，匪比睢漳。远乃可迩，兴国听民。
> 冀其穰穰，邦君馨德，神格乃飨。[31]

在一百三十一年间，禹稷合祀坛每年均举行春秋二祭，从不间断，可见禹王祭深受当地百姓的支持。

第七，美浓国高须藩海津揖斐川的禹王崇拜。海津被揖斐川、长良川及木曾川包围，水患严重。高须藩十代藩主松平义建（1800—1862）笃信儒学，在一八三八年九月亲自制作禹王木像，木像背后有松平义建的花押，供奉在谛观院（现称法华寺），祈求平息水患。此外，他又命南苹派画师宋紫冈（1781—1850）绘制大禹画像四幅，分别安置位于境内四方的佛寺。高须藩士日记《诸事留书》如此记载：

> 天保九年九月藩王因患心痛，亲自雕刻大禹木像一尊，派家臣增田助太郎赴江户领取，护送回藩，安置于

谛观院。藩主命人做挂物四幅，并亲撰赞文。一幅放须胁觉明寺，一幅放日下丸法圆寺，一幅放萱野愿信寺，一幅放秋江三寺。禹王木像于天保九年九月十日交谛观院，四幅挂物于九月十五日交四寺。[32]

一八四三年义建从江户归藩，于八月二十八日举行载歌载舞的禹王祭，义建亲自出席。禹王祭有团结藩民的功效。民间一般在四月二十日举行祭禹大典。高须藩的禹王祭不但日期跟中国不同，形式上亦较接近日本的民俗祭典。

第八，关东埼玉杉户町大禹像勒碑。一八四九年地方官关口广胤修筑水利，引河水入农田以方便灌溉。他在杉户町放置大禹像勒碑纪念历代有治水之功的官吏。大禹像勒碑是一块自然石，上刻有画师谷文一（1786—1818）所绘的大禹半身像及儒者龟田绫濑（1778—1854）的赞诗。诗曰："尽力乎疏凿，万姓始粒食。道冠于百王，乾坤仰大德。"背后有四百二十一字碑文，亦出自绫濑之手。碑阴记成立之经纬，曰：

里正关口广胤每先众操事，事不愆期功有各济。官嘉广胤有才干，命之掌木功巡视之事，加恩赐禄且许自称姓氏。广胤乃使谷文一绘大禹像，勒之于石。又乞余文镌之于阴，以建屋西之山，庶几使其子其孙百世，莫遗祖先之勋焉。[33]

虽不是要治河水患，水利灌溉工程完成后仍立禹王碑纪念，可见德川日本立禹王碑的动机比中国多元。

第九，陆前国（今宫城县）加美郡味ヶ袋大禹碑。味ヶ袋常受鸣濑川的洪水威胁，该地居民在一八六二年建大禹碑以祈求平安。石碑高一米，上刻楷书"大禹之碑"四大字，下有篆书碑文："自安政己未至万延庚申，此地每年洪水，至田圃几流失矣。既有公命筑土导水，虽欲是忧徒费人力而已。于是乎建是碑祀之，庶永除是忧矣。"[34]碑文出自村长池田景孝。

从以上的九大禹王遗迹可见，德川日本的禹王遗迹主要以石碑的形式出现，以纪念治水工程完成及祈求平安为主要动机，地域上多集中本州岛的关东及近畿地区的主要河川。中国河川没有禹王碑，但德川日本却大量出现在各地河川，这是日本禹王信仰特色之一。大禹成为德川时期日本人心目中的主要治水神，其重要性超越神道的治水神濑织津姬、须佐之男命及印度系水神辩才天及龙王。

大禹对德川思想文化的冲击

德川文献赞美大禹治水者甚多，在学者及官员的文字中几乎随处可见。[35]儒者中江藤树评曰："大禹治水，勤劳至极，快活其乐也。"[36]荻生徂徕颂曰："夏禹治水之功，今犹钦慕其德，祀其灵。"[37]幕府儒官室鸠巢（1658—1734）在《献可录》引《禹贡》强调治水应由下流至上流："大禹九州岛治水，自下流按地形高下治理，此治水之第一工夫也。"[38]这种思想对享保年间（1716—1735）幕府的治水政策有颇大影响。[39]心学者石田梅岩在《都鄙问答》（1739）中赞曰："古时中国贤人禹治水之道，眺地势，观其高低，测其水流之方向及势力。非特别之事也。此所谓圣知也。"[40]

近世一些地方治水事迹或风俗可能受禹的启发。第一，甲府（今山梨县）富士川富士水碑。富士川禹之濑河道狭窄，若不开削则排水能力不足，容易泛滥。江户初代将军德川家康命京都商人角仓了以（1554—1614）开削禹之濑，使水流变缓，令货运木船可以通行。工程始于一六〇七年，由了以子玄之（1594—1681）完成。后人于一七九七年立富士水碑，以纪念角仓家的功绩。碑文由市川代官所官吏黑川好祖所撰，内容是富士川有急流，虽"禹不能凿"，但在神祖家康的意志及角仓父子的努力下完成。由此可见，富士水碑不是禹王碑，但治水者一直有意识到大禹的功绩。

第二，大阪柏原大和川小禹庙。大阪大和川在一七五三年兴建纪念大阪城代稻垣重纲（1583—1654）死后百年的供养塔。塔由国分村船持仲间（按：货运船主的组织）所立，以示感恩。重纲整治大和川后，货船能从国分航行至大阪，对国分的经济发展贡献巨大。国分村民爱称重纲为"小禹"，以媲美中国的大禹，其供养石塔因此得"小禹庙"的俗名。

第三，利根川土母治水传说。相传古时利根川有浮木漂至，村民用之造土神之母神像拜祭，祈求河川安宁。村民于每年三月五日在香取神社举行泥祭纪念，其中男童向池塘抛泥的仪式令人想起大禹父亲鲧的治水法。至于村民用洪水漂来的木头做土神之母，则与禹用漂来的木头做小舟巡视灾区有相近之处。[41]

禹既是水利工程师，亦位列圣人、明君，对日本政治伦理及文艺都有相当影响，获德川学者以不同形式致敬。禹对德川思想文化的影响主要有以下三大方面：

第一，禹成为圣王典范。德川学者发表颇多赞美禹王以仁德施政之词。儒者荻生徂徕将尧、舜、禹、汤、文、武、周公七位古代圣人列为其理想的"先王之道"。他在《弁名》（1717）赞美禹"不伐"之德曰："夫不伐者，禹之德也。让者，尧舜泰伯之德也。禹之功赖万世而不伐，大矣哉！尧让舜，舜让禹，正德之道于是乎！"[42]幕臣新井白石在自传《折焚柴记》（1716）中以禹为中国的理财典范，白石向幕府建议重设勘定所时，强调这是大禹所立的先例：

> 现在御勘定所者，中国古代大禹、伯益等所司。三代之时为大司空之职掌。汉唐宋明之各王朝皆设，由重要官职所兼。对比我朝官制，实兼民部、大藏、刑部三

3 大禹

省及勘解由使四大官职。[43]

他又建议将军在与朝鲜的外交文书中使用"文命之玺"的官玺。这代表他以将军为日本最高政治领袖及以禹为政治模范。他在《殊号事略》中写道:

> 经议论后,决定用黄金新造传国御玺,内用"文命之玺"四字,书出《大禹谟》之"文命敷于四海,祗承于帝"。本朝国王之玺应如此也。[44]

町人学者富永仲基在《出定后语》(1745)赞美禹能够清心寡欲、行君子之道:"佛戒杀生、禁肉,儒亦相同。唯血气者不行君子之道。禹薄饮食,恶旨酒,从之而已。"[45]幕末志士吉田松阴(1830—1859)在《讲孟余话》(1856)批评幕府散漫、懒惰,跟大禹治水的艰辛形成强烈对比。

《尚书》的流行巩固了禹在日本人心中的地位。《尚书》有关禹的文章有《大禹谟》及《禹贡》两篇。《大禹谟》出自《伪古文尚书》,主要是禹、舜及伯益有关施政的对话。《大禹谟》反映儒家的政治理念,在日本影响深远。一三〇五年大臣菅原在嗣引《大禹谟》的"俊德治能之士并在官",改元"德治"。[46]吉田兼好(1283—1358)在《徒然草》引《大禹谟》称许禹不好战。足利学校所藏的《尚书正义》在日本影响很大。阳明学派的熊泽蕃山为藩主池田光政(1609—1682)讲《尚书正义》的《大禹谟》,解释"满招损,谦受益"的道理,曰:"禹王昔圣人也,从不轻心。得贤臣伯益辅佐,此所谓满招损,谦受益也。圣人以下之人一刻不忘此戒。"[47] 古学派伊藤仁斋及其子东涯重视《大禹谟》,对其"危微精一"("人心惟危,道心惟微,惟精惟一,允执厥中")的思想大加赞赏。石田梅岩在《都鄙问答》引《大禹谟》说明以德服人胜过武力镇压。德川后期儒者佐藤一斋对《大禹谟》评价极高,奉之为"治心之大训也,废之而天下复有此邪"[48]。

《禹贡》是中国最古的地理文章,内容是禹将九大州分封的安排。《禹贡》备受农学家及地理学家重视。福冈藩藩士宫崎安贞(1623—1697)在其日本最古农书《农业全书》(1697)中引用《禹贡》谈论不同颜色的土壤。佐藤信渊(1769—1850)在《禹贡集览》(1829)介绍中国地理。连国学派亦有人阅读《禹贡》。平田派国学家生田万在《古易大象经传》引《禹贡》支持封建制:

> 夏先王之建万国,亲诸侯,亦读《禹贡》而可知焉,此制也。所谓封建之治,而三代之前皆为然。盖泰古之世,我神真所授之道也。然嬴秦并吞六国,以天下为一人之有,始有郡县之治。[49]

第二，禹步影响德川宗教、歌舞及相扑。据说禹步的起源是禹日以继夜治水，两腿患上严重风湿，变成跛步而行。后世巫师加以仿效而成禹步。荻生徂徕在《读荀子》（1707）中旁征博引论禹步，曰："《尚书大传》：禹其跳。《非相篇》亦曰：禹跳。注：禹步不相过。人曰禹步。《史记·索引》曰：今巫犹称禹步。合而观之，跂即禹步也。伛岂巫人祈祷。其形似伛欤。或古以伛偻（按：背脊弯曲）足疾之人为之，亦不可知也。"[50]禹步本是大禹治水祭典中的仪式，后来成为道家步法，相信有祈福、治病、除魔等功效。

日本中世阴阳师懂得禹步（又称反闭），朝廷不时举行此仪式。有谓每当天皇步向祭坛时，便由阴阳头以禹步引导。[51]阴阳寮的安倍及贺茂两家都懂禹步。日本最早行禹步的记录是一〇〇〇年，阴阳师安倍晴明（921—1005）在一条天皇迁宫时曾经行此仪式。[52]他在一〇〇五年亦行过一次。一二八六年再有阴阳头行禹步的记录。一四一四年阴阳头安倍泰家在朝廷举行大尝祭时，先念咒文，然后行禹步，最后天皇才出来。

德川时期幕臣伊势贞丈（1718—1784）的《贞丈杂记》及国学家青木北海（1783—1865）的《禹步仙决》均有禹步记载。《贞丈杂记》写道："反闭者，神拜时所作之事也，阴阳师之法也。三足反闭、五足反闭、九足反闭等有之。阴阳师应学之。"[53]《禹步仙决》是首本关于禹步的专著，评其功效曰："胜败、得失、损益、辩论、加冠、婚姻，不论何等身之大事，先行禹步，以正心身。"[54] 禹步成为驱邪护身法。德川中期公卿滋野井公丽（1733—1781）在《禁秘御抄阶梯》中写道："反閇称六甲术，其作法，安贺（阴阳家安倍氏、贺茂氏）两家所习传有异同欤，于反閇有者禹步。身固者，反閇之略法也。身固者本朝之名目也。"[55] 禹步在近世不再是阴阳家的秘技，歌舞伎、净琉璃的六方、田乐、神乐的步踏、猿乐、能乐的足八、相扑的四股步法及东大寺僧人在二月堂修二会进行的足踏均可能受禹步启发。[56]

第三，禹王信仰亦在德川绘画及雕刻中反映出来。大禹的作品多用作祭祀，亦有用作装饰。京都御所御常御殿（按：天皇日常生活居所）的袄绘有禹王故事。据称京都御所自一六四一年始摆设《大禹戒酒防微图》，不同时代有不同版本，均采用大和绘的风格。狩野派鹤泽探真（1834—1893）作《大禹戒酒防微图》（1855），记酒祖仪狄向大禹献酒，大禹品尝后感叹酒能亡国，反映圣帝明君的理想形象。[57] 此外，狩野派画家狩野山雪的《历圣大儒像大禹》（1633）、浮世绘师鱼屋北溪（1780—1850）的《禹王战蛟龙》（1832？）及江户画师谷文一的《夏禹王图》均是有名的禹王画。《禹王战蛟龙》中的大禹样子像钟馗。禹与龙的关系来自《和汉三才图会》的"禹治水，有应龙"。[58] 山雪的《历圣大儒像大禹》获朝鲜文人金世濂题字，由林罗山献纳，安置于汤岛圣堂。浮世绘师葛饰北斋(1760—1849)的《夏禹王治洪水》(1836)采用江户流行的武者绘本风格,将大禹的形象日本化。

近世亦有人作禹王坐像,最著名的是一六二七年尾张藩初代藩主德川义直在名古屋城孔子堂安置的禹王金像。岐阜海津鹿野的百姓在一八三八年供奉小型禹王木像及禹王画,祈求木曾三川(长良川、揖斐川、木曾川)不再泛滥。当地人还制作称为"田鹤的禹王"(田鹤の禹王さん)的灯笼。德川时代长州藩萩城对禹似有独特感情。在大庭学仙(1820—1899)的《鸾舆巡幸图》中,十九世纪五十年代萩城城下町吴服屋的暖帘有"禹"字。此外,出土文物中有"禹"字轩瓦。

《禹王战蛟龙》 鱼屋北溪绘

本章结语

本章通过考察大量原始文献，探讨德川日本禹王信仰的形成及对日本文化的影响。德川日本禹王信仰的主要特色如下：第一，中度的本土化。日本禹王信仰受中国影响仍相当明显，儒家色彩浓厚，禹是帝王的道德典范，汉籍中有关禹的文字常被引用。不过，禹王信仰呈现一定程度的本土化，例如禹在神社及佛寺被供奉，同中国采用不同的祭祀日期及形式。禹王碑均建于河川附近，跟中国高踞于山峰不同。此外，跟妈祖及神农不同，禹并未跟日本本土宗教产生太多的互动，亦未有被认为是日本神祇的化身。[59]第二，多元的动机。禹王信仰跟德川河川修治工程关系密切，遗迹及文献多跟治水相关。拜祭者主要是治水官吏、河川运输业者及当地百姓。不过仍有相当数量的禹王庙或碑与治水无关，这包括水利灌溉、治病、祈福及防灾等。第三，禹对德川文艺的影响有限及间接。禹的汉诗、画像及木像数量不算多，禹的故事没有被改编成文学或舞台作品。其影响力不能与同时期的关帝信仰及神农信仰相提并论。

禹王信仰的历史意义深远，不论是治水者及政治领袖都希望成为日本的大禹。在德川治水史上，禹是个精神领袖及榜样，其治水的态度，甚至方法，均成为日本人的重要参考。禹成为治水的象征，在日本治水史上的重要性比神道的治水神濑织津姬及佛教河神辩才天为高。对中日文化交流史而言，禹王信仰反映儒学的兴起，中国古代圣帝明君的言行及思想对德川日本造成一定冲击。跟尧舜禅让及汤武革命不同，禹所代表的利民厚生之道并没有与日本固有价值观相抵触，因而在日本备受崇拜，获得高度评价。

注　释

〔1〕 参周幼涛:《祭禹丛考》, 陈瑞苗、周幼涛主编:《大禹研究》(杭州: 浙江人民出版社, 1995 年), 页 79—150。

〔2〕 道教的下元节 (农历十月十五日) 是庆祝水官大帝禹的诞辰, 纪念他下凡人间治理水患。当天人们用香烛及祭品拜祭, 祈求解难消灾。水官大帝禹是道教三官大帝之一, 其余是天官大帝尧及地官大帝舜。水官大帝地位甚高, 仅次于玉帝。

〔3〕 较著名的禹王碑是湖南省南岳衡山岣嵝峰岣嵝碑、长沙市岳麓山云麓峰的禹王碑及浙江省绍兴会稽山山下的大禹陵乾隆御碑, 均是竖立于山。日本的禹王碑则多立于河岸。

〔4〕 朝鲜以禹为治水神, 在江原道三陟有禹王遗迹。近代朝鲜历史学家申采浩 (1880—1936) 在《朝鲜上古史》(1931) 中认为朝鲜开国之君檀君的儿子曾教导大禹如何治水。越南有人奉大禹为越族祖先, 这是因为《史记》及《吴越春秋》均以大禹为春秋时期越国的祖先。有越南人认为越南为越国之后, 所以越南人是禹的后人。

〔5〕 有关日本禹遗迹考察的综合成果, 参大脇良夫、植村善博:《治水神・禹王をたずねる旅》(京都: 人文書院, 2013 年) 及王敏:《禹王と日本人:"治水神"がつなぐ東アジア》(東京: NHK 出版, 2014 年); Yoshio Ōwaki, "Overview of Research on Relics of Yu the Great," *Journal of Cultural Interaction in East Asia* 7（2016）：5-24。在遗迹个案研究方面，日本各地的乡土历史家做出重大贡献。德川时期留下数量可观的相关文献，却一直缺乏整理，本章旨在弥补这个研究缺口。

〔6〕 丸山二郎訓注：《古事記：標注訓読》（東京：吉川弘文館，1965年），頁2。

〔7〕 小島憲之校注：《日本書紀》卷3—4（東京：小学館，1994年），頁14。

〔8〕 藤原緒嗣編：《日本後紀》，神宮司庁編：《古事類苑・地部2》第1卷（東京：神宮司庁，1912年），頁190—191。

〔9〕 最澄：《願文》，国史大系編修会編：《新訂増補・国史大系》卷31（東京：吉川弘文館，1930年），頁16。

〔10〕 小川剛生：《武士はなぜ歌を詠むか：鎌倉將軍から戦国大名まで》（東京：角川学芸，2008年），頁70。

〔11〕 译自季瓊真蘂等：《蔭涼軒日録》卷23（京都：臨川書房，1978年），国文学研究資料館电子版（请求记号：384-4）。

〔12〕 上村観光編：《五山文学全集》卷1（京都：思文閣，1973年），頁69。

〔13〕 正宗竜統：《故左金吾兼野州太守平公墳記》，塙保己一編：《続群書類従》第8輯上，伝部（東京：続群書類従完成会，1957年），頁75。

〔14〕 转录自横山住雄：《快川国師の生涯（三）》，《禅文化》第192号（2004年4月），頁110。

〔15〕 参金谷俊则：《毛利隆元》（東京：中央公論事業出版，2008年），頁416。德川前期一些国学家将大禹"三过其门而不入"及《史记》的"将受命之日则忘其家，临军约束则忘其亲，援枹鼓（按：手持鼓槌以指挥军队）之急则忘其身"，发展成"武士三忘"（忘家事、忘妻子、忘我身）的日本武士价值观。参户田茂睡：《梨本書》，平重道、阿部秋生校注：《日本思想大系39・近世神道論前期国学》（東京：岩波書店，1972年），頁280。

〔16〕 译自山田四郎：《三壺聞書》（金澤：石川県図書館協会，1931年），

3 大禹

頁82。

〔17〕 参大谷貞夫:《近世日本治水史の研究》(東京:雄山閣,1986年)。

〔18〕 译自中井竹山:《草茅危言》卷3(大阪:懷德堂記念館,1942年),頁9。

〔19〕 黒川道祐:《雍州府志》(1684)(京都:臨川書店,1997年),頁528。《仲源寺めやみ地藏尊略縁起》記中原为兼于一二二八年治水期间曾献一尊地藏坐像,同年地藏向他显灵相助。参南忠信:《仲源寺めやみ地藏尊略縁起》(京都:仲源寺,1957年),頁1—7。

〔20〕 译自秋里籬島:《都名所図会》卷2《平安城尾,宮川》(浪華:河内屋太助,1786年),頁21。日本国立国会図書館电子版(请求记号:特1-18)。

〔21〕 横井清編:《近世風俗図譜5·四條河原》(東京:小学館,1982年),頁95。

〔22〕 译自山崎美成:《提醒紀談》,日本随筆大成編輯部編:《日本随筆大成》第2期,第1卷(東京:吉川弘文館,1973年),頁111。

〔23〕 译自同上。

〔24〕 译自《文命皇神尊御由來記》(島田家所藏),稲村坦元編:《埼玉叢書》第5卷(東京:国書刊行会,1971年),頁269。

〔25〕 上方史蹟散策の会編:《淀川往來》(京都:向陽書房,1984年),頁122—123。

〔26〕 神宮司庁編:《古事類苑·政治部4》,下編,水利上(東京:神宮司庁,1912年),頁1032。

〔27〕《文命東堤碑》,同上書,頁1033。

〔28〕 荻生徂徠門人:《萱園雜話》(1787),頁42,早稲田大学図書館电子版(请求记号:イ1702304)。

〔29〕《孟子》将禹稷合称,谓:"禹、稷、颜回同道。"中国有些禹庙旁祭稷,最著名的是武汉汉阳龟山的禹稷行宫。伊藤仁斋及荻生徂徠等德川儒者均曾引《孟子》的"禹、稷、颜回同道"。

〔30〕 载莊子謙:《芙蓉記》,頁20。信州大学図書館电子版(请求记号:0025363052)。

〔31〕 同上书,页21。

〔32〕 转译自水谷容子:《治水神・禹王崇拝の広がり》,《KISSO》卷89(2014年),頁9。

〔33〕《谷文一画、亀田綾瀬題書、埼玉県杉戸町桜神社の禹王碑表の肉筆原本を得ること》,《東隅随筆》第376号(2014年3月),頁6。

〔34〕 载小野田町史編纂委員会編:《小野田町史》(小野田町,1974年),頁1176。

〔35〕 Yoshio Ōwaki, "Overview of Research on Relics of Yu the Great," pp. 17-23.

〔36〕 译自中江藤樹:《中江藤樹》卷1(東京:日本図書センタ,1979年),頁50。

〔37〕《徂徠集》,《日本随筆大成》第2期,第2卷,頁111。

〔38〕 译自室鳩巣:《献可錄》,滝本誠一編:《日本経済叢書》卷3(東京:日本経済叢書刊行会,1915年),頁219。

〔39〕 神吉和夫、金築亮:《室鳩巣〈水は下より治ると申儀御尋に付申上侯〉にみられる享保期の治水思想》,《土木史研究》第22号(2002),頁41—47。

〔40〕 译自石川謙:《石田梅岩と〈都鄙問答〉》(東京:岩波書店,1979年),頁123。

〔41〕 参张爱萍:《从"禹祭"的东传及流变看吴越文化与日本民族文化的渊源关系》,《日语学习与研究》第3期(2015),页10—16;徐宏图:《从大禹治水神话看越文化对日本文化的影响》,《绍兴文理学院学报》第23卷第2期(2003),页8。

〔42〕 荻生徂徠:《弁名》,吉川幸次郎:《日本思想大系36・荻生徂徠》(東京:岩波書店,1973年),頁100。

〔43〕 译自新井白石:《折りたく柴の記》,桑原武夫編:《日本の名著

15・新井白石》(東京：中央公論社，1969年)，頁154—155。

〔44〕 译自新井白石：《殊號事略》，神宮司庁編：《古事類苑・外交部9》朝鮮2 (東京：神宮司庁，1912年)，頁646。

〔45〕 译自富永仲基：《出定後語》，水田紀久、有阪隆道校注：《日本思想大系43・富永仲基、山片蟠桃》(東京：岩波書店，1973年)，頁67。

〔46〕 《元秘別錄》，神宮司庁編：《古事類苑・歳時部3》，年号上(東京：神宮司庁，1912年)，頁226。

〔47〕 译自熊沢蕃山：《集義和書》，伊東多三郎編：《中江藤樹・熊沢蕃山》(東京：中央公論社，1976年)，頁163。

〔48〕 佐藤一斎：《尚書欄外書》卷1，頁12。日本国立国会図書館电子版(请求记号：は-55)。

〔49〕 生田万：《古易大象経伝》上卷，頁19—20。日本国立国会図書館电子版(请求记号：847-103)。

〔50〕 荻生徂徠：《読荀子》，《徂徠山人外集》(東京：審美書院，1941年)。日本国立国会図書館电子版(请求记号：309-155)。

〔51〕 徐逸樵：《先史时代的日本》(北京：生活・读书・新知三联书店，1991年)，頁303。

〔52〕 参小阪真二：《陰陽道の反閇について》，村山修一編：《陰陽道叢書4》(東京：名著出版，1993年)，頁117—148。

〔53〕 译自伊勢貞丈：《貞丈雑記》卷16。日本国立国会図書館电子版(请求记号：192-55)。

〔54〕 转译自深澤瞳：《禹歩・反閇から身固めへ：日本陰陽道展開の一端として》，《大妻国文》第43号(2012年3月)，頁31。

〔55〕 同上书，頁39。

〔56〕 John T. Brinkman, *Simplicity: A Distinctive Quality of Japanese Spirituality* (New York: Peter Lang, 1996) , pp. 42-51；金秋：《古丝绸之路乐舞文化交流史》(上海：上海音乐出版社，2002年)，頁248。

〔57〕 此图灵感来自《战国策》的"昔者帝女令仪狄作酒而美，进之禹。

禹饮而甘之,遂疏仪狄,绝旨酒,曰:'后世必有以酒亡其国者。'"参刘向编、高诱注:《战国策》(台北:艺文印书馆,1974年),页478—479。

〔58〕 寺岛良安:《和漢三才図会・中》卷45《竜蛇類》(大阪:中近堂,1884年),頁268。有关禹与龙的关系,参 Qiguang Zhao, *A Study of Dragons, East and West* (New York: Peter Lang, 1992) , p. 96。

〔59〕 一些国学家如本居宣长及平田笃胤提出中国上古圣王均为日本神祇化身之说,但对主流德川思想史影响有限。

第二部 文武二圣篇

4 孔子

孔子（孔丘，前551—前479）在中国被尊为万世师表、儒家圣人而受后世拜祭。中国的祭孔仪式称释奠，它在唐宋至明清之间传入日、朝、越、琉等中国的周边地域。[1]各地按其与中国关系的亲疏及政治、宗教的情况对释奠做出调整，出现不同程度的本土化。日本是东亚最早引进释奠的国家，而且呈现较大程度的本土化。[2]释奠在日本始于八世纪，经平安朝廷积极引进唐制，至德川时代达至全盛，幕府及地方诸藩均加以推广。因为当时日本没有被纳入明清的朝贡体系，中日贸易亦只局限于长崎一地，而且德川日本的政治环境、社会阶级及宗教、价值观均与明清中国相差较大，因此其释奠拥有较多属于自己的特色，在仪式、祭祀对象、主祭、衣饰、乐舞、祭品、祭器、祭文及孔庙设计等方面都相当日本化。本章以日本原始文献为基础，探讨释奠在德川日本本土实践中出现的各种变化，以了解儒家礼仪如何经调整后融入德川政治体制及传统宗教。

德川以前释奠在大学寮的本土化

根据平安朝廷编纂的官史《续日本纪》，日本首次举行释奠在文武天皇大宝元年（701）二月十四日，"释奠之礼，于是始见矣"。[3]平安前期法制书《令集解》记朝廷在七〇一年颁布《大宝令》，其"学令"规定："凡大学、国学，每年春秋二仲之月上丁，释奠于先圣孔宣父。其馔酒明衣所须，并用官物。"[4]《大宝令》(701)及《养老令》(718)均依唐制对释奠做出规定。《养老令·职员令》授权大学头"掌简试学生及释奠事"。[5]奈良朝廷并未照搬唐制，而是将其简化。《贞观令》(637)以孔子为先圣，颜回为先师，配享左丘明。《大宝令》虽参考大唐律令，但却规定只祭祀孔子一人。

七五三年奈良朝大臣吉备真备从唐带回《大唐开元礼》(723)，引进唐玄宗时期制定的释奠礼仪，规定春秋释奠分别在二月及八月的上丁日（按：上旬的丁日）举行。[6]唐朝举行释奠时，由皇帝亲自参与或由皇太子代行。古代及中世日本则由大学寮的大学头负责，天皇及皇太子鲜有出席。《续日本纪》谓在真备的游说下，称德天皇（718—770）在七六七年亲临大学寮出席释奠，这是日本史上天皇首次出席释奠的记录。这种安排显示天皇地位超然，不愿向孔子执弟子及臣属之礼。

到了平安时期，根据朝廷颁布的《延喜式》(967)，大学寮仿效唐的做法,将释奠分成五大部分:斋戒、陈设、馈亨（原文作馈亨,《大唐开元礼》作馈享）、讲论及飨宴。与唐相比,平安时期的释奠在多方面均做出颇多调整,以适应公卿文化、天皇地位及宗教价值观等独特国情。

第一,讲经的内容与安排不同。唐以前讲论只限"四书""五经",唐时讲论以儒典为主,但亦可涉释、道。日本大学寮的讲论在每年秋祭释奠翌日举行,博士在释奠后轮流在都堂院讲经,顺序讲授《孝经》《礼记》《诗经》《书经》《论语》《易经》及《左氏春秋》。平安后期的讲论除儒教七经（明经道）外,还有算道及明法道,称为"三道论义"。此外,唐朝讲经的对象是天子,由大儒向天子讲经。天子坐北,执弟子之礼。平安时期讲经的对象不是天皇,而是皇太子、大臣及大学寮诸生。天皇不出席讲经多少是为避免执弟子礼,以免与天皇的超然地位产生矛盾。

第二,祭祀的对象不同。大学寮的释奠虽以唐制为蓝本,但较为简朴。唐玄宗时期颁布的《唐六典》规定释奠除主祭孔子、颜回外,还旁祭七十二弟子及二十二儒学圣贤。平安时期的大学寮并没有完全依循《唐六典》,其释奠对象虽比奈良时期有所增加,但仍少于《唐六典》的规定。大学寮只祭孔子、颜回及孔门九哲。[7]唐朝在释奠中祭祀周公,而且其地位甚高。不过平安时期的释奠中并没有祭祀周公。[8]

第三,主祭不同。释奠仪式的核心是馈亨,主祭者于神座前捧币帛、供酒食及读祝文。中国朝廷的释奠多由皇帝亲自主祭,但是在古代及中世日本却多委任大学头做主祭。天皇及皇太子一般不出席释奠,偶尔会派大臣列席。大学寮在仪式翌日会把释奠用的胙肉(按:祭祀供神用的肉)献给天皇。此外,中国在唐以后各朝均有规定统一使用的祭文。日本在《延喜式》颁布以前,祭文多由大学头用汉文写成。《延喜式》颁布后才有统一的祭文,而且规定祭官要用唐音读。

第四,祭品不同。根据《开元礼》,唐朝释奠用三牲(牛、羊、猪)做祭品("牺牲"),而且要选毛色统一、活生生的整只动物。这种做法不合神道的死秽及佛教不杀生的信念。日本早在六七六年由天武天皇颁布禁止杀生食肉的敕令,不过被视为有害农耕的野鹿及野猪不在禁杀之列。《延喜式》将三牲改为大鹿、小鹿、猪各一头。原则上祭品要献上活物,但事实上未必一定落实执行。平安时期亦曾出现以海产代替的情况。假若释奠跟其他神道祭日撞期,则按神道死秽之忌,释奠停用动物,而以鲤鱼做祭品。对活动物献祭的抗拒反映了释奠的本土化。[9]此外,《开元礼》有一种叫毛血豆的重要祭器,是一种将动物拔毛、放血时用的容器。《延喜式》并没有引进毛血豆。这是日本跟中、朝在释奠祭器中明显不同之处。[10]

第五,衣饰不同。中国释奠时参加者穿只有在祭礼时才能穿的器服(祭服),日本释奠时参加者只穿日式官服。《开元礼》记唐朝皇太子及众官均穿器服。明清释奠时穿的器服跟平时的朝服（官服）相似，但细节有异。清代器服及朝服仅颜色不同而已。日本似乎并没有那么讲究，但具体衣饰要求仍有待考证。《延喜式》只抄了《开元礼》其中一句："诸享官各服祭服，诸陪祭之官皆公服，学生青衿服。"可见只有主祭的享官穿祭服，其余参加者只穿平时穿的官服，无官位的大学寮诸生则穿青衿服。[11]在一二八七年释奠后留下的《弘安十年释奠图》亦显示，朝廷大臣及博士均穿日式官服出席。[12]

第六，释奠的重点不同。唐朝重视祭礼的整个过程，平安朝却重视祭礼后的诗文宴会。在《开元礼》中，释奠由讲论及祭祀组成，在释奠时皇太子会和参与者作汉诗，但是没有提及诗文宴会。以《开元礼》为蓝本的《延喜式》在释奠中有"文人献诗"，但同样没有提及诗文宴会的部分。可是本不属于释奠的正式程序，在讲论后的多次宴会才是众人最期待的时光，这种安排从承和期间（834—848）开始，成为日本释奠的一大特色。

第七，释奠时使用的歌舞不同。唐玄宗时规定释奠时音乐用大典之乐《登歌》《轩县》，舞蹈用天子之舞《六佾》。平安时期的释奠在馈亨时有奏《登歌》，但无《轩县》及《六佾》的记录。根据《大宝律令》，日本在七〇三年设置雅乐寮，在朝廷宴会时演奏受唐乐及高丽乐影响的雅乐。《延喜式》记雅乐寮"凡春秋释奠,属一人率歌人等供奉"[13]。他们在馈亨祭官念祝文之间奏乐。《延喜式》没有提及释奠中有舞蹈。

第八,举行释奠的连续性不同。唐朝每年均行释奠,奈良及平安时期释奠的举办相对稳定,但是凡遇天灾、凶兆、人祸或国丧,该年释奠便会取消。到了平安末年及中世时期,大学寮已很少举行释奠。大学寮及孔庙在中世虽获重建,释奠得以在朝廷延续,但时续时断,今非昔比。

第九,全国普及程度不同。唐朝将释奠制度化,除中央太学外,州县皆立孔庙,释奠在中央及地方学校举行。在近世以前的日本,释奠基本上是朝廷大学寮的任务,地方只有足利学校及九州岛菊池氏圣堂举行释奠,而且均始于中世后期。两者的释奠均为民间的自发活动,跟朝廷或幕府的政策无关。其实当它们举行释奠时,朝廷大学寮已停止释奠,只有个别公卿(如三条西实隆)以私人性质召开与释奠相关的诗会。

释奠在德川幕府的本土化

释奠在德川时代大盛,主要是因为儒学兴起,儒者在建制及民间的影响力均不断增加,孔子崇拜得以迅速普及全国。祭孔在明清是帝王之事,但是江户幕府并未将释奠国有化,因此幕府、京都朝廷、各地的藩校,甚至一些私塾及个人都可以用各自的方式进行释奠。[14]

释奠在近世不断普及、百花齐放的同时,其本土化的程度已大大超越平安时期的大学寮,其中最重要的发展是加入大量神道的元素。高度本土化的原因如下:第一,德川日本不是中国的藩属,中日两国甚至连邦交都没有。德川时期日本人祭孔并不是基于朝贡体系的要求,而是出于自身的文化取向。因此德川日本释奠无须紧随明清的做法,更不用像朝、越、琉般使用中国的年号及自称"国王"。[15]第二,跟平安朝廷及唐至明清的中国不同,江户幕府并没有订立有关释奠的相关法例,官方并无对释奠的方式订立标准。祭孔在德川日本并非国家大典,因此容许多元化的做法。[16]即使由幕府赞助的释奠,亦不断呈现变化。地方藩校的释奠更呈多元的面貌。第三,参与来自中国的释奠不但可能引起身份认同危机,而且与神道、佛教竞争,与幕藩制及武家社会产生颇多矛盾,解决方法是将日本元素融进释奠,以减少对外来文化的抗拒。

释奠在江户幕府的发展有两大趋势:第一,官方化。由林家私祭变成半官方,再从半官方变成由官方举办的礼仪。第二,神道化及复古化。从最初忠于明制,发展至神道化,再从神道化变成恢复唐制及平安制。

德川初期是释奠的探索期,靠私人性质学习,通过明末学者的帮助,引进明制。尾张藩初代藩主德川义直参考移居长崎的中国学家陈元赟(1587—1671)的意见,在一六二七年于名古屋城内建造圣堂（亦称孔子堂），供奉孔子及四配（颜回、曾参、子思、孟子）金像，成为德川日本首座落成的圣堂。幕府儒官林罗山曾在一六二九年赴名古屋城参观圣堂，在《拜尾阳圣堂》记曰："赴尾州奉谒亚相，坐定而后拜孔子堂。莳绘涂小厨子形如堂在奥，有金像尧、舜、禹、周公、孔子安其中。"[17]

一六三二年，林罗山在上野忍冈的私邸兴建圣庙，由德川义直提供资金、介绍大工、捐献孔子及四配的画像及祭器，还亲题"先圣殿"匾额。该殿的设计参考《三才图会》（1607）中的《黄帝合宫图》。[18]孔子像由义直委托京都禅师康音（1600—1683）绘制。罗山记曰："武州宣圣殿者，文宣王之庙也。余尝获赐其地，而开其基。时尾张亚相崇儒之余，为命匠师平助大隅某，以营构此殿。"[19]义直及罗山都十分重视孔子及圣贤的画像，这亦是德川祭孔的一大特色。相反在明清中国，在官方政策下，孔庙弃用塑像，在释奠时供奉木主（神主牌）。[20]

一六三三年二月十日，罗山在先圣殿举行比释奠简单的释菜，主祀先圣孔子，从祀先师颜回。这是林家举行释菜之始。[21]罗山自此每年举行释菜。同年四月，三代将军德川家光赴上野东照宫参拜后，顺道去忍冈先圣殿向孔子像致敬，开将军拜孔子之始。[22]德川义直亦在同年于尾张藩孔子堂举行释菜。

4　孔子

林家二代家督林鹅峰致力于发展祭孔。他在一六五九年二月及八月举行释菜，复兴春秋二祭。一六五一年及一六六〇年他获幕府出资修葺忍冈先圣殿，一六六四年恢复释菜的乐礼。一六六五年鹅峰在先圣殿添加日本学问之神菅原道真的木主，在释菜时配祭，开德川日本在释菜时配祭本地神祇或历史人物的先河。此举意义重大，象征神道元素混入儒家仪式。鹅峰宣称祭祀菅公是受其父罗山的启发，他在《国史馆日录》记曰："菅神者，本朝儒宗，祭祀过七百余年，然为浮屠被掠。昔先考曾设小祭，余追怀之余，聊准释菜之礼，神其歆乎。"[23]

五代将军德川纲吉崇儒，对推广祭孔不遗余力。[24]自一六八〇年出任将军后，他曾三次出席忍冈先圣殿的释菜，而且事前斋戒三日。此做法来自《开元礼》要求皇太子释奠前斋戒三日的规定。将军行皇太子之礼以显示其统治的正统性。释菜时所有参列的武士均要求入先圣殿前脱下佩刀，代表暂时放下武士身份，以文人及弟子身份祭孔。其做法如下："解剑者、执剑者各一员，入门各跪于盥所。初献官盥讫，始解带剑，解剑者由傍助之，以授执剑者。"[25]设立此规定是因为水户藩藩主德川光圀在参与忍冈先圣殿释菜时，见武士带刀在身，认为"不敬之至，不合礼仪"[26]，建议加以规限。自此武士脱刀成为幕府释奠的规定，地方藩校释奠时亦多跟随。[27]

成立至今三百三十年的汤岛圣堂（作者拍摄）

纲吉认为忍冈一带佛寺林立，对祭孔而言，环境不太理想。在其支持下，汤岛圣堂于一六九〇年建成，取代忍冈先圣殿。纲吉亲书"大成殿"匾额。他解释如下：

> 孔庙之设，原创于尾张公，而累朝因以加崇隆然。义不本于朝典，殆有关于盛心。且地逼寺刹，缁流接踵。夫熏莸不同器，矧儒佛共境乎？将审捉爽垲鼎新庙殿，以昭国家崇尚之义。[28]

汤岛圣堂成为幕府文治礼教的象征。受纲吉的影响，不少藩主亦在其领地进行祭孔仪式。《昌平志》记曰："当此之时，天下翕然知崇圣，喁然仰文治，大小诸侯皆承盛意，各制礼器经籍,以赞成其举。"[29]

林家将孔子像及颜回、曾参、子思、孟子画像移至汤岛圣堂,大成殿的建筑参考日本神社及寺庙的样式,在屋顶上有明清的工艺装饰。大成殿有三座漆龛,正中供奉孔子像,两侧放置"四配"及"孔门十哲"的木主。大成殿还供奉宋儒(周子、大程、小程、邵子、张子、朱子)的画像。

汤岛圣堂的释菜属于半官方典礼。一六九一年二月于汤岛圣堂大成殿举行释菜,仪式由林家主持,将军及诸大名皆列席。纲吉登大成殿献刀,焚香拜祭后到杏坛门外的临时栅阁观看释菜。自一六九三年起,汤岛圣堂每年春秋举行释菜。[30]纲吉每年均出席二月二十五日的春祭,每次赏赐白银。八月二十五日的秋祭由大名出席。幕臣及大名纷纷献刀或马代(平安时代以来,不赠送马匹,而代之以等价的物品或金银,称为马代。黄金一片为大马代,白银一片为小马代)。献刀来自神道的仪式,马代是武士的捐献,中国并无此做法。释菜时乐师演奏唐朝时输入的《太平乐》《三台盐》《越天乐》及《还城乐》等雅乐。[31]纲吉委任鹅峰次子林凤冈(1645—1732)为大学头,令其蓄发,不用再穿僧服,以示承认儒者在幕府的独立地位。纲吉赐林家祭田千石以作释菜的支出。

一六九四年九月二十二日,纲吉连同母亲桂昌院(1627—1705)参拜圣庙。桂昌院献上奇楠沉香,在孔子像前咏和歌,祈求"同保长生不老之寿，以示国家太平之福"[32]。可见她视孔子如神佛。纲吉死后，将军便很少再出席释奠，对祭孔的支持大减。

六代将军德川家宣（1662—1712）起用新井白石推广文治礼教。白石对林家祭孔素有微言，故借此加以改革。他作《释奠仪注》，以此作为改革释奠的蓝本，其改革有两大方向：第一，借祭孔提升将军在统治上的正统性。改革后祭孔的执行权从林家移至幕府之手，将军从观礼者变成执行者，使幕府成为礼乐中心。一七一〇年八月四日，家宣亲自执行献奠，在神位前献酒。这种"一献"在中国是天子特权，可见白石视将军为日本真正的统治者。第二，用日本礼仪取代明朝仪式。改革后于释奠时各人改穿日式直垂领官服、戴乌帽子，采用神道拍手的振动拜。白石将释奠日本化解释为恢复周代古礼，例如谓直垂领是先王礼服，反而圆领是北方胡服；又考证振动拜及乌帽子源自《周礼》。他解释曰："今之冠者，依后世幞头之制也。本朝之乌帽子者，周之遗制也。又，先王之礼服乃直垂领，今之圆领乃出自胡服。……有云九拜之中，有振动拜，非为倭国专之礼。"[33]

八代将军德川吉宗在释奠上放弃白石式，改回林家式。为了节俭，他不但缩小释奠的规模，还取消了释奠后的飨宴及猿乐。[34]吉宗本人从未赴汤岛圣堂出席释奠。自此幕府对祭孔的重视大不如前，德川后期释奠更曾多次被取消。

在十一代将军德川家齐的宽政时期（1789—1800），幕府将释奠复古，从明制改回唐制，回复古代大学寮的《延喜式》，不过同时将唐制简化。简化后的释奠只拜孔子、颜回，撤去孔门其他弟子的木主及历代贤儒图十六幅。仪式中省去迎神、送神的读词，并取消说经、读诗、颁胙、飨宴。[35]祭文改用《延喜式》的祭文。服饰沿用日式官服，音乐用日本雅乐如《春庭乐》《胡饮酒》《兰陵王》等。[36]一七九六年，幕府下令将祭孔统一称释奠，不再用释菜之名，而且禁止僧人观礼。释奠时规定武士不带刀，要他们在杏坛门外脱下配刀，交"设剑所"暂时保管。

一七九七年，汤岛圣堂内的林家私塾改称昌平坂学问所（昌平是孔子出生村落之名），成为幕府直辖的学校，不再由林家负责，学生只限幕臣。此外，幕府按照朱舜水的模型改建大成殿，圣堂的祭官仍由林家一族或其门人担任。在一八八〇年二月的释奠前两日，将军家齐派人献太刀（指日本刀中刃长约二尺以上，用太刀绪以腰部垂下的形式佩用的刀）及黄金。儒者广濑旭庄（1807—1863）将此捐献与康熙在释奠时献曲柄伞相比："我邦大成殿官员进献太刀，不知可有先例？有文谓清康熙帝时特赐御用曲柄伞于大成殿，然和汉相同也。"[37]将军派大臣代表出席，祭文中用"征夷大将军"的称号。[38]释奠在十九世纪仍一直在汤岛圣堂的大成殿举行，最后一次在一八六七年，但日趋形式化，而且不太受将军的重视。

释奠在德川地方藩校的本土化

在幕藩体制下,幕府与地方诸藩在祭孔方面有颇多互动。属于德川御三家的尾张藩及水户藩对释奠的兴趣先于幕府,对早期幕府的释奠产生颇大影响。幕府在不同时期对释奠的支持度与政策变迁,亦会对藩校的释奠带来冲击。相对幕府的汤岛圣堂及昌平坂学问所,地方藩校在释奠时享有更大的自由度,因此本土化程度亦相对提高。德川时代有举行祭孔仪式的藩校多达一百九十六所,其中不少藩校将神道元素及日本历史人物加进释奠之中。[39] 释奠神道化的情况在德川后期更为明显。现举水户藩、津藩及冈山藩做例子加以说明。

首例是水户藩。第二代藩主德川光圀最初有意在水户或江户驹笼的私邸建圣堂祭孔。他当时认为明清在释奠时多配祭中国历代大儒,日本人在释奠时亦可以配祭日本大儒藤原惺窝(1561—1619)及林罗山。林鹅峰记录光圀在一六六五年曾如此主张:"及曰今夏赐官暇归水户则可建圣堂。中华列儒配位事既陈。本朝圣堂以本朝儒者为配位而可也。然本朝无真儒,唯惺窝、罗山二人而已。以二人神主为配云云。"[40] 同年光圀从长崎邀请明朝遗臣朱舜水前往水户。舜水作《学宫图说》(1670)及《释奠仪注》(1672),向水户藩士介绍中国的孔庙及释奠。一六七三年光圀在驹笼兴建临时圣堂以练习释奠,释奠时的衣冠及仪式均依明朝礼仪。舜水弟子安东省庵（1622—1701）深受感动，认为释奠可改善日本武士的气质："视者无不叹赏曰：'不图礼仪之美至于此矣！武人骄慢之气不觉销镕顿尽。老成人至有泪下者。明德之馨，使人熏陶兴起者如此！'"[41]

水户藩九代藩主德川齐昭（1800—1860）在一八四一年建藩校弘道馆，以神儒一致为办学宗旨，馆内有孔子庙大成殿，面向西方（曲阜的方向）供奉由齐昭所写的木牌"孔子神位"及颜子像。弘道馆大成殿于每年春秋举行释菜，祭品为干鱼、干菜、时果、饭及酒等。它的释奠参考汤岛圣堂，但添加颇多日本色彩，祭服、祭器、祭品、仪式等均是日式。水户藩士藤田东湖（1806—1855）在《弘道馆记述义》记曰：

> 而祭服、祭器、饮食之类，虽用儒法，而祭服、祭器、饮食之类，皆遵皇朝之典。坐跪拜趋之节，悉从当世之俗。其他若元旦荐兔羹、献佩刀鞍马之料，亦依宗室之旧章，固非世之拘儒舍此从彼者之比也。[42]

弘道馆内有鹿岛神社，为齐昭所立，主祭日本武神武瓮槌命，以显示神儒一致、文武不岐的水户学精神。此举开藩校孔庙、神社并立的先河。齐昭在《弘道馆记》曰："奉神州之道，资西土之教。忠孝无二，文武不岐。学问事业，不殊其效。敬神崇儒无有偏党。"[43]不过在祭祀上是先敬神、后崇儒。藤田东湖解释道："神为斯道之本也。孔子之教，为弘助斯道也。故应先祭神以崇道之本，次敬孔子，以使此道弥盛。"[44]

第二个例子是津藩。津藩藩校有造馆在一八二〇年开校，由十代藩主藤堂高兑（1781—1825）开办，以儒者津阪孝绰（1758—1825）为督学，教育藩士子弟。藩校主张"神圣一揆"（神道与圣学一致）说，以三神器代表智、仁、勇三德。津藩家老藤堂光宽（1754—1826）在《国校兴造记》（1824）中表示："在彼则尧舜孔子之道，在我则天祖神武之道。"[45] 一八二一年有造馆设大成殿，仿尾张藩圣堂，并举行首次释奠。祭品是日本人平常食用的米饭、生菜、咸鲑、渍萝卜。仪式中多童子协助。高兑亲书孔子神位，并加以参拜。参拜者奉纳大刀、马代。大成殿主祭孔子，配祭吉备真备及菅原道真。祝文如下：

> 维文政四年岁次壬午，从四位下行侍从兼和泉守藤原朝臣高兑谨遣宗卿某，敢恭告于大成至圣文宣王。伏惟古今大圣人，德并日月，道贯天地。斯文垂教，万世是仰。谨以粢币牢敷菲奠。恭奉右大臣吉备公、大政大臣菅公配尚飨。[46]

其实应否配祭吉备真备及菅原道真曾引起争议。孝绰在《圣

4 孔子

庙配享议》(1821)中建议配享吉备公与菅公：

> 夫宣圣庙堂之礼，自唐以来奉颜、闵等十哲配享，或侑颜、曾、思、孟，又从祀历朝名儒诸贤，皆崇其有功德于斯文也。伏惟国朝文教之丕阐，吉备相公实为称首，菅相公继而兴隆，艺文斐然成章，其有大造于吾道，并为百世之宗师，后学之被遗泽，不可不尊戴也。京师二公神庙，俱以"圣"称，良有以夫。且若宣圣乘桴而来，则二公之见悦，其犹当时二、三子也。是以敢请姑舍十哲诸贤，而特以二公配享焉。[47]

此建议当时有颇多反对声音，特别针对配祭吉备真备。孝绰表示水户藩已有合祀孔子及日本武神武瓮槌命的先例。他评曰：

> 论配享之义，水府有祀日本武神武瓮槌尊，以见文武全备。吾家配祀吉备公，有所争议。吾同意至极也。吉备公有文学之功，得共孝谦御宇大臣之位。思国之安危，而不拘自身。[48]

孝绰的建议引起议论纷纷，最后高兑决定以吉备真备、菅原道真取代中国的十哲配享。孔子居中，吉备真备、菅原道真配祀于左右。三人均被奉为学问之神。自此每年以此形式举行春秋二祭。有造馆在一八三二年及一八三七年分别刊印《菅原道真公笔》及《缩临古本论语集解》(相传为道真所书),其菅公崇拜之盛从中可见一斑。津藩伊贺上野的崇广堂为有造馆分校,由高兑建于一八二一年,其大成殿亦主祭孔子,旁祭吉备公、菅公,可见这种和汉并容、神儒一致是津藩的文教政策。

第三个例子是冈山藩。初代藩主池田光政在一六七〇年创立闲谷学校,委任藩士津田永忠(1640—1707)为学监。此校的性质是教育平民的乡学,而非以藩士子弟为对象的藩学。学生不用习武,习儒以朱子学为宗。[49]一六八四年建成新圣庙大成殿。一六八六年建成祭祀池田光政的芳烈祠,同年八月十五日举行首次的释菜,藩士及师生均有出席。释菜前一日各人斋戒,参拜者在释菜当日穿盛服。程序是进水果、拜神、上香、再拜、献酒、跪拜、献官、再拜辞神、读祝文、置酒馔、礼毕。[50]自此每年春秋举行释菜。祝文方面颇有日本特色,以"大日本"及德川年号开始。以一七〇三年的祝文为例:

> 大日本元禄十五年。岁次干支,八月干支朔,越几日干支。备前州和气郡闲谷学监津田永忠,敢昭告于至圣先师孔子。惟师德配天地,道冠古今。删述六经,垂

4 孔子

宪万世。兹惟仲秋,恭修释菜之礼。尚飨。[51]

圣庙与芳烈祠平行并列,分别称西御堂与东御堂。为表示尊孔,圣庙比芳烈祠高约一米,台阶则多六级。一七〇一年造金色孔子圣像,安置于大成殿。殿内只有孔子像,无四配。一七〇四年造光政像,以池田光政配享孔子。孔子像在秋祭释菜时才公开。释菜只祭孔子一人。秋祭释菜时念:"惟师德配天地,道冠古今,删述六经,垂宪万世。惟兹仲秋,恭修释菜之礼。尚飨。"此祭文前半抄自明万历年祀孔祝文,后半则有所删减。[52]献官由学校奉行(校长)担任,其余职位由教员出任。仪式中没有迎神和送神的环节,圣庙内没有安置仿制中国的祭器。释菜后在芳烈祠祭祀池田光政,仪式似释菜,但无祭文及跪拜。献官向池田光政铜像献上水果,然后拜神、上香、献酒献茶、再拜。

从上述三例可见地方各藩的祭孔仪式均出现不同程度的本土化,而且在德川后期更为明显。其实其他地方藩校的情况亦大同小异,其本土化可从祭祀对象、建筑风格及仪式中得见。

第一,祭祀对象加入日本历史人物或神道神祇。盛冈藩藩校明义堂(1840年创立)本以儒学为主,奉孔子为学问之神。明义堂在一八六五年改称作人馆,主张和汉一致,文武不岐,传授国学、汉学、医学及武术。馆内有神庙合祀孔子及大国主命，分别代表文武二神及文武不岐，配享日本儒者菅原道真、林罗山、伊藤仁斋及荻生徂徕。彦根藩弘道馆祭祀孔子及日本八幡神以示文武合一、汉和并重。

长州藩藩校明伦馆（1718年创立）为日本三大藩校之一。校内有圣庙，每逢春秋举行释菜，祭孔子及四配。一八六四年圣庙改名学校祠堂，合祭孔子及菅公，释菜仪式神道化。[53] 一八六七年乡校学文堂改称文教馆，释菜使用神道仪式，共祭五神，首位是菅公，第二至四位为日本神祇，第五位才是孔子。孔子被置末位是因为他非日本人："孔子虽有文德，但其身为外国人。外蕃之神，恐有祭祀先于神国古今神灵之理？"[54]

富山藩藩校广德馆（1773年创立）自一七七四年始每年春秋在圣庙举行释菜，从首次释菜开始，配享除历代中国大儒七十名外，亦有"本朝从祀吉备公、物茂卿等"。[55] 广德馆的理念倾向徂徕学，尤重《论语》，以荻生徂徕（物茂卿）的注疏为主要参考数据。

岩槻藩藩校迁乔馆（1799年创立）合祀孔子、日本武尊及菅原道真。文化年间校内设祭祀菅公的天神社。无独有偶，加纳藩的藩校亦出现相同的合祀安排。该藩在一七九二年成立学问所，以汉学为中心，有举行祭孔仪式。一八六二年改称文武馆，主张和汉并重，合祀孔子、日本武尊及菅原道真。姬路藩藩校好古堂（1671年创立）最初专崇朱子学。德川中

4 孔子

足利学校大成殿安奉的孔子坐像（作者拍摄）

期在课程中加入国学。该校自一七四九年起合祀孔子与神道智慧之神八意思兼神（思兼神）。[56]

属于禅宗学府而非藩校的足利学校亦出现和汉合祀。其孔庙建于一六六八年，大成殿安奉孔子坐像（1535年制），孔子坐像的左边是足利学校创设者小野篁（802—853）坐像（1746年制），右边是足利学校支持者德川家康的神位。[57]儒者广濑旭庄在参观后记曰："东厢有小野篁像，木制，大于圣像。西厢旧有薯室，今置东照神祖神位。"[58]

第二，圣庙设计受日本神道或佛教影响。佐贺藩在一七〇八年建多久圣庙，为足利学校及闲谷学校以外日本最古的孔庙。该庙兴建期间获当地神社贡献木材五百三十株。建筑风格采日式禅宗佛堂形式，且用日本常用朱漆木柱及红褐色釉瓦。圣庙名为恭安殿，而非常用的大成殿。会津藩

多久圣庙

于一八〇三年在诹访神社之内建藩校日新馆。日新馆设大成殿,行释奠。日新馆不但设在诹访神社之内,部分神官还充当日新馆教员。[59]尾张藩藩校明伦堂(1749年创立)在一七八五年建成的孔庙虽参考《朱子家礼》,但仍相当日本化,例如木造本堂似日本佛堂,屋脊上使用日式鬼瓦。[60]

第三,仪式日本化。除极少数藩校外,释奠时穿日式官服及用雅乐是惯常的做法。[61]广岛藩藩校学问所(1725年创立)自一七九〇年起举行释菜,祭官穿日式直垂袍,戴乌帽子,乐师演奏严岛神社的神乐。[62]加纳藩文武馆合祀孔子、日本武尊及菅原道真,拜祭仪式神道化,不再属释奠或释菜系统。盛冈藩藩校作人馆(1865年创立)合祀孔子及大国主命,每年于一月十五日举祭,采用神道仪式,例如奏神乐、置镜饼。此外,作人馆每月二十五日皆会祭祀菅公。

白河藩藩校立教馆本来有举行释奠,但松平定信(1759—1829)决定停止释奠,师生改拜天照大神及德川家康。一七八四年定信仿释奠,规定每年二月及八月行武备武艺祭。[63]津和野藩藩校养老馆本以儒学为主,有圣庙祭孔。一八四九年十一代藩主龟井兹监(1825—1885)信奉神道,聘用国学家冈熊臣(1783—1851)及大国隆正任教。他们反对祭孔,认为日本人不应拜异邦神。依循他们的意见,兹监停办释奠,将圣庙改祀楠公,旁祀其他南朝忠臣。

足利学校在近世每年均举行释奠。因其佛教背景,释奠由禅僧主持。释奠的讲经除儒典外,还包括《大般若经》。佛教不杀生,毛血豆因此改成野菜豆。中国无佛寺禅僧主持释奠的例子,所以足利学校的佛式释奠甚具特色。

本章结语

至今学界已有颇多从思想史的脉络,展开德川儒学日本化的论述。孔子信仰的本土化不是将孔子看作日本神祇的垂迹,而在于祭孔仪式的安排上加入神道元素。[64]孔子崇拜提供一个角度显示德川儒学的日本化。德川以前释奠的本土化主要跟朝廷公家文化相配,德川时期释奠的本土化致力于将儒家文化与武家社会融合。从奈良、平安至德川时代,本土化及简约化成为一直延续的两大特色。

释奠自八世纪传入日本后已开始做出本土化的调整，以配合古代及中世的宗教思想、政治现实及文化取向。释奠在德川时代达至全盛，而且呈现高度的本土化，以降低武士社会及民族意识对来自中国的儒家文化所产生的抗拒及不协调性。释奠在仪式、场地、祝文、衣饰、乐舞等多方面都入乡随俗，以响应本土宗教（神道、日式佛教）及政治现实（武士社会、幕藩制、将军执政）。此也解释为何朱舜水、林罗山、德川光圀等代表尝试移植明制释奠的一派，无法获得持久及广泛的支持。

本土化最大的表现是大量神道及日本元素的融入，包括合祀日本神祇、历史人物或儒者，使用日式服饰、音乐、建筑、祭品、祭器及礼仪。主祭者在祭文中均表明日本人的身份、使用日本年号、官阶及强调孔子对人类文明的贡献。和汉、文武并重成为德川中后期各地文教的普遍大原则。对德川时期的日本人而言，孔子是古今万世师表，其超越性及普遍性比其中国圣贤的象征更具意义。经过本土化洗礼的释奠较容易令日本人接受，儒家礼仪经过调整后可以融进德川政治体制及传统宗教。

注　释

〔1〕 朝鲜最早的祭孔记录可追溯至八世纪初。新罗在六八二年设置国

4　孔子

学，七一七年圣德王（691—737）仿唐制在国学祭孔。高丽王朝在一三九八年成立成均馆后，释奠才被制度化。日本大学寮在七〇一年举行首次释奠。越南李朝圣宗（1023—1072）曾于一〇七〇年"修文庙，塑孔子、周公及四配像，画七十二贤像，四时享祀。皇太子临学"。至一四三五年的黎朝太宗（1423—1442）时期释奠才被制度化。琉球则迟至一六七六年才举行释奠。

〔2〕　有关释奠在日本的历史，参 James McMullen, *The Worship of Confucius in Japan* (Cambridge: Harvard University Asia Center, 2020) 及須藤敏夫：《近世日本釈奠の研究》（京都：思文閣，2001年）。

〔3〕　菅野真道：《続日本紀》卷2，文武紀2，甲田利雄注解：《年中行事御障子文注解》（東京：続群書類従完成会，1976年），頁78。

〔4〕　《年中行事御障子文注解》，頁101。

〔5〕　惟宗直本：《令集解》，三浦周行、滝川政次郎校注：《定本令集解釈義》（東京：內外書籍，1931年），頁91。

〔6〕　James McMullen, "The Worship of Confucius in Ancient Japan," in Peter Kornicki and James McMullen, eds., *Religion in Japan: Arrows to Heaven and Earth* (Cambridge: Cambridge University Press, 1996), pp. 48-57.

〔7〕　九哲指孔门九大弟子：闵子骞、冉伯牛、仲弓、冉有、季路、宰我、子贡、子游、子夏。参《年中行事御障子文注解》，頁100。

〔8〕　连左丘明亦不在配祭之列。

〔9〕　神道学者加藤玄智（1873—1965）认为以鱼菜取代活动物献祭反映释奠的日本化。参加藤玄智：《我が国体と神道》（東京：弘道館，1919年），頁41。

〔10〕　李月珊：《寛政期昌平坂学問所の釈奠改革と"礼"の問題：教育世界の敬神と秩序》，《日本思想史研究》第47号（2015年3月），頁44。

〔11〕　参《近世日本釈奠の研究》，頁145。

〔12〕　神宮司庁編：《古事類苑・文学部33》（東京：神宮司庁，1912年），頁1384。

〔13〕　虎尾俊哉：《訳注日本史料・延喜式》（東京：集英社，2007年），

頁658。

〔14〕 崎門学派对此颇有微词,认为祭孔应是官方仪式。浅见絅斎（1652—1712）曾作《批释奠策》阐明此意。

〔15〕 有关韩国释奠时使用的祝文,参韩国国立文化财研究所编:《释奠大祭》（首尔:韩国国立文化财研究所,1998年）,页37。

〔16〕 相关例子,参James McMullen, "The Worship of Confucius in Hiroshima," *Japonica Humboldtiana* 16（2013）:83。

〔17〕 林羅山:《拜尾陽聖堂》,京都史蹟会编:《羅山林先生文集》卷2（京都:平安考古学会,1918年）,頁321。

〔18〕 *The Worship of Confucius in Japan*, pp. 174-175.

〔19〕 林羅山:《武州宣聖殿経始》,京都史蹟会编:《羅山林先生文集》卷2,頁341。

〔20〕 明朝早在一三八二年下令南京国子监以木主取代塑像,一五三〇年下令全国孔庙均改用木主。

〔21〕 释菜是释奠的简化版,无音乐、无牲、无币。祭品以菜为主,传统用芹菜、韭菜、栗子、枣子,分别代表勤奋、才华、立志及敬畏。在德川时代释奠与释菜经常混淆不清,不少释菜自称释奠,德川中期幕府将两者统一称释奠。

〔22〕 三宅米吉编:《聖堂略志》（東京:斯文会,1922年）,頁4—5。

〔23〕 林羅山、林春斎:《本朝通鑒》卷16（東京:国書刊行会,1919年）,頁67。

〔24〕 推其原因,有为幕府建立威信,希望自己成为圣帝明君及求子等不同说法。*The Worship of Confucius in Japan*, pp. 244-249.

〔25〕《釈奠旧儀》,收录在犬塚印南:《昌平志》（东京:同文館,1911年）,頁162。

〔26〕 德川光圀著,稻垣国三郎注解:《桃源遺事》（札幌:清水書房,1943年）,頁107。

〔27〕 例如富山藩藩校广德馆在释奠时规定武士将刀暂放于杏檀门,

4 孔子

"传刀者二人。预入杏檀门内居左右,勤受授众官之刀"。参三浦瓶山:《定家奠錄》,頁36。富山県立図書館电子版(请求记号:前-141)。

〔28〕 犬塚印南:《昌平志》(1818年)卷2,事実志,頁17。日本国立国会図書館电子版(请求记号:に-12)。

〔29〕 同上。

〔30〕《古事類苑・文学部33》,頁1418。

〔31〕《聖堂略志》,頁27—29。

〔32〕 同上书,頁32。

〔33〕 译自新井白石:《折りたく柴の記・中巻》(東京:岩波書店,1964年),寛永七年七月廿五日条,頁260。

〔34〕《昌平志》卷5,仪节志。

〔35〕 参真壁仁:《神の憑依するところ:昌平鬠釈奠改革と徳川日本の儒礼受容》,《東京女子大学比較文化研究所附置丸山眞男記念比較思想研究センター報告》(2017年3月),頁99—110。

〔36〕 参文部省編:《旧幕府聖堂釈奠図》(東京:文部省,1892年),頁6。

〔37〕 译自広瀬旭荘:《九桂草堂随筆》,関儀一郎編:《日本儒林叢書・随筆部2》(東京:東洋図書刊行会,1929年),頁155。

〔38〕《旧幕府聖堂釈奠図》,頁4。

〔39〕 Martin Collcutt, "The Legacy of Confucianism in Japan," in Gilbert Rozman, ed., *The East Asian Region: Confucian Heritage and Its Modern Adaptation* (Princeton: Princeton University Press, 1991), p.135.

〔40〕 林鵞峰著、山本武夫校訂:《国史館日録》(東京:続群書類従完成会,1997年),頁103。

〔41〕 安東省菴:《安藤守約悼朱老師文》,青山延于編:《文苑遺談》,関儀一郎編:《日本儒林叢書・史伝書簡部3》(東京:東洋図書刊行会,1929年),頁10。

〔42〕 藤田東湖:《弘道館記述義》,今井宇三郎、瀬谷義彦、尾藤正英校注:《日本思想大系53・水戸学》(東京:岩波書店,1973年),頁437。

〔43〕 载吉川弘文館編:《水戸藩史料》卷5(東京:吉川弘文館,1915年),頁33。

〔44〕 译自藤田東湖:《常陸帯》,菊池謙二郎編:《東湖全集》(東京:博文館,1940年),頁105。

〔45〕 藤堂光寛:《国校興造記》(有造館,1824年),頁8。早稻田大学図书館电子版(请求记号:卜0201750)。

〔46〕 梅原三千:《旧津藩国校有造館史》(津:八木清八,1934年),頁86。

〔47〕 载文部省編:《日本教育史資料集》卷16(東京:富山房,1903年),頁3。

〔48〕 译自《旧津藩国校有造館史》,頁32。

〔49〕 石坂善次郎編:《池田光政公伝·下卷》(东京:石坂善次郎,1932年),頁918。

〔50〕 中野寿吉:《閑谷黌史》(福浜村:中野寿吉,1891年),頁15—16。

〔51〕 同上书,頁16。

〔52〕 末句原文是"兹惟仲秋,謹以牲帛醴齐,粢盛庶品,式陈明荐。以复圣颜子、宗圣曾子、述圣三世祖、亚圣孟子配。尚飨"。

〔53〕 萩市立明倫小学校:《明倫館の教育》(萩:萩市立明倫小学校,1949年),頁101。

〔54〕 转译自後藤忠盛:《毛利藩の釈菜》,《山口県文书館研究紀要》第15号(1988年3月),頁28。

〔55〕 富山県編:《越中史料》卷3(富山県,1909年),後桃園天皇安永三年,頁135。

〔56〕 户田浩曉:《明治維新前後の学神論について》,《立正大学文学部論叢》第2号(1954年6月),頁172。平田派国学主张以八意思兼神为学问之神。此派在幕末颇有影响力。*The Worship of Confucius in Japan*, p. 416.

〔57〕 小野篁是平安初期学者,擅长汉诗文。相传他是足利学校开创

者。大阪道明寺天满宫藏有一木造孔子像,据说是篁所造。

〔58〕 広瀬旭荘:《足利学校見聞記》(東京:野田文之助,1925年),頁6。

〔59〕 此外,佐贺藩的白木圣庙神社(1891年建成)及高松藩泷宫天满宫的孔圣神社均供奉孔子像,但并无举行释奠。

〔60〕 鬼瓦在平安时期传入日本,中世及近世在日本普及。相反在发祥地中国宋朝以后已不常见。

〔61〕 佐贺藩多久圣庙在释菜时参加者穿明朝祭服及儒服,甚至跳佾舞,这属少数的例外。

〔62〕 "The Worship of Confucius in Hiroshima," p. 92, 98.

〔63〕 James McMullen, "Ogyū Sorai, Matsudaira Sadanobu and the Kansei Worship of Confucius," *Asia Japan Journal* 6 (2010): 70. 武备是吉川神道主张之一,认为神道重土金,武备之根本在土金。神道虽主张神武不杀、文武并重,但视武备为必需。神官吉川惟足(1616—1695)谓三神器代表土金(玉为土、剑为金),喻德治与武备必须并重。

〔64〕 中国的佛教伪经《清净法行经》以孔子、颜回、老子为菩萨化身。此说在日本中世五山文学中亦有所反映。不过即使在日本佛教徒之间,它亦只属小众之见。日本没有将孔子视作日本神祇的言论。

5 关帝

关羽（162？—220，字云长）为中国三国时代的名将，死后受人敬仰。北宋哲宗绍圣三年（1096）荆州玉泉山关帝祠获朝廷赐名显烈庙，自此关帝崇拜发展成流行的民间信仰，关帝同时受到官方及民间的祭祀。明清以降，关帝信仰随长篇章回历史小说《三国演义》的流行而大盛。关帝信仰糅合儒、道、佛三教，关羽被官方封为"关圣帝君"（明神宗万历四十二年［1614］）及"武圣人"（清世祖顺治九年［1652］）。[1] 武圣人关羽与文圣人孔子合祀于各地的文武庙。民间佛教徒则称他为"伽蓝菩萨"（亦称伽蓝神，是佛寺的守护神）。[2] 道教尊其为"协天大帝"及"伏魔大帝"。

关帝在中国民间同时兼文、武、财的神德，被不同行业及社群所拜祭。关帝信仰在明清时期不但在中国本土大热，甚至传播至邻近的日本、越南、朝鲜及琉球。[3] 德川时代是关帝信仰在日本的成长期，发展出与中国迥然不同的关帝文化。本章以德川文献为基础，尝试探讨关帝信仰在德川日本的发展与特色，以及其对本土宗教及文化的冲击。

5 关帝

中世日本的关羽信仰

作为正史的《三国志》在八世纪传至日本，但其影响力不大。日本人对中国"三国"的兴趣及认识主要来自日本中世南北朝（1336—1392）传入的《三国演义》。成书于十四世纪七十年代的《太平记》已有参考过《三国演义》的痕迹。平将门（903—940）的尸首吓死朱雀天皇，及无头平将门晚上在京都寻人头的故事明显化自《三国演义》的关羽死后传说。

早期对关羽感兴趣者多是熟读汉籍的中世禅僧。元朝渡日禅僧清拙正澄（1274—1339）在《关大王赞》中介绍关羽为佛教护法之说："蜀帝熊虎之将，义勇武安之王。受智者大师戒法，护普庵古佛道场。"[4] 中世禅僧对关羽有相当认识，对其使用的大刀及斩颜良的故事特别感兴趣。[5]

不过日本的中世僧侣仍未祭祀关羽，最早祭祀关羽的是一些武将及华商。室町幕府初代将军足利尊氏奉关羽为忠君、重义、有助军威的军神。相传尊氏曾梦见关羽，然后托人将在元朝制造贴上金箔的关羽木像，带回日本安奉在京都大兴寺。[6] 此关羽木像有"南宋武干谨书"的署名，造型古雅，但非红面美髯的形象。此外，关羽双手按膝，神情安详，有异于手执青龙偃月刀，正气凛然的常见造型。关羽像两旁是长子关平（？—220，关羽长子，在《三国演义》中为养子）

及次子关兴（？—234）像，而非关平及副将周仓（传说中的关羽助手）像，可见当时日本仍未受《三国演义》的显著影响。[7]明朝恕中无愠禅师（1309—1386）记曰："京都将军之世，遣使唐土求关帝像，从唐土得其像后，放京极芝药师，一名大兴寺。"[8]

此外，有传尊氏对南军作战时，关羽曾显灵相助。临济宗僧兰坡景茝（1417—1501）在《雪樵独唱集》（1470）中记曰："与南军交锋，傍有一英雄，提长刀为先驱。怪而问之，则曰：'蜀将关羽也。'不几南人败绩矣。"[9]亦有传尊氏在多多良滨之役（1336）与南军交战时曾在阵中拜关羽画像。他于同年战胜后，返京作《甲胄之影》的武士绘，其提长刀、骑骏马的造型仿效关羽。此绘存放于京都等持院。[10]其实这种关羽显圣的传说在中国早有流传，日本可能受其启发。[11]室町僧云泉太极（1421—？）在《碧山日录》（1461）中亦记载关羽显灵信佛，助宋抗元的故事。[12]其文曰：

> 一时，蒙古之主大元皇帝出兵，与那安主诤国相攻，九十余战也。帝师失谋败绩。于时有一将军，赤面黑眉，骑白马，携镪刀，交锋相战，遂获那安王头。帝问士卒，曰："赤面将军谁哉？"军中靡知焉。或曰："是南方所归敬关王神乎？知以帝有正直慈仁而求救乎？"[13]

5 关帝

湖南文山在《通俗三国志或问》(1689)中引朝鲜大臣柳成龙(1542—1607)的《记关王庙》,讲述关羽曾于文禄庆长之役(1592—1598)显灵,助明及朝鲜联军击退入侵的日军。[14] 关羽变成可穿梭地域及时间的东亚战神,曾在中、日、朝的战役中显灵。

日本战国时代后期,《三国演义》的故事进一步普及,孔明尤备受重视,关羽相关的记载却不算多。其中有武士敬佩关羽的勇武而仿效,例如奥陆弘前藩初代藩主津轻为信因崇拜关羽而留长须,得"髭殿"之称。

近世长崎的关帝信仰

近世的关帝信仰随华商及汉籍流传于中国周边国家。《绘本通俗三国志》记曰:

> 蛮夷之国备受仰导而传世。吾日本称之为军神,将军冢埋关羽像。吾遇异域之人亦问关王之事。安南、琉球、女真、朝鲜、吕宋、暹罗之诸国悉建庙宇拜祭,凡事祈祷,称之"关爷爷",所乘之船皆放其像。[15]

中国商人聚居的长崎是近世日本关帝信仰的中心。长崎的唐寺基本上均祭祀关帝。长崎画师矶野信春(?—1857)

在《长崎土产》(1847)中记曰:"关帝乃蜀汉之关羽,字云长。元明以来代代尊奉,州县皆有其祠庙,普受祭祀,称关圣帝君。唐三寺(按:兴福寺、福济寺及崇福寺)皆奉祀。"[16] 根据明朝郑舜功的《日本一鉴》(1555)及郑若曾(1503—1570)的《日本图纂》(1561),中世后期明朝海商王直及其帮人曾在长崎五岛建关王祠。关王祠所在地不详,可能在唐人町明人堂妈祖庙之内。《日本一鉴》记曰:"义勇武安王祠,在五岛,祀汉关羽也。"[17]可见该庙沿用中国常用的"义勇武安王祠"之名。

近世长崎的关帝信仰以华商为主要对象,形式与中国明清相近,本土化程度不高。跟琉球相似,长崎的关帝像亦大多依附于妈祖庙,独立性有限。[18]德川初期唐人在长崎建四大唐寺,主祭妈祖,旁祭关帝。[19]一六二三年长崎三江帮建兴福寺,在妈祖堂旁祭关帝。一六二八年泉漳帮建福济寺,主祭妈祖,旁祭关帝及观音。其观音堂(青莲堂)主祭观音,旁祭天后及关帝,堂内有关帝、赤兔马、关平及周仓像。一六二九年福州帮建崇福寺,旁祭观音及关帝。寺内设置关帝堂,中央为关帝像,两旁分别是关平像及周仓像。[20]一六七八年广东帮设立圣福寺,在观音堂主祭观音,旁祀妈祖及关帝,堂内有关平及周仓像。该寺还存有由渡日泉州佛工范道生(1637—1670)所绘的《关圣帝君像》(1664),此画附渡日僧长崎福济寺住持木庵性瑫禅师(1611—1684)的赞诗:"直而不枉,神而有灵。其忠也正,其义也诚。无畏无惧,惟俊惟英。"[21]

长崎四大唐寺均于农历五月十三日祭关帝,其中以圣福寺的规模最大。自一七三四年起,圣福寺依明清习俗于每年农历五月十三日庆祝关帝诞辰,祈求海上安全,成为长崎华人的一大盛事。[22]关帝诞的仪式包括上香、献祭品、舞狮及僧人背诵《关圣帝君觉世真经》。[23]仪式虽在佛寺举行,但容许信徒在祭祀后享用胙肉。一七八四年关帝诞改为一年两祭,除五月十三日外,还加上一月十三日(关羽死忌日)。除关帝诞外,圣福寺亦会在五月十三日同时举行关平太子诞。[24]

唐船抵岸后,唐商赴唐寺拜祭是惯例,例如来自浙江的唐船丰利号一行在一八五二年入长崎,在五月十三日"先在馆内关帝圣殿拈香毕,至公堂同两在留总管往梅崎下船,到圣福寺拈香,乃年例关帝诞也"[25]。唐商一般将道教或佛教系统的神灵木像安奉在船上,抵长崎上岸后会将神像暂放唐寺,返航时才将它们带回去。

关帝善书在近世日本已广泛流通。长崎大通事俞直俊(1681—1731)刊《关帝君遗训》,内容与《关圣帝君觉世真经》相近。受中国道教影响的大江文坡(?—1790)是关帝信仰的支持者,其《关圣帝君觉世真经灵应篇》不但是《关圣帝君觉世真经》的日文注释书,亦是中日关帝信仰的重要史料。[26]此外，关帝灵签亦传入近世日本。[27]《关帝灵签御大全》于一七二五年在京都刊行，俞直俊作跋曰："延庆住持僧闻俊历代尊崇，朝夕礼拜。迭蒙感应，特从海舶寄崎。博广威灵，因付剞劂（按：刊印），公于海外。享保九年菊月（按：农历九月），崎阳弟子俞直俊拜识。"[28]史学家新井白石为女儿婚事求关帝灵签，得十八签。作家曲亭马琴（1767—1848）亦常求关帝灵签，这从《马琴日记》可窥见。长崎随笔家山崎美成在《三养杂记》（1840）中有《关帝签》一文，谓关帝灵签十分灵验，日本信者亦众。美成本人抽得大吉之八十五签。[29]

近世日本各地的关帝信仰

近世九州岛、关东及近畿均见关帝的身影，黄檗宗佛寺成为关帝信仰的重镇。关帝崇拜在佛教界、学界及政界均有支持者，但一般商人及农民对关帝仍不太认识。

九州岛小仓小笠原藩福聚寺（1665年开山）安奉由清渡日僧范道生所画的关帝像，附渡日僧长崎福济寺住持木庵性瑫禅师的赞诗："杰出桃园复汉天，光辉日月片心悬。精忠万古无伦匹，密护法门金石坚。"[30]画中的关羽手持念珠，显示他已皈依佛教；诗中强调其伽蓝神的身份。一六七五年福冈黄檗宗千眼寺亦安置由中国佛工龙涧和尚所造的中国风"关圣大帝菩萨"木造座像,关羽成为佛教的菩萨被供奉。该寺开创者天佑海信为渡日中国名僧千呆禅师(1636—1705)的弟子,在一六九八年开山。他托龙涧造达摩及关羽木像。

大阪黄檗宗清寿院(俗称南京寺)在一七六四年由来自福建的大成和尚(1709—1797)出任住持,院中关帝像由大成和尚从中国请来,于每年五月十三日祭祀关帝。[31]清寿院后来增设关帝庙,建筑以中式风格为主,包含日本社庙元素。清寿院的关羽像因为传闻十分灵验,大受民众欢迎。浮世绘师晓钟成(1793—1861)在《浪华之赈》(1855)中记曰:"(四天王寺)东门之东有清寿院,黄檗派之禅刹,其堂舍模唐山之风,祀蜀关羽之像,甚为应验。"[32]他在《摄津名所图会

中日合璧的大阪清寿院关帝庙建筑,于一八八五年改建(作者拍摄)

《大成》中又谓关帝祭时,清寿院会举行茶会及演奏中国古代音乐:"清寿院关帝堂例年五月十三日祭关帝祭事,大般若修行献上伶伦(按:相传为黄帝的乐官)音乐,殊胜(按:超绝而稀有之意)也。来访者奉茶。"[33]

京都大兴寺(亦称芝药师堂)收藏一尊由足利尊氏献上的日本最古关羽像。[34]伊藤仁斋曾说:"吾曾阅古礀(明誉古礀,1653—1717)《三体诗六卷抄》,书中记京都将军时遣使唐土,求关帝像。从唐土携像返国,后将此像安置京极芝之药师,一名大兴寺。"[35]京都学者大岛武好(1633—1704)在《山城名胜志》(1705)中记足利尊氏命其子女敬拜从元朝请来的关羽像,奉关羽为战神,以求在战场上百战百胜。其文曰:"尊氏卿二夜梦如来,告之:'今教汝百战百胜之术。应向大元国求军神信仰。'依灵梦求元朝,获送王关羽将军像。尊氏安置此寺。"[36]该像在德川时代仍被供奉于大兴寺,其旁置关帝签。此外,足利尊氏出生地绫都(今京都府绫部市)的安国寺有一尊关羽古木像,相传是尊氏阵中供奉的关帝像。该像本来贴有金箔,但现多已脱落。[37]

京都宇治万福寺供奉一伽蓝神木像,在近世一直被日本人误作"关圣大帝菩萨"。禅僧无著道忠记曰:"忠曰:'日本黄檗山伽蓝堂神三目。'问之,则云关帝也。关帝见智者时,未始言三目,未知唐人何据矣。"[38]此像其实是五显华光大帝(华光菩萨)。在德川时代不少佛寺将华光菩萨误认或等同关帝。万福寺还保存由清初画家杨津所绘的《关帝圣君像》,附木庵性瑫禅师的赞文。

近畿近江国(今滋贺县)亦可能曾有关帝庙。曲亭马琴在《近世说美少年录》(1834)第十回《关帝庙前少年结义》中提及,三少年在落合福富村关帝庙仿刘、关、张结拜为异姓兄弟。

水户是关东地区关羽信仰的发祥地。来自中国的东皋心越禅师将关羽信仰带至水户藩,其母自称是关羽后人。[39]心越赴日时带来关羽官印,及清朝道教劝善书《关圣帝君觉世真经》,并于一六七七年在日本翻印此书。水户藩大名德川光圀礼待心越禅师,一六九〇年光圀支持心越在天德寺(祇园寺)增设中国建筑风格的关帝堂。《关圣帝君觉世真经灵应篇》记曰:"心越和尚为关帝之末孙。明亡避乱,与朱舜水共归化,于水户府寿昌山立祇园禅寺。其来朝时所持关羽金印今存水户府。"[40]关羽官印存于水户祇园寺关帝堂,堂内还存放《关圣帝君觉世真经》及长刀。官印的来历引来部分人质疑。藤贞干(1732—1797)在《好古日录》(1797)中认为,此印可能本属元朝某关帝庙,曰:"有云僧心越携来关羽之印,今藏水户一佛刹。印文有四字,三字为蒙古字,一为花押。疑是胡元之时所铸关帝庙之印也。"[41]明亡避难日本的儒者朱舜水亦敬仰关羽。一六六四年,他在水户藩曾表示:"关帝者,蜀汉大将,云长讳羽,封汉寿亭侯。以正直公忠为神,尤显于明朝。故薄海内外，无不尸祝（按：祭祀）。"[42]

江户一地虽无关帝庙，但仍不乏敬佩关羽的人。林家三代（罗山、鹅峰、凤冈）均推崇关羽之忠义。史书《明良带录》记幕府兰医桂川甫周（1751—1809）曾在六月十五日半年节时奏乐祭祀关帝。[43]幕府高官松平定信在一七八二年二十五岁时曾绘关羽像。十一代将军德川家齐于一七九五年为一关羽像作赞文。幕末新选组局长近藤勇（1834—1868）爱读《三国演义》，且十分欣赏关羽的忠诚，自小立志要做如关羽般效忠主公的武士。关羽的忠义被用来鼓吹武士道。

浅草寺收藏有江户时代的关羽大型绘马及关羽图。七米

一田庄七郎笼细工关羽图

大的笼细工关羽图《关帝》由大阪竹编工艺匠一田庄七郎于一八一九年完成，在浅草展出，大受欢迎。据说在展出的三个月内，江户一半的人都前来观看，引起极大话题。[44]横滨则迟至幕末才引进关帝信仰。一八六二年有中国人将关帝木像带往横滨，兴建一小祠安奉，它在一八七一年发展成关帝庙。横滨华人奉之为商业之神或武财神。

关羽与德川宗教

跟中国的情况相似，关羽在日本亦是佛教护法。[45]《通俗三国志》(1772)谓："唐土在门户贴关羽之像，驱恶鬼以护小儿。日本亦以他除恶魔。禅家以其为佛法守护神，称之为护法关帝。第一英勇非云长无疑也。"[46]很多关羽木像及画像都出自跟中国关系密切的黄檗宗禅僧之手。[47]明末渡日的黄檗宗僧隐元隆琦写有四言诗《关帝》："胸中唯汉，眼底独刘。乾坤正气，千古长流。三分功勋，已定何须。满腹春秋，末后曾归。普净法门，猛将无俦。"[48]隐元弟子即非如一（1616—1671）为九州岛小仓小笠原藩福聚寺的开山住持。他将关羽视作佛寺守护神，在《关大王》一文赞曰："惟义不朽，山河共固。其心愈赤，日月并明。挺身护国，卫道忘形，所以为聪明正直之伽蓝神。"[49]

关帝甚少出现于神社。江户的酒折宫（今冈山神社）祭神中有一神道未闻的"武安灵命",此名即来自关羽,"武安"为关羽神名,他在元朝被称为"义勇武安王",道教则称其为"武安尊王"。冈山藩初代藩主池田光政敬仰关羽,于是三代藩主池田继政(1700—1776)将光政称为"武安灵命",奉于冈山神社。

熊本藩藩臣井上政房(?—1875)命藩御用画师矢野良敬(1800—1858)绘《关羽骑赤兔马图》,于一八四九年奉纳四国的金刀比罗宫。[50] 该神社还供奉赵云、钟馗及东方朔等中国人的绘马。

此外,日本三大祭之一的大阪天满宫天神祭于祭典时会摆置逾两米高,制造于德川时代的关羽歌舞伎木偶像(御迎人形)于船上。[51] 大阪天满宫还安放晓钟成的御迎人形关羽木版画。同属日本三大祭之一的江户神田祭亦有关羽的山车(神舆),此祭始于德川初期,至后期共有三十六辆山车,其中有八番关羽及十九番钟馗。

一八五六年关帝信仰已传播到北海道南部。一八〇三年松前藩神明社内建造关帝庙时,石狩辨天社(1694年创立)曾派人参拜。谷文晁弟子新潟画师井上文昌(1818—1863)将其作品《关羽正装图》供奉于石狩辨天社,此图描绘关羽及赤兔马,有文字曰:"此关帝像乃谷文晁门下画师井上文昌所绘。安政三年(1856)石狩场所请村山家奉纳。"[52] 该神社由村山楢原及其家族主持,拜关帝祈求商贾繁盛。

5 关帝

此关羽山车曾经幕末人形师古川长延修改，现藏江户东京博物馆（作者拍摄）

整体而言，近世日本的关帝信仰以长崎唐寺及唐人为中心，与大部分日本人的关系并不密切。[53]它虽为部分佛寺及神社所包容，但并没有与佛教及神道产生融合。关羽是佛寺守护神的说法并未被日本佛教界广泛接受。关羽亦没有被神道收编成为神道神祇，本地垂迹说亦没有将关羽视作神佛在中国的化身。[54]

关羽与德川文艺

关帝信仰对日本文学及舞台均有影响,为汉诗、歌舞伎、浮世绘等提供题材与灵感。德川时代出现过百则被称为"关羽咏"的汉诗及汉文,数目可比肩明清的"咏关羽"。[55]作家曲亭马琴作《关羽赞》:"髯发三千丈,依朱如个刚。不知偃月戈,何处得周仓?"[56]太宰春台以关羽为三国第一忠武之士,颂曰:"三国鼎峙,争蓄壮士。克忠且武,维此关子。"[57]浅见絅斋收藏一大薙刀,以示其对楠木正成(1294—1336)及关羽的景仰。中井竹山因其生日与关羽相同,自称"同关子",其印章为"髯公同物"。

关羽如此备受重视,大概是因为其忠义形象跟德川日本的官方意识形态及武士道伦理相合。来自不同儒学门派的作者异口同声歌颂关羽的忠义及勇武,他们包括藤原惺窝、林罗山、中江藤树、林鹅峰、伊藤仁斋、贝原益轩、人见竹洞(1638—1696)、林凤冈、佐藤直方(1650—1719)、浅见絅斋、新井白石、室鸠巢、荻生徂徕、伊藤东涯、太宰春台、服部南郭、三浦梅园(1723—1789)、中井竹山、井上金峨(1732—1784)、中井履轩(1732—1817)、皆川淇园(1734—1807)、大田锦城(1765—1825)、佐藤一斋及赖山阳(1781—1832)等。[58]

江户歌舞伎中不时出现关羽现身的情节,关羽成为代表

5 关帝

执行正义的战神。画师中山高阳(1717—1780)在《画谭鸡肋》(1775)中谓:"关羽之像在唐山作镇护,又称关帝菩萨或伏魔大帝。剧亦多用《三国志》之事。曾我十郎、五郎饰演关羽、张飞。江户之男女均有所闻。"[59]《瑞树太平记》(1735)有平安末武将平景清(?—1196)化身关羽的一幕,其敌人则化身吕布及孙权。[60]在《闰月仁景清》(1737)中,平安末武将平重忠(1164—1206)及平景清分别变身关羽及张飞。两剧均由市川团十郎饰演关羽。《东山殿旭扇》(1742)、《役者和歌水》(1744)、《七回五关破》(1764)及《江户客气团十郎贔屃》(1790)出现的关羽均是无双武将。天保年间(1830—1844)上演的《歌舞伎十八番》之六为《关羽》(藤本斗文作,1737年初演),剧中的关羽从关帝庙出来,唱道:"汉之寿亭侯关羽,字云长。今在日本显灵,要抓奸佞邪恶之辈。"[61]其实此关羽为平景清所扮。正跟源氏作战的景清在梦中成为关羽,大败魏军。《东山殿旭扇》的故事是室町八代将军足利义政(1436—1490)为坏人迫害,身陷险境,最后蜀将关羽挺身相助,挥其青龙刀斩杀坏人。《筱冢太平记》(1743)由二代目市川团十郎饰演南朝名将筱冢重广(1309—1342),剧中重广执青龙刀、骑赤马、过五关,明显是关羽的投射。关羽常出现在歌舞伎表演中,所以歌舞伎面谱(限取)中有关羽。[62]

近松门左卫门(1653—1725)的净琉璃《国性爷合战》

（1715）中亦有关羽持青龙刀过五关的情节。竹田出云的净琉璃《诸葛孔明鼎军谈》（1724）对关羽的描述跟一般的大为不同。它将整个三国故事分为五段搬上舞台，主角是孔明及曹操，关羽只是配角。剧中情节多为自创，如关羽是曹操手下大将，曾杀亲弟关良以向曹表明忠心，后来才转投刘备阵营。故事内容多属虚构，甚至显得荒唐，不过这正是德川舞台的特色。[63]

明清是关羽图创作的全盛期，日本亦受其影响。汤浅常山（1708—1781）在《文会杂记》中曾表示："明人之画多关羽，犹如日本之观音或八幡大菩萨。"[64] 近世日本出现颇多关羽图，其故事（如桃园结义、刮骨疗毒、过五关斩六将）及形象（如美髯公、丹凤眼、青龙刀、龙战袍、赤兔马）均来自《三国演义》。[65] 画家柳泽淇园、樱井雪馆（1715—1790）、伊藤若冲（1716—1800）、曾我萧白（1730—1781）、圆山应举、土方稻岭（1741—1807）、片山杨谷（1760—1801）、狩野荣信（1775—1828）、渡边华山及浮世绘师鸟居清长（1752—1815）、葛饰应为、歌川丰国（1769—1825）、歌川国安（1794—1832）、歌川国芳（1798—1861）、丰原国周（1835—1900）均作有关羽图，其中较有名的有葛饰应为的《关羽割臂图》、歌川丰国的《关羽之道行》、歌川国芳的《关羽五关破图》（1855）及樱井雪馆的《桃园三结义》。浮世绘师的作品明显受歌舞伎的影响，这从鸟居清长为《通俗三国志》所作的插图可见一斑。[66]歌川国安的《三国志画传》(1830)更采用纯日本风格。歌川国芳的三国浮世绘有多张关羽图,较著名的有《关羽五关破图》,画中的关羽貌似日本人所绘的达摩。一些江户小说的关羽插图亦有相近造型。葛饰戴斗二世(葛饰北斋弟子近藤文雄)的《绘本通俗三国志》有插图逾四百幅,关羽的造型变得日本化,有些像日本武士。[67]因为此作的风行,关羽故事在日本变得家喻户晓。[68]

关羽在近世日本成为"武威"的象征。有趣的是,一八五三年黑船事件后,日本画家所绘的美国海军提督佩里

《关羽五关破图》 歌川国芳绘

(Matthew Calbraith Perry)画像中有两幅名叫《钦差全权国王使节》及《北亚墨利加洪和政治洲上官真像之写》(1854，作于横滨)的作品，竟将佩里画成关羽的样子，而且都是手执青龙刀的造型。除画像外，关羽亦出现在根付（象牙或牛角微型雕刻）作品里，例如德川后期的根付师琴流斋友胤曾创作关羽及张飞、关羽刮骨疗毒等作品。

关羽亦出现在近世随笔及小说中。幕吏根岸镇卫（1737—1815）的随笔集《耳袋》（1785）中有《关羽像奇谈之事》，谓美浓地方官平内定系前往江户，居小石川时晚上梦见关羽，关羽表示自己长年苦于水中，明天会有求于他。结果定系翌日在河边拾得关羽木像。他将关羽像带回美浓。[69] 曲亭马琴在《椿说弓张月》（1811）中叙述有关平安后期武将源为朝前往琉球开创王朝的故事，在其文字中，源为朝处处带有关羽的

《华佗骨刮关羽的疗治图》 歌川国芳绘

5 关帝

根付作品　关羽及张飞
琴流斋友胤制

影子,不但眉目、髯须、身高均似关羽,甚至明言他"不只武勇过人,更是存忠守义之人,颇有田横、关羽之风"[70]。其《南总里见八犬传》(1814—1842)的八犬之一小文吾悌顺亦比作关羽的勇猛。有点讽刺的是市井文学可以恶搞关羽,在江户色情小说(春本)《风俗三国志》(1830)中,关羽是好色之徒,终日流连妓院,过五关被诠释为一夜跟五大名妓共寝。[71]

本章结语

在三国人物中,德川时期的日本人最敬仰的大概是诸葛亮（181—234），而非关羽。[72]不过关帝信仰不单纯出于对历史人物的敬仰，更是因为它在中国已是发展成熟的民间信仰。没有这个历史背景，关帝信仰在近世日本大概不会出现。它虽源自中国，但在近世日本却发展出自己的特色及带来颇大的影响。

第一，近世是日本关帝信仰的成长期，仍未完全成熟及独立。它在十六世纪已经传入，在德川时代随中国商人、僧侣、移民及汉文典籍在日本各地稳定发展。关帝在唐寺仍多附属于妈祖庙，在唐人社区的影响力不及妈祖。不过近世的发展已为近代关帝信仰的高峰期及独立期打好基础。

第二，关帝信仰对德川文艺产生冲击，在汉诗、画像及舞台作品中出现大量相关作品。德川一代歌颂关帝的汉诗数量可与清朝相比。关羽的水墨画及木像成为佛寺、儒者、商人及官吏的收藏品。在歌舞伎及净琉璃中出现不少与关羽相关的作品。这些文艺作品的形式及风格跟中国的关羽作品完全不同，可说是日本风格与中国题材的有趣结合。

第三，关帝信仰呈现本土化，关羽被纳入日本民间祭祀及风俗。关帝与神道关系不大，他既没有成为日本神祇，亦没有在神社被供奉。不过关帝却融入民间风俗。在日本三大祭中，其中两个都有关羽登场。德川后期端午节的五月（武士）人形有关羽及钟馗。关羽画像中加入歌舞伎元素的现象亦相当普遍。德川儒者及幕末志士亦通过歌颂关羽来鼓吹忠义,例如幕末志士吉田松阴曾作诗赞许关羽。关羽遂成为忠义与勇武的典范,被认为与日本武士道精神相合。

第四,关帝信仰在日本有不同的形象。关帝在中国被奉为学问与生意之神,成为不少行业的职业神。近世日本的关帝信仰是以华侨及华商为中心,目的是祈求海上平安。虽然长崎以外的一些地方有关帝庙,但关帝并未成为普及全民的信仰,一般日本商人及农民不太认识关帝。关帝在德川一代被奉为海上平安的保护神、保佑商运的财神、佛教的护法及忠义的化身。关帝作为武神的形象则在江户的舞台及画像中呈现。

注 释

〔1〕 参萧登福:《关帝与佛教伽蓝神之关系,兼论关帝神格属性应归于道而非佛》,《成大宗教与文化学报》第20期(2013年12月),页65—84;泉州市区民间信仰研究会:《关岳文化与民间信仰研究》(厦门:厦门大学出版社,2008年),页140;蔡东洲、文廷海:《关羽崇拜研究》(成都:巴蜀书社,2001年),页174。

〔2〕 隋朝开皇十四年(594)天台宗开山僧智者大师(智𫖮,538—597)授关羽菩萨戒,关羽成护法伽蓝。参《关岳文化与民间信仰研究》,页394。

〔3〕 参阮玉诗:《越南文化中的关公研究》,《文学新钥》第19期(2014年6月),页61—84;李成焕:《韩国朝鲜中期的关帝信仰》,《道教学探索》第4期(1991年10月),页466—477。

〔4〕 蓝吉富主编:《禅宗全书:杂集》(北京:北京图书馆出版社,2004年),页219。

〔5〕 長尾直茂:《中世禅林における関羽故事の受容——〈百万軍中取顔良〉故事と関羽所用の大刀ためじる——考察》,《漢文学解釈与研究》第5号(2002年12月),页29—56。

〔6〕 参日本随筆大成刊行会編:《日本図会全集》第8卷(東京:吉川弘文館,1929年),頁33。笔者在2019年2月9日曾到京都大兴寺参观关帝木像及访问该寺住持。住持表示关帝木像跟关帝木牌匾在室町时代一同寄存于大兴寺,估计足利尊氏可能曾设立关帝庙。

〔7〕 以关平及关兴为关羽的胁侍应受元版画像《搜神广记》的影响。参二階堂善弘:《関帝信仰と周倉》,《関西大学東西学術研究所紀要》第47号(2014年4月),页80—81。以关平及周仓为胁侍是元代才开始,可见大兴寺关帝像应是南宋末至元初的作品。这种三人组合可能受佛教胁侍的影响。佛陀两旁是阿难及迦叶。参方广锠:《佛教志》(上海:上海人民出版社,1998年),页369。

〔8〕 译自滝沢馬琴:《燕石雑志》,日本随筆大成編輯部編:《日本随筆大成》第2期,第19卷(東京:吉川弘文館,1975年),頁534。

〔9〕 蘭坡景茝:《雪樵獨唱集》,玉村竹二:《五山文学新集》卷5(東京:東京大学出版会,1971年),頁3。

〔10〕 有关《甲胄之影》的武士绘对中世及近世武士造型的影响,参长尾直茂著、李维俭译:《中国通俗小说对中世日本的冲击》,吴伟明主编:《中国小说与传说在日本的传播与再创》,页3—5。

〔11〕 参《中世禅林における関羽故事の受容》,页29—64。

〔12〕 参田中尚子:《関羽顕聖譚の受容——〈碧山日録〉を端緒として》,《国語と国文学》第82号(2005年9月),页40—52。

〔13〕 雲泉太極:《碧山日録》卷3,近藤瓶城編:《史籍集覧》第25册(東京:近藤出版部,1902年),頁231。

〔14〕 这大概受朝鲜小说《壬辰录》的影响。该书记载日本征朝大将加

藤清正在朝鲜半岛作战时,关羽显灵助朝鲜军,把清正击退。《壬辰录》记曰:"忽然灵风大起,神云四合。有一员大将,面如赤枣,丹凤目,三角须,乘赤兔马空中杀伐。倭兵惶怯昏倒,自毙不起,一阵皆死。"转载自韦旭升:《抗倭演义〈壬辰录〉及其研究》(太原:北岳文艺出版社,1990年),页147。

〔15〕 译自湖南文山:《絵本通俗三国志》卷1(東京:同益出版社,1883年),页4。

〔16〕 译自磯野信春:《長崎土產》(長崎:大和屋由平寿櫻,1847年),页38。日本国立国会图书馆电子版(请求记号:特1-1828)。

〔17〕 鄭舜功:《日本一鑑》,页88。日本国立国会图书馆电子版(请求记号:291.099-Te21)。

〔18〕 近世琉球的关帝信仰依附在妈祖庙下。关帝庙设于天妃宫(妈祖庙)内。琉球的中国移民及商人主祭孔子及妈祖,旁祭关帝,以祈求海上平安。

〔19〕 除四大唐寺外,唐人屋敷(指宅地)亦可祭关帝。一七三六年唐人屋敷建天后堂,主祭妈祖,旁祭关帝及观音。

〔20〕 荷商馆医官德国科学家西博尔德(Philipp Franz von Siebold,1796—1866)曾参观崇福寺关帝堂,而且留下绘图。不过其图中的周仓像跟现存崇福寺的周仓像不同,一些日本学者因此怀疑他是否混淆了崇福寺与圣福寺。

〔21〕 成澤勝嗣:《物はやりの系譜》,神戸市立博物館編:《隠元禅師と黄檗宗の絵画展》(神戸:神戸市スポーツ教育公社,1991年),页98—105。

〔22〕 参長崎市編:《長崎市史・地誌編仏寺部下》(長崎:長崎市役所,1923年),页526。

〔23〕《关圣帝君觉世真经》(1668)为中国民间流行的劝善书之一,全文只有六百四十七字,托称是关羽降笔的教诲。人们相信背诵它可致富除病。此书曾于一七三〇年在日本再版。

〔24〕 根据清朝道教书籍《关圣太子宝诰》,关平生于五月十三日。关平太子诞的风俗来自中国。

〔25〕 陈吉人:《丰利船日记备查》,松浦章编、冯佐哲译:《中国商船的航海日志》(北京:中国人民大学出版社,1985年),页262。

〔26〕 南里みち子:《大江文坡の関帝信仰》,《学士会会報》第831号(2001年4月),頁144—149。

〔27〕 关帝灵签共百签,托称出于北宋文豪苏东坡的解说,在明清大盛,传至日、朝、越等地。

〔28〕 载《关帝觉世真经本证训案阐化编》卷3(北京:会文斋刻字铺,1845年),页10。

〔29〕 山崎美成:《三養雜記》卷1(江戸:青雲堂,1840年),頁10—11。国文学研究資料館电子版(请求记号:96-1145-1)。

〔30〕 转载自長尾直茂:《江戸時代の絵画における関羽像の確立》,《漢文学解釈与研究》第2号(1999年11月),頁101—136。

〔31〕 曉鐘成:《攝津名所図会大成》(京都:柳原書店,1927年),頁467。

〔32〕 译自大阪关帝庙网页(http://www.kanteibyo.org/html/kantei.html)。

〔33〕 译自同上网页。

〔34〕 中国现存最古关帝像是金代(1115—1234)的义勇武安王像,因此大兴寺关帝像甚具历史价值。

〔35〕 译自滝沢馬琴:《燕石雜志》,日本随筆大成編輯部編:《日本随筆大成》第2期,第19卷(東京:吉川弘文館,1975年),頁534。

〔36〕 大島武好:《山城名勝志》卷13下《愛宕郡》(京都:京都叢書刊行会,1915年),頁62—63。

〔37〕 据记载尊氏托人从元朝带回来贴金关羽木像一尊。现在却有两尊。估计其一是在日本仿制。安国寺的关帝像是仿制品的可能性较大。

〔38〕 無著道忠:《禅林象器箋》靈像類下"関帝"(京都:貝葉書院,1909年),頁162。现代学者指出此像其实是华光菩萨。参二阶堂善弘:《日本禅宗寺院之宋明伽蓝神》,李奭学、胡晓真主编:《图书、知识建构与文化传播》(台北:汉学研究中心,2015年),页37—38。

5 关帝

〔39〕 高罗佩:《东皋心越禅师传》,高罗佩编著:《明末义僧东皋禅师集刊》卷1(重庆:商务印书馆,1944年),页3。

〔40〕 译自《漢寿亭侯金印図》,大江文坡:《関聖帝君覚世真経霊応篇》(大阪:名倉又兵衛,1791年),Hathi Trust Digital Library(https://catalog.hathitrust.org/Record/100603274)。

〔41〕 译自藤貞幹:《好古日録》,日本随筆大成編輯部編:《日本随筆大成》第1期(東京:国文図書,1927年),页516。

〔42〕 转载自長尾直茂:《江戸時代の漢詩文に見る関羽像》,《日本中国学会報》51期(1991年),页224。

〔43〕 参神宮司庁編:《古事類苑・方技部11》医術2(東京:吉川弘文館,1977年),页839。

〔44〕 大石学編:《大江戸まるわかり事典》(東京:時事通信社,2005年),页113。

〔45〕 南宋成书的《佛祖统纪》(1269)谓关羽死后现身玉泉山,与普静和尚谈佛,并皈依佛门,成为佛教守护神。

〔46〕 译自佚名:《通俗三国志》黄表纸,页51。日本国立国会図書館电子版(请求记号:208-439)。

〔47〕《江戸時代の漢詩文に見る関羽像》,页224。

〔48〕《隱元禅師語録・続録》卷18,隱元著、平久保章注:《隱元全集》第12卷(東京:開明書院,1979年),页21。

〔49〕 即非如一:《即非禅師全録》卷9,转载自《江戸時代の漢詩文に見る関羽像》,页225。伽蓝菩萨是佛寺守护神。明清以降,佛寺的伽蓝神形象多少受关羽的影响。

〔50〕 金刀比羅宮社務所編:《金刀比羅宮絵馬鑑》第2編(琴平町:金刀比羅宮社務所,1936年),页28。

〔51〕 这些木偶人形在元禄时期(1688—1704)已出现。德川时期御迎人形一共有四十四个,现存仅剩十六个,包括关羽、丰臣秀吉、真田幸村、源为朝、辨庆、素盏鸣尊、惠比寿等,关羽为其中唯一的非日本人御迎

人形。参高島幸次編:《天満宮御神事御迎船人形図会》(大阪:東方出版,1996年)。

〔52〕 译文来自陈抗:《中国与日本北海道关系史话》,中外关系史学会编:《中外关系史论丛》第2辑(北京:世界知识出版社,1986年),页43。

〔53〕 相对而言,关帝信仰在明代传入朝鲜,各地有关帝庙及关王庙。十九世纪末发展成关圣教。

〔54〕 藏传佛教中的宁玛派视关羽为四大菩萨(文殊、观世音、莲华生及金刚手)在中国的化身。此外,不少藏族人将关羽与其战神格萨尔混同,两者均赤面及骑赤马。王丹、林继富:《从忠勇之士到藏族战神:关帝在藏族人生活中的信仰》,《青海民族研究》第21卷第4期(2010年),页141—143。

〔55〕 参关四平:《三国演义源流研究》(哈尔滨:黑龙江教育出版社,2001年),页155。

〔56〕 曲亭馬琴:《醍新書:曲亭馬琴狂文集》(東京:薫志堂,1897年),頁8。

〔57〕 太宰春台:《関雲長像賛》,《春台先生紫芝園稿》卷3(江戶:嵩山房,1752年),頁5。国文学研究資料館電子版(請求記号:383-3)。

〔58〕 参《江戶時代の漢詩文に見る関羽像》,頁237—239。

〔59〕 译自中山高陽:《画談雞肋》,收录在坂崎坦編:《日本画談大観》(東京:目白書院,1917年),頁682。引文中的《三国志》其实是指《三国演义》。

〔60〕 参梁蘊嫻:《歌舞伎の世界における関羽の受容》,《比較文学・文化論集》第28号(2011年3月),頁3—6。

〔61〕 转引自金文京:《三国演义的世界》(北京:商务印书馆,2010年),页247。

〔62〕 川上邦基編:《歌川風隈取百種》(東京:演芸珍書刊行会,1915年),頁75。中国人的歌舞伎面谱还有张飞、鲁智深及钟馗。

〔63〕 参《三国演义的世界》,页246—247。若论荒唐,尚未超过通俗小说《風俗三国志》(悪失兵衛景箪作,1830年),此作中的刘、关、张都变

成好色之徒。

〔64〕 译自湯浅常山:《文会雑記》,日本随筆大成編輯部編:《日本随筆大成》第1期,第14卷(東京:吉川弘文館,1974年),頁274。

〔65〕《江戸時代の絵画における関羽像の確立》,頁101—136。

〔66〕 上田望:《日本における〈三国演義〉の受容(前篇)翻訳と挿図を中心に》,《金沢大学中国語学中国文学教室紀要》第9号(2006年3月),頁11—13。

〔67〕 李福清(Boris Riftin):《关公传说与三国演义》(台北:汉忠文化,1997年),頁150—154。

〔68〕 另一点值得注意的是,一些日本武将的造型可能受关羽影响,例如京都劝持院的加藤清正图貌似关羽,留长须及提大刀。参邱岭、吴芳龄:《三国演义在日本》(银川:宁夏人民出版社,2006年),页57。

〔69〕 根岸鎮衛:《耳袋》卷207(東京:平凡社,1972年),頁364。

〔70〕 译自曲亭馬琴著、後藤丹治校注:《日本古典文学大系60·椿説弓張月·上》(東京:岩波書店,1958年),頁321。

〔71〕 惡失兵衛景筆:《風俗三国志》,《季刊会本研究·復刻第6号·風俗三国志》(2001年),頁46—47。

〔72〕 井波律子:《日本人と諸葛亮》,《月刊しにか》1994年4月号,頁62—67。

第三部

守护神灵篇

6 妈祖

日本中世时期佛教兴隆,出现"神佛习合"的思想,将神道诸神看作菩萨在日本的垂迹。[1]德川时代中国文化广泛流传,中国元素遂融入日本文化体系,出现"神儒一致"现象。[2]其实除儒学外,中国民间信仰亦与神道产生融合。不少中国神祇被看作日本神祇的化身,获授神道称号或在神社被供奉。妈祖信仰(近世日本人多称妈祖为"娘妈"或"天妃")在德川日本亦经历神道化的洗礼。

妈祖是备受中国、东亚及东南亚沿岸商人及渔民尊崇并拜祭的海上女神。她本属中国南部沿岸渔民的保护神。相传北宋初期福建莆田有巫女林默娘(960—987)拥有千里眼及顺风耳等异能,又曾在梦中赴海救其父兄。她在二十八岁死后成仙,常在海边显灵救助遭遇海难的商人及渔民。人们尊称她为妈祖,于每年农历三月二十三日庆祝妈祖诞辰。南宋时沿岸已出现妈祖庙,元世祖及清朝康熙帝分别追封她为天妃及天后。妈祖成为观音之外最受中国民间欢迎的女神。[3]

妈祖信仰在日、越、朝、琉等地落地生根,东洋史家滨下武志用"妈祖信仰圈"来形容妈祖在中国近邻的传播。[4]

德川时代是妈祖信仰在日本的全盛期，在华人聚居的长崎更是兴盛。长崎出身的天文地理学者西川如见（1648—1724）在《华夷通商考》（1706）卷二记道："来长崎之唐人称她为船菩萨及妈祖，亦名姥姥。她本是福建兴化林氏之女，沉没大海后成神。其神现身保护渡海之船，被尊天妃，又称圣母，谓其为观世音化身。"[5]然而拜祭妈祖不局限于在日华人，不少日本人亦成信徒。在近世日本，北至奥州（东北）、南至萨州（鹿儿岛）均有天妃崇拜。[6]近世日本长崎有最多的天后堂，遍及兴福寺、崇福寺、福济寺、圣福寺及唐人屋敷等地，供中国商人依中式习俗进行祭祀。这些以华人为对象的妈祖信仰已有颇多相关研究。[7]以日本人为对象的妈祖崇拜与本地宗教产生融合，这在中日文化交流史上意义重大，是本章重点所在。

本章以德川文献为基础，探讨妈祖信仰在近世日本如何被纳入其宗教系统。[8]妈祖与其他宗教混同的情况一直存在，她在中国跟道、佛及民间宗教都拉上关系。佛家以妈祖为龙女或观音菩萨的化身，道家以其为太上老君派遣下凡的斗中妙行玉女或泰山东岳大帝之女泰山娘娘。[9]福建出现妈祖与蔡姑婆混淆的现象。[10]妈祖在近世日本出现与神道系统的弟橘媛、野间权现及船灵混同的现象。[11]水户藩及萨摩藩的天妃信仰在近世颇为流行，而且输出其他地区。船灵信仰历史悠久，近世与妈祖混同，受各地造船业者、船员及渔民的拜祭。三者的妈祖信仰均以日本人为对象,而且本土化的程度相当高。本章的研究可加强了解中日在宗教上的互动,及日本人如何将中国民间信仰收编入神道。

妈祖与弟橘媛

近世水户藩出现妈祖与神道海上守护神弟橘媛习合的情况,这主要由该藩的宗教政策及地域风俗促成。水户藩沿岸渔民将弟橘媛视作妈祖,而且一些神社将妈祖及弟橘媛合祀。这种混同不但配合该藩的宗教政策,亦同时消解崇拜异族神的心理矛盾。

弟橘媛(《古事记》作弟橘比卖命,亦名吾妻大明神、橘皇后)是日本神话人物日本武尊(《古事记》作倭建命)之妻(或妃)。《古事记》及《日本书纪》记日本武尊乘船逃亡至房州(今房总半岛)西岸时因失言激怒海神,结果海面掀起狂风巨浪,其妃弟橘媛为平息海神的愤怒,甘愿投海牺牲。七日后她的发簪漂流至海岸,日本武尊睹物伤感地呼叫"吾妻"。《日本书纪》记曰:"乃至于海中,暴风忽起,王船漂荡,而不可渡。时有从王之妾,曰弟橘媛,穗积氏忍山宿祢之女也。启王曰:'今风起浪泌,王船欲没,是必海神心也。愿以妾之身,赎王之命而入海。'言讫乃披澜入之,暴风即止。"[12]弟橘媛自此成为日本的海上守护神及顺产女神。平安中期的

《延喜式》已记载祭祀弟橘媛的橘神社。中世以降,各地出现的弟橘媛神社、橘树神社(橘神社、橘木神社)、吾妻神社、吾嬬神社及走水神社均主祭弟橘媛。关东沿岸民众对弟橘媛信仰尤为热心。

妈祖信仰在十七世纪末传入水户藩不久便出现神道化,妈祖获得神道神祇的称号及出现与弟橘媛混同的现象。水户藩二代藩主德川光圀热衷中国文化及相信神儒佛三教一致论。[13] 他在一六八二年邀请明遗民东皋心越禅师前来水户。心越禅师带来妈祖的木像及书籍。在光圀的支持下,妈祖信仰在水户藩开始传播。

一六九〇年四月六日光圀在祝町(今大洗)海边建成天妃山妈祖权现社(亦名矶滨天妃神社或天妃山社),并亲自出席祭祀"天妃妈祖大权现",妈祖成为神佛混同的"权现"。神社内有一尊由心越禅师带来的小型天妃木像。天妃山山顶晚上点法灯(按:为渔船指引的灯塔)以方便船只通行。水户藩出身的国学家中山信名(1787—1836)在《新编常陆国志》(1836)中记述如下:

> 此神为寿昌山开基心越禅师持来,有云元禄三年庚午四月六日先君义公(按:光圀的谥号)曾御祭。此为海上风波之救难神也,故渔者悉信之。先年社头置大行灯,每夜揭灯明,海上可认也。[14]

同年七月二十六日水户藩又将矶原（今北茨城）的药师如来寺改为矶原天妃神社，其临海小山丘亦名天妃山。[15]矶原天妃神社藏两尊天妃神像。心越亲自为天妃像开光，并咏诗两首如下："神功普覆大千界，圣德昭彰四海春。点出双眸光灿烂，咸蒙福利泽斯民。""功符六合蒙垂荫，德布神州感化深。福泽苍生如赤子，恩沾黎庶悉丰登。"[16]

水户藩在德川光圀的领导下致力于发展海上航运业，因此天妃崇拜不但保佑沿岸渔民，更重要的是保佑航运业者的安全。[17]这种动机跟中国航运业的拜天妃相近。日本诗僧大典显常禅师（1719—1801）在《天妃山碑》（1789）记述矶原天妃神社的成立经纬：

> 天妃圣母元君金像开光……常陆多珂郡矶原天妃神祠，东皋越师尝奉其像。西山义公（按：光圀）肇建厥庙，实元禄三年七月廿有六日云。尔来事海运者蒙其灵庇，不可枚数。爰立石表焉。……天明九年六月廿三日建。[18]

矶滨天妃神社及矶原天妃神社虽主祭妈祖，但因其性质是神社，而且拜祭者是日本人，因此不久便不再坚持心越所提倡的中式祭法，转而混入日式神社祭法。水户藩的妈祖信仰已渐被编进神道系统，跟中国相差颇远。中国通行祭祀妈祖的日期是三月二十三日、七月二十三日（大暑）及九月二十三日（秋分）。近世长崎唐寺依中国做法，于每年三月、七月及九月的二十三日举行妈祖祭。[19]水户藩的情况不同。藩民于三月二十三日及九月二十三日不但祭天妃，而且同时祭势至菩萨。势至菩萨与观音菩萨是阿弥陀佛的两大胁侍。势至菩萨的形象女性化，跟观音菩萨相似。一些日本人相信天妃是势至菩萨的化身，有古文书云："祭神本体为天仙圣王神、天后圣母神。本地为大势至菩萨。"[20]藩民亦在端午、重阳、重十祭天妃，而且祭法跟中国不同。他们没有进香，奉上鸡肉、猪肉等中式仪式，他们于农历三月二十三日（天妃祭）供饭、鱼、酒，五月五日（端午节）献菖蒲，九月九日（重阳节）献菊花及十月十日（重十）献稻穗。矶原天妃神社在七月二十六日亦有纪念其开光的仪式。

在光圀的支持下，水户曹洞宗岱宗山天德寺在一六九一年祭祀由心越禅师带来，宣称来自西湖永福寺的两尊木造天妃神像。天德寺成为藩内另一拜祭妈祖之地。[21]祇园寺浅野斧山和尚（1866—1912）在《寿昌山祇园寺缘起》记曰：

> 开山禅师（按：心越）设祭于西湖永福寺，亲自奉之为海上守护。元禄三庚午之年（1690），奉源义公之命将分体安置于祝町及矶原村两地，本体安置于本山。晨昏，祈求人民海上不遭风波之难。[22]

6 妈祖

水户祇园寺的木造天妃坐像（作者拍摄）

按心越的意见，祇园寺依中国惯例，将每年三月二十三日定为妈祖诞生日，采用中式拜祭。心越还携来《天妃经》(《太上老君说天妃救苦灵验经》)、《天妃神灵忏经》及《天妃图忏》。

德川后期水户藩的天妃信仰出现了很大变化，进一步加速其神道化的步伐。一八三一年九代藩主德川齐昭推行寺社改革，反对拜异朝之神，将大洗矶滨天妃神社改为弟橘比卖神社，连该神社晚上的法灯亦停止。此外，他将矶原天妃神社改为弟橘媛神社，并将该神社的妈祖像移走，而以代表弟橘媛神体的御镜取代，弟橘媛神社亦祭祀龙宫神及船魂神。[23] 此外，官方还规定大祭日由三月二十三日改为四月三日（春祭），在祭祀时加入神社祭日经常出现的相扑及歌舞伎。[24]

155

弟橘媛神社合祀天妃与弟橘媛
（作者拍摄）

在政治的打压下，妈祖信仰在水户藩被迫中止。一百四十一年间一直崇拜天妃的藩民对此表示强烈不满，他们认为天妃是守护海上船只的船玉神，所以不应被打压。矶原及大津两村的村民、航运业者及渔民代表共十四人分别在一八四五年及一八四七年上书寺社奉行，表示自天妃像被移走后，他们一直遭遇海难及渔获失收，因此希望官方归还天妃像。他们在请愿信中表示："以来渔事不成，船运经营困难。愚昧者谓无海神之故。……祈愿归还海上守护之天妃神。"[25]结果藩主让步，将天妃像送返弟橘媛神社，与弟橘媛合祀，至幕末都一直维持这种安排。天妃信仰经神道化洗礼后再度复兴。[26] 从取代变成合祀,代表日本人对中国民间信仰最终以习合取代排斥。天妃及弟橘媛不但被安放在一起,而且两者在藩民心中出现混同,例如他们喜欢称呼主神弟橘媛为"天妃さん",觉得这样较为亲切。[27]

水户藩的天妃信仰甚至影响远及本州岛北部及东北地区。[28] 下北半岛(今青森县)大间町天妃权现宫及仙台藩七滨町御殿崎(今属宫城县)的荒崎稻荷社(今荒崎神社)均有拜祭来自水户藩的天妃。不过两地的天妃与神道主管谷物的女神仓稻魂命合祀,与弟橘媛无关。

博物学者菅江真澄(1754—1829)在旅居下北半岛时受当地人委托,写成《天妃缘起》(1793)。它记载在一六九五年下北半岛大间町的船只曾在水户沿岸遭遇海难,船头曾向天妃求救,天妃显灵相助。大间代表伊东五左卫门还神许愿,于一六九六年在大间稻荷神社内设天妃大权现祠(天妃权现宫),安奉专程从水户请来的天妃画像,画像有心越禅师的题字。当地人奉天妃为"天妃妈祖大权现"及以天妃为船魂守护神。[29] 天妃权现宫有古文书记曰:

> 天妃权现神号天妃圣母妈祖大权现、本地救世观音及宗朝现妙灵。护国海上镇守,唐土称船玉。其神像从唐土渡筑前国太宰府,为水户御领中之凑浦所劝请,元

禄年中为吉田村从中之凑劝请至此社地。[30]

自此每年举行春秋二祭：天妃祭（三月二十三日，春祭）及七月二十三日（秋祭）。菅江真澄在一七九三年三月二十三日亲赴天妃大权现祠参拜天妃。跟水户藩两大天妃社以三月二十三日为大祭日不同，大间的大祭日是七月二十三日，这可能是配合海带的收成期，加以庆祝及感恩。[31]大祭日的行列中除主神天妃外，还有顺风耳、千里眼及哪吒。大间稻荷神社本来主祭的女神是谷物之神仓稻魂命，一六九六年后她与天妃合祀。大间的天妃自始与神道习合，不但天妃成为大权现及天妃祭以神道仪式举行，天妃与神道系统的船魂信仰亦混同。后来虽然水户藩宗教政策改变，企图以弟橘媛代替天妃，但大间的天妃信众并没有跟随。最终合祀成为水户藩及大间两地天妃信仰的形态。

另一受水户藩天妃信仰影响的是仙台藩，其引进的时间刚好比下北半岛大间町迟一百年。水户藩与仙台藩有水上航运合作。水户藩的船只常停泊仙台港，仙台藩士及商人亦常赴水户藩。他们将天妃信仰从水户带回东北地区。仙台藩士濑户一道斋听闻矶原天妃十分灵验，在一七八四年运送藩米时将天妃板绘的仿制品从水户藩大洗的矶原天妃神社带回，并于一七九五年将其供奉于七滨町御殿崎的荒崎稻荷社。[32]该板绘的中央是天妃，两旁是拿扇的侍女，而非中式的千里眼及顺风耳。荒崎稻荷社主祭仓稻魂命，配祀天妃。因此，大间及仙台藩的神社均不约而同地将妈祖及仓稻魂命合祀。

妈祖与野间权现

除东日本及东北地区外，妈祖在鹿儿岛亦被神道化，成为地方神祇野间权现。萨摩野间岳是日本最早出现妈祖信仰之地，在战国时期已开始有人祭祀妈祖。[33]野间山原名笠沙岳，在十六世纪祭祀娘妈后改称野间岳。由萨摩藩官方所编的《三国名胜图会》(1843)谓："此岳往古名笠沙岳。山上祀娘妈神女后号野间岳。娘妈、野间，其音相近之故也。"[34]兰医广川獬亦表示："萨摩国野间权现即娘妈也。野间者，娘妈之和音也。"[35]一五五四年鹿儿岛野间岳山顶出现野间权现宫（亦称野间神社、野间山权现、娘妈神社），本来该处只有一座称东宫的神社祭祀伊奘诺尊及伊奘冉尊。一五六八年，成为妈祖信徒的加世田领主岛津忠良（1493—1568）以儿子贵久及孙子义久的名义，建西宫祭祀日本三神（火阑降命、彦火火出见命、火明命）及"娘妈神女"。妈祖像用沉香木造，可能随遇难船漂来，亦有说是片浦林家带来的木像。两旁的顺风耳及千里眼木像应是近世才加上的。西宫日本三神的重要性后来被娘妈超越。一五九八年，从福建归化萨南片浦的明朝武将林北山带来七尊娘妈木像。片浦当时身在加世田乡笠沙村野间岳的东部港口,有谓林家的娘妈木像存放在野间权现宫西宫。除平民外,萨摩藩武家亦往野间权现宫参拜。秋目宫内家将"娘妈大权现祈祷札"带回家供奉。有马家及寺园家亦有在家中设置妈祖像。

野间岳中段有龙泉寺爱染院,该寺在中世已建,一五四〇年由岛津忠良重建,并成为野间权现宫的分寺。爱染院本拜阿弥陀如来,但中世末开始拜祭妈祖,称娘妈堂。寺内有三尊神像(妈祖与两大侍神:千里眼与顺风耳),大概是倭寇从明掠夺回来之物。国学家天野信景(1663—1773)在《盐尻》卷十一记道:"明季吾民入异邦,盗财物。破天妃之祠,夺其神像而归。后置萨州野间山,今有祠。每年入于长崎之清人,献币银于野间之祠。"[36] 亦有谓三神像来自片浦林家或华商。长崎学者深见玄岱(1649—1722)在《大日本国镇西萨摩州娘妈山碑记》(1706)中记曰:"山麓一十二里,有龙泉寺爱染院,别构祠祀,便于四来香火。闽客某恳请尊像及二将奉置焉。"[37] 妈祖像制作自带香味的伽南木。因为通往野间权现宫的山路险峻,不少不愿登山顶者改在爱染院参拜娘妈。爱染院住持亲自去长崎领受长崎唐商对野间山权现的捐献,并向捐献者送上印有"奉修娘妈山大权现顺风相送祈所"的镇符札以保佑海上平安。《三国名胜图会》记道:"每岁长崎唐客送娘妈神社香火银。爱染院住僧往长崎领受,赠娘妈神海

6 妈祖

上安全祈祷镇札符。"[38]

鹿儿岛似乎曾有人远赴福建莆田请妈祖像来日,万历年间由福建莆田人林登名撰写的《莆舆纪胜》(1618)卷六有以下记载:

> 天妃年三十余而升化。其身端坐不坏,里人建庙奉之。神既数显灵异,四夷莫不闻。迎请香火,日接踵于兹山。后有一夷国,率众以四只船来迎化身。将至国,神舟遂没。他舟人见神舟没时,神即飞出水上,衣朱衣,象笏北向,仪从甚盛,旗幡五采,双旌北指,六龙前驱,风涛激涌,云烟灿烂。其他三只船中,夷人惊惶不已,疑舟之并覆,北向稽首请命。须臾,风夷浪平。神舟覆处,忽壅出巨山。夷人相传,以为神灵北还,壅山以藏化身。今夷海中有天妃山。天妃山即野间岳娘妈山。[39]

野间岳娘妈信仰在近世更为普及,其名声尤胜水户藩的天妃信仰。《三国名胜图会》写道:"日本国镇西萨摩州娘妈山碑而供祀于此,威霝显赫,神恩广被,为来往船只所崇拜。"[40]唐船前往长崎途中经过野间岳时会烧纸鸣鼓遥拜妈祖,可见野间岳权现已远远驰名,连中国商人亦加以遥拜及做出捐献。

近世前期出现由日本人创造出来的野间岳娘妈渡来说,

这种说法不见于中国文献,却散见于日本随笔及碑文。渡来说可再分妈祖尸体漂来说、妈祖飞来说及妈祖东渡说。

流传最广的传说是娘妈的尸体从福建漂至野间,由当地村民葬于野间岳,并加以祭祀。深见玄岱在《大日本国镇西萨摩州娘妈山碑记》中记曰:

> 我大日本国萨摩州川边郡加世田娘妈山官庙,其来尚矣。古老之言曰:有中华神女……遂投身入海。其肉身临此,皮肤丽如桃花,身体焕如活人。观者如堵,远近大惊之;知其非凡人也。举而以礼葬焉。后三年,中华来寻彼,欲会其神骨以归华云。噫!神变固罔极,此盖显迹之最著者也。国君特立庙山巅,号曰"西宫"。春秋二祀,虔依典礼。[41]

西川如见在《长崎夜话草》(1720)中记妈祖漂来说,曰:

> 渔家林氏之女,生时有灵异。十余岁自云海神之化身。入海守护往来之船,鬼没死于海……尊骸至萨摩海边,村民取而葬于山下,称之为此山之野间山权现。"野间"之和训为"老妈"唐韵之转语。[42]

《野间山大权现略缘起》(1786?)亦写道:"其尊体没于海

洋，飘流至萨州海边。人们取之奉葬于山上。其后种种灵异之事有之，成就往来船之诸愿。"[43]

《本朝故事因缘集》(1689，作者不详)的《萨州野间御崎之明神》谓妈祖从中国飞来野间岳，成为松尾明神："唐土万里岛立仁王像，有传末世仁王面变赤则岛灭。有恶人将仁王面染赤，岛半沉，人皆溺死。此时明神手持舟二艘飞来萨州野间，以松尾大明神现身，成舟之守护神。异国、本朝之舟，凡逢难风漂波之时皆立愿祈誓。"[44]此事亦有记载于《本朝怪谈故事》(1716，厚誉春莺廊玄作)及《和汉船用集》(1766，金泽兼光作)。[45]

《三国名胜图会》记野间岳以南赤生木村的妈祖东渡说："神渡在野间岳以南赤生木村之海滨。有土俗之说谓娘妈神女遗骸飘于此处。又一说娘妈神女乘虚舟至此处。农民惊，敷茅荐为座。今其子孙岁暮携橙实，拜筵献野间山神社。此土人所崇敬之神迹也。"[46]

野间岳娘妈渡来说令人想起同时期流行的徐福、杨贵妃及吴太伯的日本渡来传说。他们的传说都不约而同添加神道色彩。[47]妈祖在萨南亦同样披上神道的外衣成长。不论"野间"还是"松尾"均可能分别来自"娘妈"(ろうま/Rōma)及"妈祖"(まそ/Maso)的日语发音。[48]萨摩藩百姓将之视为神道神祇，华商则当作中国妈祖拜祭，两者各取所需。由于妈祖在野间岳一直被奉为神道之神，所以没有出现如水户藩在德川后期的政治打压。反而是一八三〇年的一场台风将野间神社的西宫破坏，萨摩十代大名岛津齐兴（1791—1859）在重建神社时将东西宫合并，娘妈信仰才有所降温。

妈祖与船灵

船灵神是另一在近世日本跟妈祖拉上关系的神道神祇。水户藩的弟橘媛及萨摩藩的野间权现均是地域性较明显的神道化妈祖信仰，以妈祖作船灵之论却没有特定的地域性，其相关言论及仪式散见于日本各地。

船灵神（亦名船玉明神、船玉宫、船魂样、船灵样、船玉样、大玉样）是日本保佑船只在海上安全的女神，早在八世纪日本已有船灵的记载。自古以来，人们将各自的信仰附会船灵。[49]至于船灵神的正体，各家有不同的说法，包括神道的住吉大明神、猿田彦命、大绵津见神、金毗罗神、弟橘媛、诹访大明神、水天宫、惠比寿、丰玉姬、大杉大明神、兴玉神，甚至佛教的大日如来、药师如来、观音菩萨、守夜神、辩才天及中国民间信仰的天妃。国学家小山田与清（1783—1847）在《松屋笔记》（1845）卷六十九记船灵的不同名称："论船灵之数，汉称天妃，佛说为守夜神，又祈请水天宫、丰玉媛命、猿田彦大神、金毗罗权现，保佑渡海安稳。"[50]

船灵信仰并非出自神代史神话，亦不见于《古事记》及《日本书纪》。船灵神来自古代日本的民间风俗。《续日本纪》记七五八年渔民及船大工举行船灵祭,又记七六二年从朝鲜半岛平安归来的官船拜船灵:"初遣高丽国船名曰能登,归朝之日,风波暴急,漂荡海中。祈曰:'幸赖船灵,平安到国,必请朝庭,酬以锦冠。'"[51]平安中期以降,日本在京畿一带开始出现船玉神社及船魂神社,人们于每年正月二日或十一日举行船灵祭。《延喜式神明帐》(927)记摄津国住吉郡有船玉神社,属住吉神社的分社。[52]

中世时期船玉神社在各地出现,主祭不同神祇。筑前国住吉神社及大阪住吉大社内有船玉神社,以住吉大明神为船灵神。镰仓三代将军源实朝在镰仓建船玉神社,主祀弟橘姬命。一四八八年有丹波国(今京都、大阪一带)人在出羽国(今山形县及秋田县)沿岸遇风暴时向诹访大明神呼救,事后在当地的诹访神社内建船玉神社。[53]

近世的船灵信仰不局限在各地的船玉神社,在渔民及造船工之间亦相当流行。渔船及商船的帆柱多刻一洞放船魂神体、男女人形、赛钱及船主夫人的毛发。《松屋笔记》记曰:"帆柱筒之下纳置神雏一对、船主妻之发毛少许及双六之赛二。纳置纳此三品谓之船玉也。"[54]断发求船灵相助是近世流行的风俗。小山田与清在《拥书漫笔》(1816)中表示日本各地船民拜祭船灵以防海难:"海上遇舟难时船人断发求龙神子相助。今赞岐之金毗罗大权现、常陆之安波大杉大明神等亦然。

人们断发求助。"[55]新船下水之际多举行船灵祭。《大猷院殿御实纪》卷二十八记一六三四年刚竣工的将军御用船安宅丸在江户品川下水，幕臣及诸大名均出席船灵祭。[56]《华实年浪草》（1783，鹈川鹿文作）记大阪新船下水举行船灵祭曰："摄州大坂之船初乘时，舟饰以松竹，向船灵神供奉镜饼神酒等。"[57]

因为船灵没有固定的本尊，因此很多跟海有关的神佛都跟船灵拉上关系。在近世妈祖亦被部分日本人认为是船灵。[58]《增补诸宗佛像图汇》（1690，土佐秀信作）及《和汉船用集》均出现妈祖与船灵混同的情况，两者皆认为船灵以妈祖的形象示人。《增补诸宗佛像图汇》在《船玉宫》一节的介绍曰："据称宋太宗时业渔人女，雍熙四年九月九日升天，云中有声谓：我则观音化身。今升天，自此保护海运，以船玉宫之名被祭祀。"[59]

《和汉船用集》卷二《船玉神及船菩萨之事》（《船玉神并に船菩萨の事》）叙述众多与船玉神拉上关系的神佛，其中以野间权现宫妈祖所占篇幅最多，长达三页。妈祖对近世日本的船玉信仰亦产生冲击。十八世纪后半以降，不少船玉明神的挂轴都仿似妈祖。[60]越前（今福井县）回船业者（小货船批发商）豪商森田家所挂船玉明神画像明显受妈祖的影响，其文字中亦提及妈祖及野间权现。[61]除了在家中装饰，业者在船祝（按：正月祈求整年平安及丰渔的仪式）的宴席时亦挂

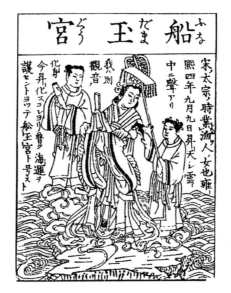

《船玉宫》图文

船玉明神的挂轴。

到了十八世纪后半,住吉明神及天妃成为公认的船玉神的两位神灵。国学家喜多村信节在《嬉游笑览》(1830)卷二《器用部》指出,古代日本人多以男性的住吉大明神为船玉,但到了江户时代,人们因受中国天妃信仰的影响而以女性为船玉。他本人对此不以为然,评曰:"船灵者,非它神也。《延喜式》祭住吉神,船之守护神也。《神后纪》记住吉神看往来之船。汉土祭天妃,其功德配天,造女性之像。本邦今俗皆以船玉为女性,此误也。"[62]

水户藩、盛冈藩及长崎亦有人将妈祖与船灵习合。水户祇园寺祭"天妃圣母船玉神",矶原天妃神社(弟橘媛神社)亦祭祀龙宫神及船魂神。矶原天妃神社将天妃、弟橘媛、龙宫及船魂这四大海神信仰连在一起。受水户天妃信仰影响的盛冈藩大间稻荷神社以天妃为船魂守护神。《御领分社堂》(1763)有关大间天妃权现宫的介绍中亦以妈祖为船玉。[63] 长崎亦有人将妈祖作船魂神。广川獬在《长崎闻见录》(1797)以妈祖为船灵神。[64] 儒者饶田喻义(1772—1833)在《长崎名胜图绘》(1818)如此记载唐船入港的情景:"唐船入凑后扬菩萨之事有之。船之菩萨棚为祭船魂神而设,安置天妃像,海路往复时画夜朝暮礼拜,不敢怠慢。"[65]

本章结语

日本在亚洲的"妈祖信仰圈"中占有独特地位。东亚及东南亚等地的妈祖信仰基本上是当地华侨及华商在异乡的华侨会馆中进行的中式宗教仪式,本土化的程度不高。[66] 妈祖信仰在日本称天妃信仰,妈祖在一些地区成为日本人祭祀的对象,水户藩及萨摩藩的天妃信仰呈现高度的本土化,在名称、祭祀日期、形式及庙宇均与中国的妈祖信仰有明显不同。天妃的故事、形象及功能亦有所变化。日本各地亦出现将妈祖与船灵神混同的情况。日本擅于将中国文化变为自己文化

6 妈祖

的一部分,这从近世日本的妈祖信仰亦可找到引证。

有学者将日本妈祖信仰分两大系统:亚洲华侨圈内的西日本(以长崎为代表)及日本航海神系统的东日本(以水户藩为代表)。[67]本研究亦显示中国妈祖信仰来到日本后分两条不同的道路发展。长崎的妈祖信仰主要是中国民间信仰在日本的伸延,以供中国商人拜祭为主,保留较多的中国色彩。水户藩及萨摩藩的天妃信仰以日本人为主要对象,受地方政府的支持,深受日本宗教的影响。[68]

近世是中日文化交流的盛世,不少中国的圣帝明君(如伏羲、神农、禹)、历史人物(如徐福、杨贵妃)及民间信仰(如钟馗)均被当作神道神祇的化身或成为地方守护神。[69]天妃信仰的情况亦相近。本章从文献上探讨天妃如何与神道神祇的弟橘媛、野间权现及船灵混合。天妃被纳入本地宗教系统,变成大权现(野间权现、天妃大权现)及大明神(松尾明神),在神社获神道仪式的供奉,而且不是与神道神祇合祀(弟橘媛、仓稻魂命),便是混同(弟橘媛、船灵)。中国民间信仰与日本神道遂成功习合。经神道化的天妃较容易为日本民众所接受。天妃在近世水户藩及萨摩藩不再是异国神,而是摇身一变成为神道神祇;她不但是航海守护神,而且成为地方守护神。

注　释

〔1〕日本中世历史学者村山修一对神佛习合做长期的研究，代表作为《神仏習合と日本文化の特質》（東京：弘文堂書房，1942年）、《神仏習合思潮》（京都：平樂寺書店，1957年）及《本地垂迹》（東京：吉川弘文館，1974年）。此外，参 Fabio Rambelli and Mark Teeuwen, eds., *Buddhas and Kami in Japan: Honji Suijaku as a Combinatory Paradigm* (London: Routledge Curzon, 2003)。

〔2〕参奈倉哲三：《幕藩制支配イデオロギーとしての神儒習合思想の成立》，《歴史学研究》（別冊特集）（1974年12月），頁84—93；张昆将：《日本德川时代神儒兼摄学者对"神道""儒道"的解释特色》,《台大文史哲学报》第58期（2003年5月），页141—179。

〔3〕Klaas Ruitenbeek, "Mazu, the Patroness of Sailors, in Chinese Pictorial Art," *Artibus Asiae*, 58:3/4 (1999) : 281-329.

〔4〕濱下武志：《華夷秩序と日本18世紀～19世紀の東アジア海域世界》,《参考書誌研究》第45号（1995年10月），頁7—8。他指出"妈祖信仰圈"代表福建人在域外移民及势力扩张的版图。参 Takeshi Hamashita, *China, East Asia and the Global Economy: Regional and Historical Perspectives* (New York: Routledge, 2008), p. 77。有部分学者使用"妈祖文化圈"。参有島こころ：《媽祖信仰について：媽祖文化圏を形成する可能性を探る》,《文化環境研究》第3号（2009年3月），頁94。滨下的观点侧重海上交通网络，显示中国宗教如何利用这个网络对外扩张。若从东亚思想及文化史而言，"妈祖信仰圈"不是中国人单向的对外输出妈祖，亦同时是亚洲人吸纳妈祖的文化圈。除妈祖外，另一个传入日本的中国海上保护神是招宝七郎。七郎信仰在近世九州岛颇为流行。参二階堂善弘：《心に残る神と消えゆく信仰——招宝七郎神を例として》, アジア遊学編集部編：《アジア游学110·アジアの心と身体》（2008年6月），頁28—33。观音与关帝在日本亦拥有海上保护神的身份。

6 妈祖

〔5〕 译自西川如见:《華夷通商考》,滝本誠一编:《日本経済叢書》卷5(東京:日本経済叢書刊行会,1914年),頁240。

〔6〕 根据藤田明良的调查,日本全国共有三十八处藏有妈祖像或画。参藤田明良:《日本近世における古媽祖像と船玉神の信仰》,黄自进主编:《近现代日本社会的蜕变》(台北:"中研院",2006年),頁171—220。

〔7〕 有关近世长崎的妈祖信仰,在妈祖研究的专书中(如李献璋:《媽祖信仰の研究》〔東京:泰山文物社,1979年〕,第3篇,第5章)大多都有提及。论文方面,参增田福太郎:《長崎"媽祖"の源流と背景》,長崎大学経済学部産業経営研究所编:《長崎大学経済学部創立五十周年記念論文集》(長崎:長崎大学経済学部産業経営研究所,1955年);二階堂善弘:《長崎·3唐寺の媽祖堂と祭神について》,《東アジア文化交渉研究》第2号(2009年3月),頁99—108;深瀬公一郎:《唐人屋敷設置期の唐寺と媽祖》,《長崎歴史文化博物館研究紀要》第4号(2009年),頁75—85;山本輝雄、前川道郎:《長崎·3唐寺における媽祖を祀る堂について》,《九州大学工学集報》第64卷第2—3号(1991年),頁75—82,頁143—150。

〔8〕 本章的研究是以水户藩及萨摩藩的妈祖信仰为中心的文献研究。对民族学的研究成果、长崎的妈祖信仰及各地天妃祠的沿革只会从略。

〔9〕 李舒燕、马新广:《佛道介入与妈祖信仰的嬗变》,《广东海洋大学学报》第28卷第2期(2008年4月),頁20—23。

〔10〕 蔡姑婆是中国众多海难救助神之一。她原名蔡红亨,是琉球国闽人三十六姓蔡姓后裔,曾随朝贡团赴中国。何求的福州方言小说《闽都别记》谓红亨能神游海上,死后成仙,在海上救人无数。福建人尊称她为蔡姑婆。琉球蔡氏一族来自福建长乐梅花港,清朝当地有蔡夫人庙(亦称姑婆宫、蔡妈庙)。清朝已出现人们将蔡姑婆及妈祖混同的情况,例如《天后圣母圣迹图志》谓:"湄洲人则共呼之曰姑婆,闽人则统称曰娘妈。"张学礼《使琉球记》(1664)记其随行通译谢必振经福建长乐梅花所时表示:"天妃姓蔡,此地人。为父投海身亡,后封天妃。"张学礼、王士祯等撰:《清代琉球纪录集辑等十二种(上)》(台北:中华书局,1971年),頁282。不过蔡姑婆属福建

民间信仰，近世琉球并无拜蔡姑婆的习俗。

〔11〕长崎的野母崎半岛在近世亦出现妈祖本土化现象，当地人将妈祖与地方神祇日之山权现混同。长崎乡土史家田边茂啓（1688—1768）在《長崎志》（1760）记曰："火山权现（按：日之山亦名火之山。日之山权现亦称火之山权现）于野母浦火山之上，故得此名。世传崇祀以来已有八百余年矣。中有神像，貌如天妃，甚有神应。"载松浦東溪编：《長崎古今集覽》（長崎：長崎文献社，1976年），頁73。

〔12〕舍人親王編：《日本書紀》，神宮司庁編：《古事類苑・兵事部7》（东京：神宮司庁，1912年），頁318。

〔13〕德川光圀早年排佛，后期转为支持三教一致。他虽然整顿藩内淫祠，却礼待来自中国的禅僧。参徐興慶：《心越禅師と徳川光圀の思想変遷試論》，《日本漢文学研究3》第3期（2008年），頁313—356。

〔14〕译自中山信名：《新編常陸国誌・上》（大阪：積善館，1899年），頁824。

〔15〕矶原天妃神社的沿革，参野口鐵郎、松元浩一：《磯原天妃社の研究》（東京：サン．プランニング，1986年）。《新編常陸国誌》记矶滨天妃神社及矶原天妃神社均建于一六九〇年。有现代学者提出质疑，例如秋月观暎表示，有古文书谓矶原天妃神社建于一六九二年。参秋月観暎：《東日本における天妃信仰の伝播：東北地方に残る道教的信仰の調査報告》，《歴史》第23—24号（1962年），頁19—20。

〔16〕陈智超编纂：《旅日高僧东皋心越诗文集》（北京：中国社会科学出版社，1994年），頁157。

〔17〕赖思妤：《东皋心越诗文中的航海信仰：以天妃信仰和五岳真形图的在日流传为中心》，《中国文哲研究通讯》第26卷第1期（2016年），頁94。

〔18〕收录在《磯原天妃社の研究》，頁44。

〔19〕参宇宿捷：《媽祖の信仰と薩南片浦林家の媽祖に就いて》，《史学》第15卷～第3号（1936年11月），頁77。

〔20〕参《媽祖信仰の研究》，頁52—54、582；《東日本における天妃

信仰の伝播》，頁22。

〔21〕 其实水户藩还有两个与天妃相关之地：小川町及鹿岛。小川町是水户至江户的内河运输重地，鹿岛是近世海运的重要中途站。在小川町天圣寺内，供奉由光圀所赐的天妃木像。鹿岛的下津天妃神社虽以天妃为名，但祭祀丰玉姬，不见天妃。丰玉姬是保佑顺产及航运安全的女神，她与天妃的关系不详。

〔22〕 转译自《媽祖信仰の研究》，頁571。

〔23〕 龙宫为民间流行的海神信仰，民间拜龙宫仙女以祈求水上安全。不少日本人将丰玉姬看作龙宫仙女。中国云南亦有龙宫仙女传说。

〔24〕 茨城県祭行事調査委員会：《茨城県祭り・行事基礎調査一覧》（水戸：茨城県教育委員会，2010年），頁270。

〔25〕 转译自《媽祖信仰の研究》，頁584。

〔26〕 弟橘比卖神社及弟橘媛神社在幕末均颇热闹，信众及访者络绎于途。志士吉田松阴于一八五二年曾到访弟橘媛神社，现今天妃山附近有吉田松阴游历纪念碑。此外，天妃亦被民众视作势至菩萨的垂迹，这从天妃山参道二十三夜塔的碑文可见。参菊地章太：《民間信仰と佛教の融合：東アジアにおける媽祖崇拜の擴大をたどる》，《東アジア仏教学術論集》卷5（2017年1月），頁39。

〔27〕 日向野徳久：《関東の民間信仰》（東京：明玄書房，1973年），頁120。这跟大阪道修町药屋者爱称日本药祖神少彦名命为"神农さん"相似。

〔28〕 德川时代还有一些地方有天妃信仰的遗迹。和歌山城东南有小丘叫天妃山，内有天妃池。十七世纪初天妃山有辩才天社，宽文年间（1161—1673）辩才天社被移至其他神社。似乎天妃与辩才天女可能被当地人混同。九州岛御殿崎稻荷神社安奉从仙台藩请来的天妃板画。该天妃板画在一七九五年由宫崎郡松岛村长清右卫门劝请。

〔29〕 参菅江真澄：《天妃縁起》，收录在太田孝太郎等校：《南部叢書》第9册（盛冈：南部叢書刊行会，1931年），頁629—631。另有一说谓伊东五左卫门在一六九六年从萨南野间岳请来天妃。参下野敏见：《南九州の伝統

文化 2)》(鹿児島：南方新社，2005 年)，頁 344—345；《媽祖信仰の研究》，頁 581—592。

〔30〕 译自岸昌一：《御領分社堂》(南部領宗教関係資料 1)（東京：岩田書院，2001 年），頁 25。

〔31〕 藤田明良：《由古妈祖像看日本的妈祖信仰》，林田富编：《2008 年彰化研究学术研讨会论文集》(彰化：彰化县文化局，2008 年)，頁 29—50。

〔32〕 参高橋誠一：《日本における天妃信仰の展開とその歴史地理学的側面》，《东アジア文化交涉研究》第 2 号（2009 年 3 月），頁 124。

〔33〕 参《媽祖信仰の研究》，頁 461—560。

〔34〕 译自五代秀堯、橘口兼柄编：《三国名勝図会》卷 27《野間岳》(山本盛秀，1905 年)，頁 15。

〔35〕 译自広川獬：《長崎聞見録》(1800)，頁 15。日本国立国会図書館电子版（请求记号：863-205）。

〔36〕 天野信景：《塩尻：随筆》上卷（東京：国学院大学出版部，1908 年)，頁 179。

〔37〕 译自《三国名勝図会》卷 27《野间岳》，頁 26。

〔38〕 译自《三国名勝図会》卷 27《野間山龍泉寺愛染院》，頁 37。

〔39〕 林登名：《莆舆纪胜》卷 6《湄洲屿》，頁 46。下载自超星数字图书馆（分类号：K295.74）。

〔40〕 转载自邱奕松：《妈祖祀在日本之探讨》，《史联杂志》第 10 期（1987 年 8 月)，頁 91—96。

〔41〕 译自《三国名勝図会》卷 27《野间岳》，頁 24。

〔42〕 译自西川如见：《長崎夜話草》之《野麻權現并日御崎觀音之事》(京都：求林堂，1898 年)，頁 4—5。

〔43〕 译自《三国名勝図会》卷 27《野间岳》，頁 27。

〔44〕 译自《本朝故事因縁集》卷 5，京都大学编：《京都大学藏大惣本稀書集成》卷 8（京都：臨川書店，1996 年)，頁 77—78。

〔45〕 金沢兼光：《和漢船用集》卷 2《船玉神并に船菩薩の事》，頁

15—16。早稻田大学図書館电子版（请求记号：ム 08_00467）。

〔46〕 译自《三国名勝図会》卷 27《神渡》，頁 28。

〔47〕 参 Wai-ming Ng, *Imagining China in Tokugawa Japan: Legends, Classics and Historical Terms*(Albany: SUNY Press, 2019), pp. 3-67。

〔48〕《媽祖信仰の研究》，頁 509。

〔49〕 堀田吉雄：《海の神信仰の研究》（松阪：光書房，1979 年），頁 82。

〔50〕 译自小山田与清：《松屋筆記》卷 69，頁 34。江户期写本，日本国立国会図書館电子版（请求记号：丑-60）。

〔51〕 菅野真道編：《続日本紀》，神宮司庁編：《古事類苑・神祇部 1》（東京：神宮司庁，1912 年），頁 77。

〔52〕 参松田敏足編：《年中祭典演義》（福岡：豊田舎，1903 年），頁 68。

〔53〕 参荒井太四郎：《出羽国風土記》卷 5（山形：荒井太四郎，1884 年），頁 10—11。

〔54〕 译自《松屋筆記》卷 69，頁 24—25。此风俗在近世随笔《雨窗閒話》(1851) 亦有记载。

〔55〕 小山田与清：《擁書漫筆》卷 4，頁 3。国文学研究資料館电子版（请求记号：南 15-199）。

〔56〕《大猷院殿御実紀附録》卷 2，收录在経済雑誌社編：《徳川実紀》（東京：経済雑誌社，1904 年），頁 10094。

〔57〕 鵜川斎麁文：《華実年浪草》，神宮司庁編：《古事類苑・歳時部 13》（東京：神宮司庁，1912 年），頁 903。

〔58〕 参《日本近世における古媽祖像と船玉神の信仰》，頁 171—220。

〔59〕 土佐秀信：《仏像図彙：増補諸宗・壱》（東京：森江佐七，1900 年），頁 69。日本国立国会図書館电子版（请求记号：W8-43）。

〔60〕 参藤田明良：《中国の媽祖から日本の船玉明神へ》，《交通史研究》66（2008 年 8 月），頁 63—64。

〔61〕 高瀬重雄編:《日本海地域の歴史と文化》(東京: 文献出版, 1979年), 頁219。

〔62〕 译自喜多村信節:《嬉遊笑覽·上》(東京: 成光館出版部, 1932年), 頁278。

〔63〕 译自《御領分社堂》, 頁25。

〔64〕 参 Fabio Rambelli, "Elements for a Conceptualization for Maritime Religiosity in Japan," in Fabio Rambell, ed., *The Sea and the Sacred in Japan: Aspects of Maritime Religion* (London: Bloomsbury, 2018), p. 198。

〔65〕 長崎史談会編:《長崎名勝図絵》(長崎: 長崎史談会, 1930年), 頁286。

〔66〕 参李露露:《华夏诸神·妈祖卷》(台北: 云龙出版社, 1999年), 頁223—229。

〔67〕 櫻井龙彦:《妈祖文化在日本的展开——其传来与分布以及吸收与利用》, 叶树姗编:《妈祖国际学术研讨会论文集》(台中: 台中市文化局, 2012年), 頁41。

〔68〕 另一近世日本人拜妈祖的例子是关东佐原的荒川水神社, 其天妃宫(亦称船灵天妃神社)成立于德川中期享保年间, 宫内供奉妈祖木像, 相传是渔民在利根川网获。当地百姓每年在四月二十三日举行天妃祭, 禁女性参拜。可惜相关资料匮乏。参 Masanobu Satoh, "Mazu Came to Japan: Tracing the Voyage of Goddess in Edo Era," *Osaka University Research Project of History Education*, Working Paper Series No. 13 (March 2016) : 39-40。

〔69〕 有关徐福及杨贵妃在日本如何产生渡来说及神道化, 参吴伟明:《德川日本的中国想象: 传说、儒典及词汇的在地化诠释》, 頁33—63。

7 石敢当

　　中国的东西传到日本后大多会经历再脉络化的洗礼，成为日本文化的一部分。石敢当是当中一个有意义的研究题材，可借此审视中国文化在日本土化的课题。它在传入日本后呈现与中国迥然不同的发展，在设立动机及外形上的差别尤为明显。本章通过介绍石敢当在近世日本的发展史，探讨中日文化的互动性质及如何在交流中产生有意义的混种文化。

　　世界各地均有灵石崇拜的风俗，中日亦不例外。[1]石敢当崇拜是中国最常见的灵石崇拜形式之一。它本是中国的民间信仰，中国人喜欢在路边或路口建立石碑，上刻"石敢当"或"泰山石敢当"用以辟邪镇魔。"石敢当"一词最早见于西汉文献，但竖立石敢当石碑之风在唐宋以后才流行。相传最早的石敢当石碑出现于七七〇年福建莆田县，现存中国最古老的石敢当建于南宋。明清以后石敢当的风俗与泰山崇拜混合，各地出现大量"泰山石敢当"的石碑。石敢当文化不但在中国普及大江南北，甚至还流传至少数民族及周边地区，如琉球、日本、越南、朝鲜及东南亚。[2]

　　石敢当在中世后期传入琉球与日本，德川时代在各地落地生根,而且与本土风俗及宗教结合。现今学界研究日本的石敢当主要从民族学的角度对琉球、奄美诸岛及九州岛各处进行实地调查,其中以洼德忠及小玉正任的著作为代表。他们对石敢当的数量、分布、年份及形状做出严密的统计,为日本石敢当研究打好基础。本章尝试通过德川文献集中讨论近世日本的石敢当文化,旨在加深了解近世中日文化交流的性质及中国民间信仰的日本化。

近世石敢当的普及

近世日本的石敢当文化深受琉球的影响。石敢当可能早于十四世纪末已随三十六姓闽人渡琉归化时传入,不过至今仍无法从文献或考古上获得佐证。[3]琉球及日本本来有拜灵石的习俗,因此被认为较容易接受性质相近的石敢当文化。[4]民俗学者柳田国男(1875—1962)指出两者关系密切,评曰:"日本固有的石神信仰与支那风俗融合。石敢当的文字是新的,石神信仰却是旧的。"[5]石敢当传入琉球后很快便流行起来。清遣琉球副使周煌(1714—1785)在一七五六年使琉,在其《琉球国志略》(1757)中记述琉球风俗曰:"屋上、门前多安瓦狮;及立片石,刻'石敢当'者。《隋书》谓'门户必安兽头骨角',殆以此欤!"[6]曾于一八〇八年随清使团访琉球的沈复(1763—约1825)在《中山记历》中亦云:"人家门户,多树

7 石敢当

石敢当碣。"[7]可见石敢当在十八世纪的琉球已经相当普及。后来因为战乱及房屋重建的缘故,不少古旧的石敢当已被毁掉。当地现存较古的石敢当大部分设立年份不详。可考的最古老的石敢当在久米岛,建于一七三三年,上面写:"雍正十一年癸丑泰山石敢当八月吉日。"这是琉球唯一使用中国年号的石敢当。非中国朝贡国的日本没有这种石敢当。

琉球的石敢当文化主要源自福建,但传入后迅速与琉球风俗融合,而且融合后发展出自己的特色,跟中国不同之处比比皆是。中国的石敢当多立于门前或分歧口,琉球多立于路的尽头,因为琉球人认为邪魔不懂转弯,容易在死角聚集。[8]中国好用经加工的方形石块,琉球爱用自然石。中国石敢当多有狮头或虎头作装饰,琉球石敢当装饰不多。[9]石狮与石敢当在中国常放在一起,它们在琉球却是分开的。[10]中国在明清以后多用"泰山石敢当",琉球却主要用"石敢当"。[11]琉球石敢当一般较中国细小,平均高度不及人膝。[12]中国人有烧香拜祭石敢当的习俗,琉球人没有将石敢当神格化,亦不流行祭祀。[13]

日本的石敢当文化主要从琉球经鹿儿岛传入,但亦有直接由中国商人带来的。[14]根据俳人加岛英国的《樱翁杂录》,早于一五二五年丰后国已有石敢当。当时大友氏家臣高崎五郎建屋,进士出身的明儒隆子玄教其在新屋东侧竖立石敢当,并亲自给他题"石敢当"三字。[15]在新建的房屋前立石敢当带有风水（家相）镇宅的意味，这点与中国相近。丰后国冈藩儒者唐桥世济（1736—1800）等编的《丰后国志》（1803）宣称丰后国臼杵于一五七五年已有由明朝商人教当地人制造的石敢当。其原文曰：

> 石敢当在臼杵城市，石高八尺余，阔二尺许，厚相均。刻"石敢当"三字，其书笔力雄健，冲融不凡。……盖闻天明三年，明朝商舶来于此，献物义镇。有虎豹、孔雀、鹦鹉、麝香及古书画等，以请互市，许之。盖来舶人使教造之。[16]

相传臼杵竖立石敢当是由居住在唐人町的华人陈文龙提议的。当时中日商人为争权夺利产生诸多纠纷，臼杵地方官吏希望通过建立石敢当令海上贸易得以顺利进行。文龙亲自题"石敢当"三个大字，字迹沉实有力。石碑后来毁于战乱，但拓本犹存。建石敢当以平息纷争在中国绝少出现，似乎石敢当在传入日本后不久已显示其与众不同的功用。

鹿儿岛是近世日本最多石敢当之地。现存日本最古的石敢当在鹿儿岛松山町。石碑上面刻有"□和辰二年三□石敢当□□大进□□"，因年代久远，很多字已不可读，有学者认为是"元和丙辰二年"（1616）。[17]根据德川后期本草学者佐藤成裕（1762—1848）在《中陵漫录》（1826）中的记载，萨

7 石敢当

摩藩在征服琉球后迫其朝贡,琉球人遂在萨摩设馆,石敢当因此传入鹿儿岛。琉球馆设立在萨摩藩中部的长田町,琉球馆左侧有高三尺五寸的石敢当,为鹿儿岛最大的石敢当。[18]成裕写道:

> 萨州一带多石敢当。昔琉球人借地立馆于萨州城下,其馆西南有桥曰京桥,桥石垣之中有高五六石切入,上刻"石敢当"三字。问其原因,答曰:"集众人之气处必有妖怪,立此石便不逢其害。"故立于各方之街以辟妖,连僻邑亦立之。[19]

鹿儿岛的石敢当文化由士族开始传播,萨摩藩士族在其居所竖立石敢当。连萨摩藩藩主的居所鹤丸城亦有石敢当。文中虽说"连僻邑亦立之",但根据日本学者的实地调查,石敢当主要建于城下町的武家屋敷,早期并未渗透到农村及平民家中。[20]

十八及十九世纪是日本竖立石敢当的全盛期,而且不再局限萨摩(鹿儿岛)、奄美大岛、宫崎及大分,连关东、东北、近畿、中部、"中国地方"都遍地开花。[21]跟关帝信仰不同,德川时代在日本各地建立石敢当的主力并非中国人、华侨或琉球人,而是日本人。建石敢当多属私人性质,缺乏中央及地方政府的赞助。汉诗书法家兼儒者大洼诗佛(1767—1837)是个例子,他曾参考中世佛教最高学府足利学校的藏书,在其弟子黑泽桑弧位于长野南佐久郡八千穗村崎田的家邸为新立的石敢当用隶书题字。诗佛曾在秋田藩藩校任教,对推动当地建设石敢当有其贡献。儒者龟田鹏斋在一八一七年分别在关东及长野为石敢当用楷书题字。两石敢当的设计基本相同,但前者略细。

跟中国相似,辟邪镇魔是日本人立石敢当的最主要动机。[22]正如建于唐朝福建莆田的石敢当(770)上刻有"石敢当,镇百鬼,压灾殃,官吏福,百姓康,风教盛,礼乐昌"[23]。不过值得注意的是,日本的石敢当还有很多与中国不同的功能。除前述的平息纠纷外,石敢当在近世日本还有以下的独特作用:

第一,作为道标为旅客指示方向。近江膳所藩高岛玉泉寺在一八四二年竖立石敢当以作道标,四角柱形石上用隶书刻"石敢当",其右侧刻"すく北国海道"(离北国海道不远)、左侧刻"すく京大津道"(离京大津道不远),背面刻"天保十三年壬寅春正月安原氏建之",表示膳所藩代官安原氏所建。[24]这是少数由地方官吏赞助的石敢当。这种石敢当道标在中国相当罕见,一再显示日本人兴建石敢当的动机比中国复杂及多元化。[25]鹿儿岛日置的石敢当建于一七七四年,高一百六十四厘米,为日本第二大的石敢当。正面上部刻"石敢当",下部刻"右ゆのもととをり"(大意是"右为汤之元道路"),可见有道标的功能。

7 石敢当

鹿儿岛日置的石敢当,具有道标的功能

第二,纪念先人。宫崎虾野的石敢当由"孝弟子十六人"于一六八九年七月十五日盂兰盆节过后竖立,主要是众弟子用作纪念其法师保寿院大法师盛意。石碑有梵字,并有汉文记"元禄二年天己巳""奉造立大法师盛意",佛教味浓厚,为日本现存第二古老石敢当。这种为纪念先人而建的石敢当在中国不多,可见日本人建石敢当的动机跟中国不尽相同。[26]

第三,保佑全村的安全。青森平川平贺町广船村在幕末建造正三角柱形石敢当,由广船村富农外川家八代目外川庸孝所立,祈求村庄的安稳,正面是"石敢当",侧面是"外川庸孝",可见亦有为己立名的用意。此外,十九世纪村落立石敢当以防水灾及天花的例子亦不少。德川后期秋田藩多疫症及水火之灾,其中以一八三三年的天保大饥馑最为严重,家臣纷纷在武家屋敷竖立石敢当以求消灾解难。[27]秋田成为本州岛最多石敢当之地。

第四,防盗。德川后期京都竹田街道夜间多强盗出没。木绵问屋主人藤原源作(1810—1900)在一八五四年于劝进桥建大型(高三米)石灯笼作常夜灯,请儒者贯名海屋(1778—1863)写"石敢当",刻于石柱上,以增加防盗气势。[28]

第五,祈求商业繁盛。一八一七年冬至日加须町(今埼玉县)六斋市木绵青缟(按:缟为未经染色的绢)及酒商人置石敢当于加须市场,视它为市场之神。儒者龟田鹏斋为石敢当题字,刻上"文化十四年丁丑十一月长至日鹏斋陈人兴书"。[29]该石敢当高1.35米,上有龙云浮雕,刻和歌一首:"惠梨そめぬ石能军の君可代裳八千代の数の里农万母里迹。"(大意是"如石一般坚强的石敢当,八千世代一直保佑此地"。)儒者为石敢当撰和歌十分有意思,充分反映中日文化的互动与融合。

第六,介绍地方特色。东北地区出羽国大山町有武者修行传说。近世其地界出现一石敢当,年份及建立者不明。石敢当下半埋土中,其正面刻"石敢当",下面刻武者像。它不但作地标,亦同时介绍该地的武者修行。[30]

7 石敢当

加须町石敢当,商人视其为市场之神

石敢当在日本有不同异称,包括"石敢堂""石敢东""石当散""石散堂""石散当""石严当""石垣当""石神当""敢当石""散当石""山石敢当""石将军敢当""石将军""泰山石敢当"等。石敢当在中国亦有"石将军"及"泰山石敢当"的称呼,反映中国泰山信仰的影响。琉球的"山石敢当"本应是"泰山石敢当",估计是琉球王尚泰(1843—1901)在位时因避讳而删去"泰"。日本的异称多出于同音字的误写。[31]《中陵漫录》曰:"琉球人习唐土,萨州之儒邑见之,误作石散当、石当常或石载堂者有之。"[32]至于如何书写则有地域之别。萨摩的石敢当,约三分之一写作"石散当"。[33]宫崎县亦多"石散当"。[34]萨摩半岛南端山川港有石散塔,内刻"石敬当"。与那国岛多作"石严当",岛人还创作出新的民间故事,谓昔日岛中有马面人从大石中爆出,此人赴中国学武,获中国皇帝赐名"石严当",岛人遂立"石严当"石碑加以纪念。[35]

从德川文献看石敢当的地域分布

石敢当并非近世日本人的热门话题,只散见于一些游记及随笔。根据陈艳红的统计,提及石敢当的德川文献共有八种:《西游记》(1795—1798)、《笈埃随笔》、《集古十种》(1800)、《桂林漫录》(1800)、《枫轩偶记》(1807)、《中陵漫录》、《松屋丛话》及《好古日录》。[36]其实记述有石敢当的德川文献不止八种,例如伊藤东涯的《盖簪录》、冈本况斋(1797—1878)的《况斋随笔》、唐桥世济编的《丰后国志》、松平定信编的《集古十种》、市河米庵(1779—1858)的《米庵墨谈》(1812)、安积艮斋(1781—1860)的《南柯余编》及加岛英国的《樱翁杂录》均提及石敢当。[37]以地域而言,以萨州、肥后(今熊本县)及丰后的记载最多,它们正是近世日本建立石敢当最多之地。近世文献论石敢当主要可分四大类:

第一,萨州石敢当。橘南豁(1753—1805)在《东西游

7 石敢当

记·西游记》中记述其在鹿儿岛所见的石敢当:"萨州鹿儿岛城下町之行当或十字街必有高三四尺之石碑,雕附石敢当之文字。问当地人,谓古昔已有,唯不知其义。"[38]橘南谿解释是因为"萨州在日本之极西南,近唐土,自古船舶自由往来,传来彼地之事"[39]。他又引元末陶宗仪的《南村辍耕录》解释其性质:"今人家正门适当巷陌桥道之冲,则立一小石将军,或植一石小碑,镌其上曰石敢当。"[40]百井塘雨的《笈埃随笔》引用《西游记》有关石敢当的文字,不过他错误地认为"萨州之外,他邦未见"[41]。他亦不接受《西游记》所记有关京都高辻天满宫社前曾有石敢当的传言。

第二,肥后国石敢当。藤贞干在《好古日录》记曰:"肥后国所立石敢当,其字大尺余,其书奇古,不知何人何年立。"[42]松平定信编的《集古十种》附石敢当的拓本,题曰:"肥后国石敢当碑,高三尺八寸四分,幅一尺三寸一分。"[43]两者所记是否为同一石敢当仍有待考证。

第三,丰后国石敢当。根据《樱翁杂录》及《丰后国志》的记载,丰后国早在十六世纪已有两地曾竖立石敢当。两者似乎在德川时代已被毁。同时代在臼杵及冈城均有人建石敢当石碑。市河米庵在《米庵墨谈》中记述其在冈城所见石敢当:"丰后冈城下有一高五尺、幅二尺余之石碑。碑面刻石敢当三大字。余得塌本,文字虽有剥脱,字体甚古雅,非近时之物。"[44]

第四,兼论肥后国及萨州石敢当。桂川中良(1756—

187

1810）在《桂林漫录》中引用藤贞干的《好古日录》，谓："肥后国有石敢当石碑，其字奇古，从碑文不知何人何时竖立。"[45]此外，肥后国亦有在木版上墨写的石敢当。他表示其实萨摩亦有很多石敢当，多立于死巷，当地人不知其义。他引明代杨信民（1390—1450）的《姓源珠玑》，说明石敢当本是五代勇士，因护帝牺牲而被后人祭祀："石敢当生平逢凶化吉，御侮防危。后人故凡桥路冲要之处，必以石刻其形。书其姓字，以捍民居。"[46]小山田与清在《松屋丛话》引《集古十种》《笈埃随笔》及《西游记》谓萨摩及肥后国均有石敢当。小宫山枫轩（1764—1840）的《枫轩偶记》引《西游记》《好古日录》及《中陵漫录》说明萨摩及肥后均有石敢当："萨摩有石敢当，见《西游记》。肥后亦有之，见《好古小录》。佐藤成裕曰：'萨摩之有石敢当，以琉球人在其馆京桥所立为始。'"[47]

从以上的随笔及游记得知，石敢当在德川时期以九州岛为中心，在日本各地不断普及。大部分的建立经纬不明，最早设立石敢当石碑的多涉琉球人或中国人，但随后的建立者基本上是日本人。

石敢当与儒道神佛的结合

日本的本土思想及宗教对外地输入的石敢当信仰不但不

排斥，反而将它纳入各自的体系。对中国文化推崇的汉学家及儒者乐见汉风文化，不少人会为石敢当题字，对推动石敢当贡献甚大。[48]儒者贯名海屋在一八五四年为京都劝进桥附近的石灯笼柱上题"石敢当"三字，柱边另有细字"安政元年建立"。将石敢当刻在石灯笼柱上在日本亦属罕见，在中国更是闻所未闻。史学家赖山阳可谓是近世参与石敢当文化的日本人中名气最大的。[49]他在广岛藩父母家书斋前竖立石敢当。四国东予市亦有他书丹（按：用毛笔蘸朱砂在碑石上书写）的石敢当。丹波国筱山藩（今兵库县筱山市）十代藩主青山忠高（1734—1816）在一七六七年建藩校振德堂向藩士及平民教授汉学，一七八三年置石敢当于校门前鬼门之位作辟邪之用，"石敢当"三字用篆书体。

立灵石以除魔辟邪、消灾解难的想法受道教的影响。这种神石信仰在日本混进神道、阴阳道、修验道。石敢当主要设于丁字路或三岔路作除魔辟邪之用。除避凶外，日本人亦在曾发生灾患之地立石敢当，例如一八六二年四国德岛加茂有疫症及水灾，当地人归咎于鬼门关开启，于是在三贺茂竖立大型石敢当（1.8米高，为近世最高）以祈求消灾解难。"石敢当"三大字的两旁刻有小字"文久二戌年世话人当东原、三月吉日三贺茂村"。

石敢当信仰在日本与神道及民间习俗结合。日本人对石头有宗教性想象。[50]不论神道、佛教及民间信仰都有灵石信仰。《古事记》记石头有辟邪驱鬼的作用，神道及阴阳道自古均有拜灵石及"泰山府君"的习俗。[51]日本民间信仰亦拜路傍神（如道祖神、塞神、幸神），其性质与石敢当相近，因此要神社接纳石敢当并不困难。一些神社内可以找到石敢当。长州藩在天明年间（1781—1789）有刻"石敢当"的石灯笼设立在肥中街道的安部桥作除魔之用。"石敢当"三字用隶书写成，背刻"长夜灯"。近代它被移至附近的山口大神宫高岭稻荷神社前。[52]

关西一些神社内有石敢当。大阪住吉大社鸟居右侧有石敢当石柱，建于江户中后期。[53]"石敢当"三字刻在两平面夹角处，形成独特的三维度石敢当。碑背有文字表明该石敢当由天满的满愿堂奉献，相信是以还愿或宣传为目的的。大阪御津八幡宫鸟居左侧有石敢当，"石敢当"大字之下有小字"梅石书"，是画家镰田梅石（1875—？）所书。此石敢当本来立在木村家经营的旅馆前作除魔之用，后来因旅馆重建而面临报销，幸得邻近的御津八幡宫接收。橘南谿的《西游记》谓京都高辻天满宫前曾有石敢当，曰："有人谓昔日京都高辻天满宫社前曾有石敢当，今不复见。"[54]

秋田于近世多石敢当，不少写作"散当石"或"敢当石"。秋田总社神社前有刻"散当石"的石敢当石碑。龙神社鸟居左前方有刻"敢当"的石敢当石碑，应是从别处移来。[55]秋田出身的国学家平田笃胤的逝世之地后面有石敢当。此地

7 石敢当

大阪住吉大社的三维度石敢当
（作者拍摄）

大阪御津八幡宫的石敢当
（作者拍摄）

本是笃胤的屋敷，不知何人及何时置石敢当。

萨摩藩的石敢当数量最多，部分与神道有关。日置郡有一石柱上左刻"石敢当"，右刻"猿田彦命"，反映神道、道教庚申信仰及石敢当的融合。[56]鹿儿岛出水诹访神社在入口旁有刻"石散当"的石敢当石碑。出水在近世多武家屋敷，诹访神社正位于武家屋敷群之内。武家屋敷群内有多个（现存五个）石敢当，诹访神社的"石散当"是其中之一，其建立应受萨摩武家文化的影响。

佛寺内竖立石敢当的例子亦不少，其中以黄檗宗最多，这可能跟泉州的文化背景有关。泉州多石敢当，日本黄檗宗的成立跟泉州关系密切。[57]弘前藩医官三上隆圭一八二三年在青森弘前建石敢当，亲自用隶书题字，传闻他在江户看见石敢当后加以仿效。此石敢当在德川后期移至黄檗宗慈云院，明治初年再移至黄檗宗药师寺。

关东加须临济宗龙兴寺僧侣一七七一年在寺前石桥左侧设置角形石敢当作辟邪之用，其正面刻"石散当"，只有"石散"露出地面，"当"埋在土中。其右侧刻"明和八年卯晚春日，石桥施主回心"。德岛藩小松岛由福建渡来人建立的黄檗宗成愿寺入口处有"石将军敢当"大石柱，其隶书出自换水和尚（亦称闲闲子，1752—1827）的手笔。萨摩藩高尾野町有一尊刻有"石敢"的仁王石像。[58]仁王又名金刚力士，是佛寺守护门神，雄壮威武，因此被配对中国传说的力士石敢当。

此外，受佛教及修验道的影响，琉球及鹿儿岛出现梵文及九字文的石敢当。[59]琉球及鹿儿岛的九字文石敢当写有"临兵斗者，皆列阵在前"，这应是误抄《抱朴子》的"临兵斗者皆数组前行"。使用梵文及九字文者多是僧侣或修验者。九州岛有不少跟修验道相关的石敢当，包括鹿儿岛的"心石敢当""金神、水神、石敢当"及长崎的"水神宫、石敢当"。[60]金神及水神是中国阴阳五行进入日本后兴起的民间信仰。[61]

7 石敢当

本章结语

本章以德川文献为基础，从中日文化交流史的角度，探讨石敢当文化如何在近世日本普及与经历本土化。石敢当在近世日本落地生根，遍地开花，成为中国域外石敢当文化的重要据点之一。虽然石敢当是源自中国的文化，但其在日本的发展与中国不同。近世日本的石敢当信仰有以下特色：

第一，日本成为中国以外石敢当最普及的地方之一。石敢当的流行反映近世中日文化交流的频繁。石敢当在日本的传播以鹿儿岛、宫崎及大分为中心，遍及日本各地。当中有的直接从中国传来，亦有间接经琉球、奄美大岛上陆。普及程度因地而异，其中以鹿儿岛的数量最多。

第二，与地方风俗与宗教混同。石敢当在中国是跟道教及佛教均有互动的民间信仰，道教的泰山信仰跟石敢当融合；佛教的"南无阿弥陀佛"及梵文出现在一些石敢当石碑上。石敢当在近世日本被神、佛、儒、阴阳道及修验道等不同宗教吸纳，被编入日本的石神、石佛系统。除路旁外，不少神社及佛寺亦有石敢当。儒者及僧侣对于推广石敢当扮演着重要角色。跟同是灵石信仰的道祖神相比，石敢当并没有与日本的神道及佛教的神祇混同。[62]

第三，功能多元化。中国石敢当是辟邪消灾的民间信仰，多立于岔路口、桥头及宅前。石敢当在近世日本的功能及目的似乎比中国更广泛及多元。除辟邪消灾外，它在日本还存在纪念先人、为受灾地祈福、祈求商业繁盛、防止疫症、平息纠纷、防止盗贼、装饰石灯及作路标的不同功能。

第四，对德川文化影响有限。石敢当只是德川文人雅士茶余饭后的话题，部分人会为石敢当题字，有好书法及古物者做拓本。整体而言，它对文化界影响并不算大。石敢当在中国产生皮影戏、歌谣、画像及雕刻，可是它在德川日本并没有刺激文艺创作，在舞台艺术及书画领域均不见其影响。

第五，设计不同。日本的石敢当自成一格，其格式、形状、称呼、尺寸、图案均与中国的不大相同，例如三角方柱形、三维度、石灯笼形均是中国所无。其实日本各地的石敢当亦存在明显差异。这跟石敢当的传入途径及当地的风土人情相关。

从以上分析可见近世日本人已将石敢当融入自身的文化体系。石敢当在近世间接经琉球或直接从福建传入日本后，经历本土化的洗礼，在形式、功能及宗教意义上均出现与中国石敢当迥然不同的发展与特色。这种将中国文化本土化的现象反映中日文化交流的性质从来不是单向的传播中国文化，而是以日本为主体将中国文化再脉络化，据为己用。正如淮橘为枳，近世日本的石敢当的建立者绝大部分是日本人，而非中国人或琉球人。它在中日文化交流史上的主要作用并非提倡中国的风土人情，而是用作强化日本的民间风俗及本土宗教。

7　石敢当

注　释

〔1〕 Peter Metevelis, *Mythical Stone: Volume 1 of Mythological Essays* (Lincoln: Writers Club Press, 2002) .

〔2〕 有关石敢当在中国少数民族及周边地区的情况，参陈耀郎：《澎湖石敢当信仰之调查研究》（2011年淡江大学历史学系硕士论文）；雷晓臻：《汉族石敢当在仫佬族中的演变》，《广西民族学院学报》第27卷第1期（2005年1月），页102—105；叶涛：《泰山石敢当》（杭州：浙江人民出版社，2007年），第2章；阮黄燕：《简论越南石敢当信仰》，《泰山学院学报》第37卷第5期（2015年9月），页21—24。在汉字文化圈中，以越南最早引进石敢当，早于一四二七年已存在。石敢当约在十六世纪传入琉球及日本。东南亚各地在十八世纪亦出现石敢当。参张博主编：《中国风水宝典》（延边：延边人民出版社，2000年），第5章。韩国首尔有泰山石敢当。此外，中国大陆及台湾有石将军信仰。石将军与石敢当的关系不明。有谓石将军是石敢当的别称之一；更多认为两者是性质相近，但形式及来源不同的东西。

〔3〕 中本弘芳：《伊是名村誌》（国頭郡：伊是名村，1966年），頁225。

〔4〕 参平敷令治：《沖縄の祭祀と信仰》（東京：第一書房，1990年），頁253—254。灵石崇拜是琉球的民间信仰，属琉球神道的系统，其历史比石敢当更长，有助于当地人接受石敢当。琉球多处有无字灵石，即使石敢当传入后此风仍存。参周星：《中国和日本的石敢当》，《民族学研究所资料汇编》第8期（1993年11月），页101—104。日本的神道及佛教系统均有灵石信仰。参大護八郎：《石神信仰》（東京：木耳社，1977年）；Allan G. Grapard, *The Protocol of the Gods: A Study of the Kasuga Cult in Japanese History* (Berkeley and Los Angeles: University of California Press, 1992) , pp. 187-189；清水俊明：《石仏：庶民信仰のこころ》（東京：講談社，1979年）。

〔5〕 译自柳田国男：《海南小記》，《柳田国男全集1》（東京：筑摩書

房,1989年),頁261。他指出在石敢当未出现前,石垣岛及西表岛已有很多无字石。

〔6〕 周煌:《琉球国志略》(台北:大通书局,1984年),《台湾文献史料丛刊》第3辑,第293种,页288。

〔7〕 沈复:《浮生六记》,宋凝编注:《闲书四种》(武汉:湖北辞书出版社,1995年),页274。

〔8〕 Hiroshi Kakazu, *Island Sustainability: Challenges and Opportunities for Okinawa and Other Pacific Islands in a Globalized World* (Bloomington: Trafford Publishing, 2008) , p. 233.

〔9〕 須藤利一:《南島覚書》(東京:東都書籍,1944年),頁138。

〔10〕 周星:《中国と日本の石敢當》,《比較民俗研究》第7号(1993年3月),頁13—14;下野敏見:《中国の石敢當とヤマト・琉球の石敢當》,《ヤマト・琉球民俗の比較研究》(東京:法政大学出版局,1989年),頁487—520。有关琉球石狮子的渊源及称呼至今仍无定案,有学者认为石狮来自泉州。参庄伯和:《中国风狮爷研究:兼论中琉狮子之比较》,《台湾历史博物馆馆刊:历史文物》第2卷第8期(1989年),页12—25。亦有意见认为琉球石狮其实是日本神社佛阁一直沿用的狮子及狛犬。参堀幸夫:《沖縄のシーサーと狛犬》,《地中海歷史風土研究誌》第27号(2008年),頁38—45。

〔11〕 以那霸首里为例,基本上用"石敢当",只有数例用"石严当"。"泰山石敢当"仅有一例而已。参上江洲均、宫城篤正:《首里の石敢當》,《沖繩県立博物館紀要》第1号(1976年),頁2。周星指出中国石敢当有两大系统:来自福建的南方系统用"石敢当";来自山东的北方系统用"泰山石敢当"。参《中国と日本の石敢當》,頁7。琉球的石敢当文化主要来自南方系统。

〔12〕 窪德忠著、李杰玲译:《石敢当:日本对中国习俗的接受(之三)》,《民间文化论坛》第3期(2012年),页44;吉岡英二:《石敢當の高さとその地域比較》,《神戸山手大学人文学部紀要》第7号(2005年12月),頁64。

〔13〕 山里純一:《石敢當覚書》,《日本東洋文化論集》第9号(2003年3月),頁49。例外是冲绳久米岛岛民经过石敢当前会合掌致敬,奄美大

岛部分地域的岛民会用食物供奉。参李大川:《日本的石敢当信仰及其研究》,《民俗研究》第21期(1992年),页86。

〔14〕 松田诚甚至认为石敢当在南九州的流传,跟倭寇活动相关。参松田誠:《石敢當の現況》([鹿児島県]加治木町:松田誠,1983年)。

〔15〕 参《中国と日本の石敢當》,頁13。

〔16〕 参唐橋世済編:《豊後国志》(東京:二豊文献刊行会,1931年),頁131。一五七五年的石敢当早已消失,臼杵现存的石敢当是在一八七七年重造的。臼杵在战国时期曾出现中国人聚居的唐人町,估计石敢当文化由中国人带来。参後藤重巳:《臼杵唐人町と石敢當》,丸山雍成編:《前近代における南西諸島と九州》(東京:多賀出版,1996年),頁344—346。

〔17〕 小玉正任:《民俗信仰日本の石敢當》(東京:慶友社,2005年),頁146。

〔18〕 鹿児島市編:《武の国鹿児島》(鹿児島市,1944年),頁42—43。

〔19〕 译自佐藤成裕:《中陵漫録》,收录在日本随筆大成編輯部編:《日本随筆大成》第3期(東京:吉川弘文館,1976年),頁269。

〔20〕 《ヤマト・琉球民俗の比較研究》,頁506。

〔21〕 有关石敢当在日本全面的分布,参Seiichi Takahashi, " Ishiganto (Talismanic Stone) and Cultural Interaction," *A Selection of Essays on Oriental Studies of ICIS* (March 2011), pp.103-122。作为近世中日贸易重镇的长崎至今却只发现两块石敢当,分别坐落于福济寺大观门及谏早市八坂町。唐人屋敷之内连一尊都没有。学界对此仍未能做合理解释。

〔22〕 松田诚指出,即使辟邪镇魔亦有微妙差别。南九州以辟邪为主,南九州以北以"除灾招福"为目的。参《中国和日本的石敢当》,页98。

〔23〕 王象之:《兴化军碑记》,《舆地碑记目》卷四,收录在俞樾:《茶香室续钞》卷19(台北:新兴书局,1978年),頁3650。

〔24〕 安曇川町史編集委員会編:《安曇川町史》(安曇川町:安曇川町役場,1984年),頁370。

〔25〕 其实中国的部分石敢当被兼作路标,但不及日本表明方向及地名

的路标石敢当般明确。

〔26〕 参高畑常信:《石敢當の歴史(二)徳島県・香川県の石敢當》,《徳島文理大学研究紀要》第89号(2015年3月),頁1—2。唐宋时福建已有人建石敢当纪念已逝亲人,例如南宋福建有佛教徒立石敢当向逝世父母祈福,石上有文字:"奉佛弟子林进,……命工御石路一条,求资考妣生天畀。"不过此做法并不常见。参高畑常信:《石敢當の歴史起源と変遷》,《徳島文理大学研究紀要》第87号(2014年3月),頁2—3。

〔27〕 小玉正任相信藩内武家受大洼诗佛的影响而设置石敢当。参《民俗信仰:日本の石敢當》第1章,第3节。

〔28〕 佐和隆研、奈良本辰也、吉田光邦编:《京都大事典》(京都:淡交社,1984年),頁547。

〔29〕《中国と日本の石敢當》,頁12。竖立石敢当以冬至日为佳的想法来自中国,《玉匣记》(东晋道士许真君撰)对此亦有记载。此书介绍建立石敢当的方法,它在近世传入琉球及日本,成为日本人建石敢当的重要参考书。参沖繩県今帰仁村教育委員会:《今帰仁村の〈イシガントー〉》,《今帰仁村文化財調査報告書》第4集(1981年3月),頁6—7。该石敢当于一九五四年移至加须千方神社内。

〔30〕 国分刚二:《山形県大山町の石敢當》,《史学》第9卷第2号(1930年6月),頁138。

〔31〕 误写非日本独有,例如中国河南省郑州有"右敢当"及"右致富";越南有"石不敢当"。

〔32〕 译自《中陵漫録》,頁269。

〔33〕《中国と日本の石敢當》,頁14。

〔34〕 琉球亦有"石散当"。九州可能受琉球影响。

〔35〕《中国と日本の石敢當》,頁12。

〔36〕 陈艳红:《"民俗台湾"と日本人》(台北:致良出版社,2006年),頁106。

〔37〕 冈本况斋的《况斋随笔》列举中日有关石敢当的文字,所引中国

7 石敢当

文献多有关五代勇士石敢当的故事。其日本文献则主要来自随笔及游记。这些德川文献所记皆简略，内容颇多重复及互相引用。

〔38〕 译自橘南谿：《東西遊記》（仙台：有朋堂，1913年），页218。

〔39〕 译自同上书，页219。

〔40〕 陶宗仪：《南村辍耕录》卷17（沈阳：辽宁教育出版社，1998年），页202。

〔41〕 译自百井塘雨：《笈埃随筆》，收录在日本随筆大成編輯部編：《日本随筆大成》第2期第12卷（東京：吉川弘文館，1974年），页105。

〔42〕 译自藤贞幹：《好古日錄》，收录在日本随筆大成編輯部編：《日本随筆大成》第1期（東京：吉川弘文館，1928年），页518。

〔43〕 松平定信：《集古十種・碑銘之部下》卷6（東京：郁文社，1903年），页10。

〔44〕 译自市河米菴：《米菴墨談続編》卷3，页89。慶應義塾大学図書館电子版（请求记号：215-712-2）。

〔45〕 译自桂川中良：《桂林漫錄》，收录在日本随筆大成編輯部編：《日本随筆大成》第1期第2卷（東京：吉川弘文館，1975年），页286。

〔46〕 同上。

〔47〕 译自小宫山枫轩：《楓軒偶記》，收录在国书刊行会编：《百家随筆2》（東京：国书刊行会，1918年），页185。其实藤贞干在《好古小录》（1795）并无提及石敢当，应是《好古日錄》之误。

〔48〕 下野敏见的研究显示，日本石敢当的传播者非一般百姓，而是懂汉文的学者、官吏、僧侣、医师及武士。参下野敏见：《ヤマト・琉球民俗の比較研究》，第4章。

〔49〕《石敢当：日本对中国习俗的接受（之三）》，《民间文化论坛》第3期（2012年），页38。

〔50〕 Peter Metevelis, "Stone and Immortality in Japan" and "Stone Worship," in Peter Metevelis, *Japanese Mythology and the Primeval World* (New York: iUniverse, Inc., 2009), pp. 1-124, 191-204.

〔51〕 有关日本本土的灵石崇拜，参李杰玲：《论日本对中国石敢当信仰的接受》，《华夏文化论坛》(2013年第1期)，页334—336。泰山府君为泰山之神，传入日本后被纳入日本朝廷的阴阳道系统，自十一世纪以来朝廷多次举行泰山府君祭。明清时期石敢当与泰山信仰结合，出现大量"泰山石敢当"。近世日本的"泰山石敢当"却不多。京都天台宗赤山禅院及奈良元兴寺与白毫寺均有拜祭泰山府君，但均无石敢当。可见日本泰山信仰与石敢当的关系远不如中国的密切。

〔52〕 伊藤幸司：《山口大神宮の石敢當》，山口県立大学国際文化学部編：《大学的やまぐちガイド"歴史と文化"の新視点》(東京：昭和堂，2011年)，第7章，頁90—92。

〔53〕 小玉正任：《石敢當攷》，《北の丸》第33号 (2000年)，頁54—71。

〔54〕 《東西遊記》，頁219。

〔55〕 秋田市編：《秋田市史第16巻・民俗編》(秋田市，1996年)，頁565。

〔56〕 《中国と日本の石敢當》，頁15。在道教庚申信仰的影响下，近世日本各地出现庚申供养塔。有神道家以庚申的本尊为猿田彦命。部分日本的庚申供养塔上刻"猿田彦命"。参窪德忠：《庚申信仰の研究：日中宗教文化交渉史》(東京：日本学術振興会，1961年)。

〔57〕 例如日本黄檗宗第二代祖师木庵性瑫是来自泉州的禅师。一六二八年泉州僧人觉海建长崎唐三寺之一的福济寺（泉州寺），该寺一直任用泉州僧人。石敢当在泉州十分普及。泉州禅师对石敢当并不抗拒。

〔58〕 《中国和日本的石敢当》，页100。

〔59〕 下野敏見：《中国石敢当与日本琉球石敢当的比较研究》，《福建学刊》1991年第1期，页76。"临兵斗者皆阵列前行"这九字真言在中国为道教及佛教密宗所用，在日本成为修验道除魔时常用的护身咒文。在琉球及奄美大島有不少九字文碑。参下野敏見：《南九州の伝統文化2》，頁223。至于梵文石敢当，中国亦有，多立于佛寺内。花田洁指出石敢当在南九州与修验道结合，出现以九字文或梵文取代"石敢当"的石碑。参花田潔：《石敢當

の梵字の解釈》,《鹿児島民俗》第80号(1984年7月),頁15—17。

〔60〕 参《中国和日本的石敢当》,页100。

〔61〕《日本书纪》含阴阳五行思想,日本诸神中有阴神、阳神、金神、木神、水神、火神及土神。

〔62〕 道祖神是日本农村的守护神,其形成受中国行神信仰的影响。道祖神是日本石神信仰的一部分,亦同时跟其他石神如塞神、青面金刚及地藏菩萨等出现混同的情况。

8 钟馗

钟馗是中国的民间信仰人物,集杀鬼、辟邪及治病的功能于一身。道教封他为"驱魔帝君"。宋代以后他与关圣帝君、真武帝君合称"三伏魔帝君"。最早记载钟馗的文献是晋代道家文献《太上洞渊神咒经》。钟馗虽托称唐朝进士,但其事迹不见于史籍,不能确定历史上是否真有其人。唐代以来民间流传不同版本的钟馗传说。唐朝中后期朝廷于新春送钟馗轴给朝臣。唐末在除夕驱傩仪(按:中国古代流传下来的驱邪逐疫、纳福求子的仪式)上已见钟馗。北宋沈括(1031—1095)的《梦溪笔谈·补笔谈》记述初唐因科举落第而自杀的钟馗显灵,给唐玄宗驱赶小鬼及治病的故事。宋以降人们在春节贴钟馗门神,在除夕及端午节则挂钟馗画以辟邪。以钟馗为主题的画像在宋元明清开始出现,钟馗还成为通俗小说及戏曲中的角色。钟馗常见的形象是身穿蓝长袍,头戴乌纱帽,手持长剑及脚踏恶鬼。

钟馗在中国虽然是十分流行的民间信仰,但跟关帝及妈祖不同,钟馗在越南、朝鲜及琉球均不见其影响。[1]日本是中国域外唯一接受钟馗信仰之地。日本人尊称钟馗为钟馗样、钟馗大臣及钟馗大明神,亦有钟鬼及正鬼的别称。单看这些日式称呼已得知钟馗变得日本化。钟馗在德川日本融入本土宗教与文化而大放异彩。中国的钟馗研究在史学、人类学、宗教研究、艺术及文学方面都取得丰硕的成果,但日本的钟馗研究仍处起步阶段,相关著述相当匮乏。[2]本章所做的研究是首个探讨德川钟馗文化的研究,旨在以德川文献为基础,探讨钟馗信仰如何在德川日本与本土文化融合,形成了富有日本特色的钟馗文化。

德川以前的钟馗信仰

相传最早将钟馗介绍到日本的是遣唐使吉备真备,但此说缺乏文献佐证,不太可靠。[3]平安时代朝廷阴阳寮举行傩仪,但不见钟馗的身影。[4]平安末编的史书《大镜》谓平安朝廷清凉殿鬼间有挂钟馗绘,但无法从其他文献加以确认。[5]从文献考察的角度而言,钟馗最早出现在十二世纪镰仓时期《益田家本地狱草纸》的《辟邪绘》,内藏钟馗捉鬼图,并附赞文曰:"瞻部洲(按:佛家语,泛指地球)之间有人名钟馗者,捉各种疫鬼,挖眼撕体而弃之。人们于新岁贴其像于宅以镇灾。"[6]钟馗的样子、笠帽、胡须及黑袍均与中国宋以降流行的钟馗形象不同。[7]此《地狱草纸》是宣传佛教的刊物,可见钟馗在日本的早期传播跟佛教关系密切。

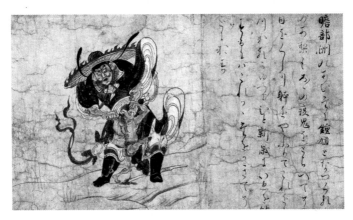

《辟邪绘·钟馗》

平安时期的朝廷祭祀中没有钟馗,但他作为驱鬼大神的形象可能已在民间出现。[8]钟馗在室町时代成为民间信仰,被看作辟邪及招福的神。当时人们以钟馗为疱疮神,挂其图像以求医治及预防天花。京都人还购置钟馗陶像以辟邪。钟馗在中世亦是福神之一。室町后期画僧秋月等观的福神绘中有钟馗,其构图是钟馗与大黑天、福禄寿及布袋和尚四福神共乘一小舟,这可谓是七福神乘宝船的原型。[9]

平安时期出现牛头天王与钟馗混同的情况。[10]牛头天王是日本人创造的神祇,其名不见于中国或印度的文献。它托称是来自佛祖诞生地祇园精舍的守护神。平安阴阳师安倍晴明的《簠簋内传》记牛头天王本名商贵,后下凡成牛头天王,原文曰:"商贵帝曾仕帝释天,居善现天,游戏三界内。蒙诸星探题,名号天型星。依信敬志深,今下生娑婆世界(按:人间俗世的大千世界),改号牛头天王。"[11]日文"商贵"与"钟馗"同音,所以被认为是同一人物。京都祇园社(今称八坂神社)祭祀的牛头天王被认为与钟馗相同。平安公卿藤原资房(1007—1057)日记《春记》谈及祇园社的成立时表示,牛头天王本是来自中国的神祇,其永承七年(1052)五月二十八日之条曰:"吾是唐朝神也。无住所,流来此国,已无所据。吾所到悉以发疫病。若祭吾称作住其所了者,可留病患也。"[12]

中世学术思想界的主力禅僧对来自中国民间信仰的钟馗不但没有排斥,反而留下颇多赞美之词,大多强调其驱鬼辟邪的能力。临济宗奇僧一休宗纯(1394—1481)曾在烧香九拜后,歌颂钟馗曰:"震旦扶桑灵神,天魔恶鬼裂。吹毛三尺随身,出现钟馗大臣。"[13]另一临济宗僧万里集九(1428—1507)作钟馗图赞:"朝鞭猛虎暮麒麟,势壮终南文武臣。三尺吹毛向无敌,添花护得一门春。"[14]战国时期临济宗僧大休宗休亦作钟馗图赞:

终南进士阙北忠臣,

虽不攀桂(按:科举登第)可以荐苹(按:进献白苹)。

三尺宝剑四海风尘,辅李唐主为杨太真。

驱逐疠鬼折伏邪神,于今于古护法护人。

移花兼蝶（按：移花进院，吸引蝴蝶飞来），谁家不春？[15]

钟馗在中世登上舞台，出现一些以钟馗故事为主题的作品。世阿弥元清（1363—1443）的谣曲（能剧剧本）《钟馗》记述唐失意进士钟馗自杀，死后化作国家守护神。金春禅竹的能乐《钟馗》有关钟馗的鬼魂在长安终南山向天子表示要驱鬼护国，钟馗之灵因此从自杀的错误中获得解脱。[16]钟馗表示："落第科举而亡，一改恶心，一念发起成菩提心，今诚心发誓守护国土。"[17]可见其内容反映佛教及武士思想。钟馗在中国与佛教关系不大，在中世日本却被用来宣传佛教。

室町猿乐师观世信光（1435—1516）所作的谣曲中有《皇帝》，谓唐玄宗正忧心杨贵妃生病之际，钟馗突然显灵，向玄宗表示因蒙先帝厚葬，现前来报恩，遂杀掉病鬼及治好贵妃。此故事应参考了《唐逸史》或《太平广记》（978）中有关钟馗的记载，不过将玄宗生病改为贵妃生病，这大概是顺应《长恨歌》在日本的热潮。[18]《皇帝》的文字多处引用《长恨歌》，在该谣曲的结尾众人齐唱："钟馗捉住病恶鬼，挥舞利剑斩病鬼，一片一片庭上弃。贵妃病疾顿痊愈，赖依君王浩荡恩，我当成为守护神。"[19]钟馗从中国民间驱鬼大神在日本变成国家守护神，这可能是受日本中世护国思想的影响。

8 钟馗

《钟馗》是石见国石见神乐中最受欢迎的单元剧之一。它的创作年份不明,大概出于中世后期。此作反映神道版的本地垂迹思想,将钟馗视作天照大神之弟素盏呜尊(《古事记》称须佐之男命)的化身。素盏呜尊与钟馗的形象相近,均是蓬发、长须及持剑。《钟馗》有关于素盏呜尊被逐出高天原后,渡唐化身钟馗,替玄宗治病,击退"大疫神恶魔王"的故事。素盏呜尊在剧中自谓:"余于古昔渡唐,称钟馗。"[20]剧中钟馗治病用的工具正是素盏呜尊的茅轮,左手持茅,右手持轮,跟中国拿剑捉小鬼的形象不同。京都八坂神社及名古屋热田神宫在祇园祭时均上演《钟馗》。

美术是表达钟馗信仰的另一平台。室町禅僧留下数量可观的钟馗图,按内容可粗分为捉鬼、持剑及骑兽三大类。[21]捉鬼类有雪舟等杨的《钟馗捉鬼图》及贤江祥启的《钟馗拔鬼眼图》(1523)。[22]《钟馗拔鬼眼图》有镰仓建长寺僧称意东永的赞曰:"蓝袍进士一钟馗,抉鬼眼睛(按:剜眼)嗔折颐(按:握颔)。冻冻仪刑不量力,祓除虚耗(按:恶鬼)守家规。"[23]持剑类有贤江祥启、扶桑周耕及山田道安(?—1573)的《钟馗持剑图》。道安是战国武者,此图存于镰仓圆觉寺。骑兽类有雪村周继(1504—1589)的《钟馗戏虎图》及云溪永怡的《钟馗骑驴图》《钟馗骑虎图》。钟馗骑驴伏虎的概念均来自中国。[24]

钟馗之勇武成为一些战国武将的模范及勇武的象征。加

《钟馗戏虎图》 雪村周继绘

贺藩初代藩主前田利家的阵羽织（旗印）设计为前面菊花、背面钟馗，称为"刺绣菊钟馗阵羽织"。相传钟馗旗由利家正室芳春院（本名松，1547—1617）亲自刺绣以祈求平安。利家的钟馗旗成为日后加贺藩的宝物，在重要场合才会展示。[25]德川家康的爱将本多忠胜（1548—1610）亦用钟馗像作旗印，其设计是右手拿刀，左手捉鬼。本多一族奉钟馗为神将，多留钟馗髭。[26]其实钟馗髭在战国武将之间颇为流行。[27]有"越后钟馗"之称的战国名将斋藤朝信（1527—1592）便留有钟馗髭，得此名乃因其英勇及正直。

8 钟馗

钟馗与近世风俗

经过中世的发展,钟馗信仰在德川时代达至高峰,跟本地风俗、宗教及文艺融合,形成具有日本特色的钟馗文化。钟馗信仰在年中行事、祭典及习俗上都反映跟本地风俗的结合。

第一,钟馗在日本每年重要的节日扮演一定的角色。跟随中国的风俗,近世日本中后期的端午节(农历五月五日)与钟馗拉上关系。不过跟中国不同,端午节在日本亦是儿童节。日本人相信钟馗可保护儿童,因此在家中放置钟馗绘、钟馗人形或钟馗旗(钟馗帜)。[28]钟馗的设计分赤钟馗及黑钟馗两大类。有七岁以下男童的民家会挂钟馗旗及家中置钟馗绘或人形。根据国学家喜多村信节在《嬉游笑览》的记述,早在宽永年间(1624—1643)江户的平民在端午节已有贴钟馗纸及挂钟馗旗的习俗。他写道:"江户有纸造钟馗帜者,但板行之绘已近绝迹。奥村文角(按:字政信,1686—1764,浮世绘画师)之流,板刻墨绘钟馗,贴金箔于双眼之上。"[29]在江户创业于一六九五年的大畑家专门生产武者绘,其钟馗旗尤为闻名。挂钟馗旗之风在德川中后期更为普及,国学家斋藤月岑(1804—1878)在《东都岁事记》(1838)谓,江户百姓在端午节时在户外或屋中多挂钟馗旗,其内附的《端午市井图》亦显示户外挂有大型钟馗旗。[30]此外,

《端午市井图》

《东都岁事记》亦谓每年四月二十五日至五月四日,钟馗像及武将勇士的五月人形或武者人形十分畅销,人们不分昼夜购买。[31]

当日本人在十二月大扫除准备欢迎新年之际,乞丐在泼寒胡戏(按:又名乞寒戏,唐时传入的风俗,表演者穿胡服,戴面具边唱边跳)中会扮钟馗向人讨钱。《日本国志·礼俗志》记曰:"丐者为泼寒胡戏或丹墨涂面装成钟馗,登门呼跳驱祟,索钱乞米,家家扫尘,名煤除。"[32]山东京传(1769—1858)在《蜘蛛丝卷》(1846)有《乞食扮钟馗》一文,谓乞丐们:"戴钟馗之面具,手持用银纸造之剑追鬼,……于街上巡回,每户叩门乞钱。"[33]

8 钟馗

第二，近世各地的祭典常见钟馗的身影。东北地区（如秋田、宫城、山形、青森）及甲信越地区（如新潟）的村民用稻草做巨大人偶钟馗样以辟邪。草人偶（藁人形）以草扎成，用笔墨加上五官，下体有巨根。一些地方甚至有女钟馗草人偶。钟馗成为保佑农村丰收及生育的性神。[34]除草钟馗样外，亦有木制钟馗样，例如秋田大仙丰冈有三米高木制钟馗样。一八五九年夏季霍乱流行，各地举行霍乱祭。根据《五嶋家吉凶帐》的记述，当年越中国（今富山县）砺波郡五郎丸村做了7.2米高的巨大钟馗藁人形以求消灾解难。[35]

自一六八一年起，江户每年举行山王祭及神田祭，两者都属于由幕府出资的官祭。将军、诸大名及朝鲜通信使均会列席。山车巡游为其重点活动，以钟馗为主题的山车是山车之王。山王祭的山车共四十五部，钟馗山车安排在第十位出场。[36]在六月举行的山王祭，其钟馗山车有高一丈多的钟馗人形，由人形师原舟月（？—1789）所制，形象似能剧中的赤钟馗。一八六二年三代目原舟月曾加以大幅修缮。钟馗山车上有两人敲打大型太鼓，约五十名穿唐人服、吹唐人笛的人构成的队伍跟车，可谓热闹无比、气势磅礴。[37]此外，五月举行的神田祭亦有原舟月制作的钟馗山车巡游。山车分三层，上层有等身大的钟馗人形，身后有类似关羽用的大刀，游行时有囃子演奏。[38]

第三，平民的生活习惯中亦见钟馗。钟馗瓦及钟馗札流行于近畿及中国地区。在屋顶中央放一小尊瓦造钟馗像是日本独有的家相（风水）布置。此风起源于德川后期的京都，十九世纪京都町屋（京町家）的屋顶上开始出现钟馗瓦（鬼瓦的一种），不久商家（如药屋及花街）及平民家亦有安置，估计京都一地钟馗瓦数量多达三千。[39]考证家石冢丰芥子（1799—1862）在其江户逸话集《街谈文文集要》（1860）记钟馗瓦的起源，谓一八〇五年在京都三条有药屋在屋根安置大型鬼瓦，令居住在其对面的女性不安而生病，后来药屋改用钟馗瓦后该女性便不药而愈。[40]不久奈良、大阪等地亦纷纷仿效。现存最古老的钟馗瓦在近江八幡（今滋贺县近江八幡市），于一八二八年制成。当地人称钟馗为钟鬼。幕末埼玉县上尾火灾频频发生，百姓在家中安置钟馗像以防灾，屋顶亦多用钟馗瓦，按五行相克之说，瓦上印"水"字以克火。[41]

此外，近畿还流行在民家门户贴钟馗的纸画（钟馗札），这跟中国的贴门神做法有些相似。钟馗札在日本的历史可能比钟馗瓦更早。作家曲亭马琴在《羁旅漫录》（1802）记载他在京阪及伊势看见平民门户多贴钟馗画，贩卖钟馗札成为修验者（日本修验道行者的通称，也称山伏）及佛寺的收入来源之一。他记道："在远州（按：东海道远江国）及三州（按：东海道三河国）之间，钟馗为各地人家门户之守护神，由山伏步行贩卖。"[42]根据喜多村信节在《嬉游笑览》中的记载，十九世纪二十年代尾张热田一地家家户户在门户挂钟馗画像,曰:"在汉土户押其像而避邪,去不正邪气。今尾张热田之民家皆户押画像。"[43]京都妙莲寺圆常院及东三河(今爱知县东部)大龙寺的钟馗札均相当有名,为寺院带来可观收入。

医家及药屋亦重视钟馗。创业于十九世纪初的宇陀松山药商细川家在家中挂钟馗木版画。药种商藤泽友吉是细川家养子,亦名细川友吉。他敬拜钟馗,并收藏大量钟馗画像。他在一八九四年在大阪成立藤泽友吉商店,其所售樟脑药以狩野美信(1747—1797)的钟馗画作商标。京都的药屋亦多用钟馗瓦。

钟馗的须形亦成为时尚。军事随笔作家三浦净心的《见闻军抄》(1615)如此记述"钟馗髭"在关东成年男子之间的流行:"昔关东赞美留须成人男子为髭男,武士们均祈求留髭。众人称之为钟馗髭,甚好之。古记有云,鬼髭分左右者,即此髭也。自此武家不再好颚髭(按:如加藤清正般,颚下短须)、天神髭(按:如菅原道真般的二峰须)。"[44]

钟馗与近世宗教

本属中国民间信仰的钟馗在近世日本与神道及佛教融合,在一些神社及佛寺中被供奉或祭祀。新潟东浦原郡鹿濑町有供奉草钟馗的正鬼神社。正鬼的日语发音跟钟馗相同,应是从钟馗演化而来。[45]该神社有拜祭由稻草扎成的正鬼大神或正鬼样,其生殖器异常巨大,给钟馗加添保佑生育及丰收的功能。妇人欲生子则抚摸钟馗生殖器三次。生病的人将名字及病情写在纸上,然后塞进草偶以祈求痊愈。据称阿贺町的草钟馗始自十七世纪,但无从考证。[46]从德川后期开始,鹿濑町集落于每年二月十一日或三月十三日举行钟馗祭(正鬼祭),其间会演奏神乐《钟馗》及上演须佐之男命击退大疫神的神剧,可见村民将钟馗与须佐之男命混同。钟馗祭是日本一些地方的独有风俗,中国没有专门祭祀钟馗的祭日。

北埼玉郡骑西町的《延喜式内社》记载玉敷神社演奏神乐《钟馗捉鬼》(《鬼に钟馗》)。根据神宫河野长门守盛永的《要用集》,神乐师在十七世纪后期作神乐十六曲,其一是《钟馗捉鬼》,配合假面之舞。剧中钟馗与两鬼争夺珠宝,颇有喜剧的味道。一八三六年建神乐殿作舞台,在一年四次祭礼中演奏《钟馗捉鬼》,并有人配以舞蹈。

江户葛西神社(旧名香取之杜、香取宫、香取神社)有一尊钟馗石雕像,它制于一六九五年,身高一百一十一厘米,是常见的右手提剑,左手提小鬼造型。石上有铭文曰:"奉造立钟馗为恶魔降伏。念佛讲中结众,同行四十一人。元禄八乙亥七月十七日,金町村施主敬白。"[47]可见是一班信佛的村民为辟邪除魔所立。信佛者把石像安奉在神社,而非佛寺是神佛习合的表现。钟馗的石像在中国数量不少,但在日

8 钟馗

葛西神社的钟馗石雕像
(作者拍摄)

本却非常罕见。[48]

三河国（今爱知县东部）的菟足神社及砥鹿神社均有钟馗面（钟鬼之面）。钟馗面的设计是白面黑须，本为演出神乐时用的面具，平日供奉在神社或平民家以祈求除魔祛病。该地最早的钟馗面由内藤助十在文化年间（1804—1818）所创，是在木雕原型贴上和纸的民艺品。制作钟馗面亦成为农民在休耕期的一种收入来源。相传在安政年间（1854—1860），三河国养蚕业不振，地方出现饥馑及疫症，人们遂制造大型钟馗面，巡游后将它们奉纳于神社以祈福。菟足神社及砥鹿神社每年四月中旬举行风祭（春祭），祈求风调雨顺。风祭的起源可追溯自平安中期,《今昔物语集》亦有所记载。江户后期一些人在春祭时戴上钟馗面参加,店铺亦贩卖钟馗面。钟馗被当地人视作风神。[49]

四国的金刀比罗宫供奉关帝、赵云、钟馗及东方朔等中国人的大型绘马。其钟馗绘马是画师山本云溪(1780—1861)在一八二一年制作,由村民村上氏奉献,内有"文政四辛巳六月吉辰豫州樱井乡、村上氏"。[50] 钟馗绘马是右手执刀,左手提鬼的标准造型,但其头部像牛,可能是受牛头天王与钟馗习合的影响。

水户藩那珂郡东海村佛寺虚空藏堂内藏有钟馗堂(亦称钟馗灵神堂),祭祀一大型钟馗绘马。相传一六七五年当地出现瘟疫,村民拜托画师藤原高信画钟馗绘马以祈福,高信斋戒百天后才动笔。绘马右侧有"延宝三年□月吉祥",左侧有"藤原高信"的题字。村民奉钟馗为"权之丞(按:辅佐帝王之臣)钟馗大神"。[51] 钟馗堂出售的钟馗札大受水户藩民的欢迎。

九州岛筑后国(今福冈县南部)久留米人对钟馗不会陌生。当地有携钟馗木像游行以求防灾祛病的习俗,直至一八七三年才被福冈县官方所禁。久留米永胜寺供奉钟馗木像,文化年间久留米百姓在端午节挂永胜寺的"钟馗菩萨"鲤鱼旗以祈求男童平安成长。久留米的祇园祭亦有钟馗的神舆游行。

近世不少神社及佛寺均有收藏钟馗画像。这些画像多是有名人士奉纳,例如画家狩野山乐(1559—1635)将钟馗图奉上京都建仁寺。赤穗浪士大石良雄(1659—1703)在一七〇二年将亲笔的钟馗水墨画献呈播州(今明石市)月照寺,许愿可以斩杀仇家,为主君报仇雪恨。画家长谷川宗清(1669?—1737)在一七二八年献钟馗图给京都祇园社,由此可见,钟馗与该社主祭的牛头天王及素盏呜尊呈现混同。

钟馗与近世文艺

钟馗对近世日本的艺术及文学均有所启发,其中对画坛影响最大,大部分有名画家基本上都有留下钟馗画,包括狩野山乐、狩野探幽、狩野常信(1636—1713)、英一蝶(1652—1724)、奥村政信、宫川一笑(1689—1780)、西村重长(1697—1756)、彭城百川(1697—1752)、月冈雪鼎(1710—1786)、丹家月仙(1721—1809)、曾我萧白、圆山应举、歌川丰春(1735—1814)、鸟居清胤、小田野直武(1750?—1780)、长泽芦雪(1754—1799)、喜多川歌麿(1754—1806)、喜多川秀麿、葛饰北斋、田能村竹田(1777—1853)、香朝楼国贞(1786—1865)、歌川广重(1797—1858)、歌川国芳、粟津文三、山本琴谷(1811—1873)及歌川芳艳(1822—1866)。连剑豪宫本武藏(1584—1645)、禅僧白隐慧鹤、将军德川家治(1737—1786)及汉学家渡边华山亦有绘画钟馗像。各人创作的动机

《钟馗鬼味噌》 白隐慧鹤绘

《钟馗与花魁》 宫川一笑绘

不一,包括艺术、宗教及经济上的因素。市场对钟馗画需求甚殷,例如歌川广重在一八三九年受幕府所托,作钟馗五尺屏风画一幅,获赐金二百疋(按:疋为日本近世金银单位,百疋为金一分)及鳗鱼一条。[52]

钟馗画最常见的造型是持剑图及持剑捉鬼图,另外还有磨剑图、骑兽图及嫁妹图。近世日本一些钟馗画颇为另类,十分幽默或具创意,例如喜多川秀麿的钟馗提两篮子小鬼图。小鬼在笑,很有漫画的味道。白隐慧鹤在《钟馗鬼味噌》中用幽默手法描绘钟馗将众鬼收服做味噌。青楼亦以钟馗作守护神,因此有一些钟馗与游女图。在宫川一笑的《钟馗与游女图》中,钟馗放下剑,卧看游女弹三味线。鸟居清胤的钟馗画是钟馗与游女共享一伞。歌川国芳的《武松图》将武松画成钟馗的样子,可谓别树一帜。

近世日本之所以有这么多钟馗画,不全是出于艺术上的追求,亦有宗教及实用层面的考量,人们认为它可治病及成就学业。治病说可能跟唐玄宗梦见钟馗而退烧的传说有关。狩野永纳(1631—1697)的《本朝画史》(1679)记狩野山乐曰:"晚年深慕宋元,平生好画钟馗,病者求之果有灵验。"[53]可见江户初年钟馗画已成巫术治病的手段。钟馗成为疱疮及麻疹病患者的守护神,因此出现大量疱疮绘及麻疹绘。日本人

《武松图》 歌川国芳绘

相信疱疮神讨厌红色，因为红色有驱邪的力量。画家中山高阳在《画谭鸡肋》中谓："治疱疮用赤色钟馗，此方之画如此也。"[54]四代将军德川家纲（1641—1680）曾在染疱疮后穿红衣望以驱病。近世钟馗的浮世绘多用赤色（赤绘）以辟邪。歌川芳艳在《麻疹疫病除》（1862）中记载人们使用钟馗斩小鬼图治麻疹。歌川芳虎（1836—1880）在其《麻疹养生之传》附麻疹绘，图中有一妇女拜钟馗挂画，祈求身旁儿子不会感染麻疹。[55]曲亭马琴谓在他身处的时代，从远江至三河人们在门口挂钟馗画像以击退病魔。中国亦有数量可观的钟馗图，用来防疾病及驱五毒（按：蛇、蝎、蜈蚣、蟾蜍、壁虎），但不是疱疮绘、麻疹绘。[56]这种独特的用法可谓是日本钟馗文化的特色之一。

钟馗图像有治疗之效已成一般百姓的信念，德川时代一些汉方药的包装上亦有钟馗像，例如一种叫钟馗散的伤风药使用有钟馗像的包装。歌川国芳的浮世绘《钟馗散邪鬼に即刀》（钟馗散对邪鬼即下刀）（1858）便是为宣传钟馗散而创作。[57]其实连钟馗的名字亦带有力量。当时的霍乱药称正气散是因其发音（shōgisan）与"钟馗さん"相同。德川中后期的川柳集《柳多留》记下当时流行的谚语："鬼の霍乱しよきさんで治り。"（鬼之霍乱可用正气散或钟馗さん治好）[58]

除绘画外，以钟馗为主题的象牙、鹿角、水牛角或木制人形雕刻（根付）的数量亦甚可观，其中较有名的是广叶轩

8 钟馗

《麻疹养生之传》 歌川芳虎绘

吉长（十八世纪，京都根付师）的钟馗提剑象牙根付、光春（十八世纪，京都根付师）的钟馗捉鬼木根付、长町周山（十八世纪，大阪根付师）的钟馗捉鬼木根付及民谷玄了斋（十九世纪，江户根付师）在一八二〇年制作的钟馗掐小鬼脖子木根付。近世钟馗根付造型独特、有趣（例如，十八世纪制的红毛人拥抱钟馗根付），人们常将它挂于腰间做护身符。

此外，武士亦会挂放药用的钟馗莳绘印笼于腰间做护身符。[59]代表作有京都莳绘师盐见政诚的钟馗鬼退治五段印笼，及一方斋光叶在十八世纪的钟馗与鬼印笼。武士剑中有鬼钟馗图镡（按：即剑格，为剑身与剑柄之间的护手物），多出自滨野派及水户派金工之手。[60]留存下来的作品有滨野政随（1696—1769）的圆形赤铜鬼钟馗图镡、水户住通寿（矢田部通寿，1697—1768）的方形鬼钟馗图镡，及奈良重亲的方形鬼钟馗图镡。绘师北尾政美（1764—1824）在《诸职画鉴》（1794）中提供二十多款不同造型的钟馗给雕工、石工、金工参考，可见钟馗是十分受欢迎的艺术造型。

德川的音乐与舞台都有钟馗的身影。根据二代将军德川秀忠（1579—1632）的日程录《台德院殿御实纪》记载，德川家康及秀忠于一六〇八年八月二十七日一起观赏包括《钟馗》的猿乐："浅间神社有猿乐。两御所一起观赏，计有《翁》《三番叟》《加茂》《通盛》《熊野》《钟馗》《千寿》《重冲》《天鼓》《善知鸟》《葵上》《是界》《自然居士》《养老》

《观世》《宝生》《金春》《金刚》等。崇传(禅僧以心崇传,1569—1633)、三要(禅僧三要元佶,1548—1612)、梵舜(神道家,1553—1632)亦陪看。"[61]

钟馗在歌舞伎大放异彩。[62]钟馗的角色最早出现在一六八八年。一六九六年初代市川团十郎(1660—1704)在歌舞伎《鸣神上人三世相、绝间之中将姬》因演出钟馗大受欢迎,获"钟馗大臣团十郎"之名,以他扮演的钟馗为造型的画作十分畅销。翌年他在江户演出《参会名护屋》的结尾突然以"佛法守护之钟馗大臣现身"。考证家斋藤月岑在《增补浮世绘类考》(1884)记曰:"约在元禄八九年,元祖团十郎扮钟馗,其容刻画在街贩卖,价钱五文。自此此种称役者一枚绘的东西已有数种出版。"[63]一七〇三年市川团十郎在名古屋大须上演《和国钟馗大臣》亦大受欢迎。一七〇四年他在另一套歌舞伎《倾城佛之原》加插钟馗赶鬼一幕以满足观众。此后历代的市川团十郎均扮演钟馗,其中以七代目市川团十郎(1791—1859)最受欢迎。另一歌舞伎演员岩井半四郎(1652—1699)在一六九六年在大阪演出《日本钟馗大臣》。一七七九年木偶剧净琉璃《钟馗诞生记》上演,剧本分六段,内含佛教思想。[64]

德川文人雅士留下不少赞美钟馗的文字。[65]名医永田德本(1513—1630)作《钟馗赞》汉诗一首:"钟馗进士势无双,提射斗牛三尺光。不啻唐家护金殿,使余勇及大扶桑。"[66]儒者秋山玉山(1702—1763)作《钟馗掣鬼图》一诗,其中有佳句如下:"终南高士面如丹,青袍乌靴峨其冠。十闱腰间三尺剑,小鬼大鬼肝胆寒。"[67]诗人樱田虎门在《题钟馗画》曰:"独提雄剑怒冲冠,长为君王截鬼殚。但恨后庭余一妖,沈香亭北倚栏杆。"[68]末句来自唐诗人李白的《清平调》"解释春风无限恨,沉香亭北倚阑干"。俳人横井也有(1702—1783)用俳句作《钟馗画赞》一首如下:

豆をうたぬ家もなし、いづこに鬼を寻ぬらん。
(无家不打豆,寻鬼而驱之。)
素人绘の帜にかかれて、あやめふく轩にひらめく。
(平民挂绘帜,菖蒲插于家。)
疫神除の板に押れて、ひいらぎの门を守る。
(押除疫之神板,守护柊之门户。)
其の剑と折小木と、ついにいまだ鞘を见ず。[69]
(今鞘不见其剑及折小木。)

可见不论汉诗还是俳句均歌颂钟馗守家护国之功。《钟馗赞》成为流行赞文,数量虽不及《神农赞》,但仍甚可观。文人之间颇好求人写《钟馗赞》。幕府文官林鹅峰于一六七〇年三月二十四日作客加贺藩前田家时便被邀请写《钟馗赞》。《国史馆日录》记曰:"及晚,春常(林凤冈)赴加贺羽林,讲《大

学序》。余闲坐，依人之求作《钟馗赞》。"[70]在德川文人的词汇中，钟馗代表正直。大阪怀德堂儒者中井竹山在《奠阴集》中如此记述："有人戏曰：'徂徕，夜叉也，竹山，钟馗也。'我读《非征》，知其真然。"[71]在百姓心目中，钟馗代表一种力量。一七七八年江户流行川柳的名句"鬼に金棒てかけに钟馗なり"（鬼获金棒成钟馗），意即如虎添翼。[72]一八〇一年的川柳有"鲤をねらつて斩るやうに钟馗见え"（斩鲤见钟馗）一句，来形容以鲤作装饰的"四半旗"（钟馗帜）。[73]

本章结语

钟馗信仰在近世日本达全盛期，而且已融合成日本文化的一部分。本土化的过程早在近世以前已进行，至德川已基本上完成，创造出与中国截然不同的日式钟馗信仰及文化。本章通过原始史料探讨钟馗信仰如何在德川时代融入日本文化，成为丰富德川宗教、民俗及文艺的素材。

钟馗信仰东渡日本后跟中国分道扬镳，出现明显的变化。近世日本钟馗信仰有三大特色：第一，钟馗从中国民间信仰变成日本神道及佛教体系内的一部分，成为钟馗大明神、钟馗大臣、钟馗样、钟鬼及正鬼等不同身份，有不同称号。同时亦出现钟馗为神道神祇或佛教菩萨化身的论述，与须佐之男命及牛头天王混同。钟馗在日本一些地域甚至成为风神、福神及性神。日本地方亦出现中国没有的钟馗祭日。第二，其形象变得日式，受能剧、歌舞伎及浮世绘的影响，跟穿蓝长袍、戴乌纱帽的中国传统形象不同。日本农村的稻草人偶钟馗更完全是另类造型，在中国找不到相近的例子。第三，融入本土文化，在建筑、画像、文学、舞台、男性须形、商品包装及艺术品中均见钟馗的身影。他在绘画及歌舞伎的影响更加明显。钟馗在德川日本可谓无处不在，不过这个钟馗已不再是中式钟馗，而是截然不同的日式钟馗。

注　释

〔1〕有谓韩国的假面剧有钟馗的影子。参翁敏华：《中日韩戏剧文化因缘研究》（上海：学林出版社，2004年），页11。华侨潮州刘氏一八九八年在马来西亚峇株巴辖建终南古庙，拜钟馗以防虎。

〔2〕有关钟馗在日本的研究主要集中在艺术、民俗及宗教三大方面。艺术以舞台及画像为主，这方面较重要的著作有寶生重英编：《鍾馗》（東京：わんや書店，1933年）及佐藤紫雲：《鍾馗百態》（東京：村田書店，1980年）。民俗的研究有小澤正樹：《鐘馗さんを探せ》（京都：淡交社，2012年）及服部正実：《洛中・洛外の鐘馗》（京都：服部正実，1996年）。宗教方面仍未有专书，较重要的论文有：山口建治：《鍾馗と牛頭天王："郷儺"の伝來と日本化》，《非文字資料研究》第6期（2010年），页1—14；杉崎嚴：《史談往來／北から南から郷土の鍾馗信仰について》，《歷史研究》第53期（2011年），页16—18。

〔3〕国学家平田笃胤在《牛头天王历神辩》（1823）谓吉备真备将牛头天王信仰带回日本。参平田篤胤：《牛頭天王曆神辯》（1823），页2，国立国会図書館藏（请求记号：837-26）。日本有人将牛头天王、须佐之男命及钟馗

混同,后世才出现吉备真备引进钟馗的说法。其实在吉备真备的年代,钟馗信仰在中国仍未流行。亦有一说指吉备真备从唐带回《大衍历》,而《大衍历》可能附有钟馗画,但这亦只属臆说。

〔4〕 姚琼:《传入日本的钟馗信仰研究》,《浙江社会科学》第11期(2015年),页114—118。

〔5〕 参石川徹校注:《大鏡》(東京:新潮社,1989年),頁67;Alan Scott Pate, *Ningyo: The Art of the Japanese Doll* (North Clarendon: Tuttle Publishing, 2005), pp. 128-132.

〔6〕 译自《辟邪绘·鍾馗》,收藏在奈良国立博物馆(国宝,编号001252-004-000)。

〔7〕 有谓《辟邪绘·钟馗》受元刻本《新编连相搜神广记》的影响,两者的钟馗造型相近。参 Richard von Glahn, *The Sinister Way: The Divine and the Demonic in Chinese Religious Culture* (Berkeley and Los Angeles: University of California Press, 2004), p. 127;松村英哲:《鍾馗考》1-6,《近畿大学教養部紀要》第28卷第3号至第31卷第3号(1997—2000)。

〔8〕 传闻七六二年四国松山城赡养寺寺前一带闹鬼。该地人在家门贴钟馗画像后,松山不再闹鬼,亦无疫症。后来人们将钟馗画供奉在赡养寺(自此亦名钟馗寺),奉钟馗为"钟馗大神"加以祭祀。每年七月十一至十二日该寺会举行钟馗祭。参钟馗寺寺内的木版画《鍾馗さんの由来》(《钟馗的由来》),(http://thematsuyama.blogspot.hk/2011/01/blog-post_3882.html)。

〔9〕 参山折哲雄:《日本の神3·神の顕現》(東京:平凡社,1996年),頁255—256。

〔10〕 参《鍾馗と牛頭天王:"郷儺"の伝来と日本化》,頁1—14。一些神社亦出现牛头天王与素盏鸣尊习合的传说。

〔11〕 安倍晴明:《三国相伝陰陽輨轄簠簋内伝金烏玉兎集·卷上》(東京:田中太右衛門,1919年),頁1。

〔12〕 藤原資房:《春記》(京都:臨川書店,1974年),頁233。

〔13〕 狩野応信編:《探幽縮図聚珍画譜·中卷》(东京:松井忠兵衛,

1885年),頁14。

〔14〕 万里集九著、市木武雄注:《梅花無尽蔵注釈》第1巻(東京:続群書類従完成会,1993年),頁678—679。

〔15〕 大休宗休:《見桃録》,収録在国訳禅宗叢書刊行会編:《国訳禅宗叢書》巻10(東京:国訳禅宗叢書刊行会,1921年),頁92。

〔16〕 Paul S. Atkins, *Revealed Identity: The Noh Plays of Komparu Zenchiku* (Center for Japanese Studies, University of Michigan, 2006), Chapter 2, pp. 93–141.

〔17〕 译自金春禅竹:《鍾馗》,収録在廿四世觀世左近訂正:《嵐山・正尊・巻絹・花月・鍾馗》(東京:檜書店,1931年),頁6—7。

〔18〕 参张哲俊:《日本谣曲〈皇帝〉再考》,收录在王晓平主编:《东亚诗学与文化互读》(北京:中华书局,2009年),页269—277。

〔19〕 伊藤正義校注:《謡曲集》(東京:新潮社,1983年),頁77—78。

〔20〕 芸能史研究会編:《日本庶民文化史料系成・巻1・神楽・舞楽》(東京:三一書房,1974年),頁103,118。

〔21〕 Paul S. Atkins, *Revealed Identity: The Noh Plays of Komparu Zenchiku*, p. 119.

〔22〕 雪舟等杨的钟馗捉鬼图已失佚,德川画家狩野常信在一六七九年曾摹此图,此摹本至今仍存。骏河国久能寺有钟馗图,宣称出于雪舟等杨之手,但无法确定其真伪。贤江祥启的钟馗拔鬼眼图现藏颖川美术馆。参島田修二郎、入矢義高監修:《禅林画賛:中世水墨画を読む》(東京:毎日新聞社,1987年),頁452。

〔23〕《禅林画賛:中世水墨画を読む》,頁144。

〔24〕 五代南唐顾闳中(910?—980)的《钟馗出猎图》已见骑驴伏虎的造型。元朝颜辉、明朝戴进(1388—1462)及清朝张穆(1607—1683)均有画《钟馗出猎图》。此外,明清颇多钟馗骑驴图及钟馗伏虎图。

〔25〕 参前田治脩:《太梁公日記・第一》(東京:続群書類従完成会,2004年),頁157。

8 钟馗

〔26〕 参加野厚志:《本多平八郎忠勝》(東京:PHP 研究所,1999 年),頁 69—71。

〔27〕 桜庭経緯編:《剪灯史談》卷 1(東京:大倉書店,1891 年),頁 95。

〔28〕 参 Matthew Welch, "Shōki the Demon Queller," in Stephen Addiss, ed., *Japanese Ghosts and Demons: Arts of the Supernatural* (New York: George Braziller, 1985) , pp. 83–84。

〔29〕 译自喜多村信節:《嬉遊笑覽·下》,卷 6 下,児戯,頁 1613。贴金箔于画在日本中世佛教艺术已常见,近世亦流行。为钟馗双眼贴金箔的做法不见于中国,此可能受佛像开光的影响。

〔30〕 斎藤月岑:《東都歳事記》卷 2(東京:須原屋伊八,1838 年),頁 8。日本国立国会図書館电子版(请求记号:121-85)。

〔31〕 《嬉遊笑覽》,頁 1193。

〔32〕 黄遵宪:《日本国志》下卷,卷 35,礼俗志 2,(天津:天津人民出版社,2005 年),頁 869。

〔33〕 山東京伝:《蜘蛛の糸卷》第 2 期,日本随筆大成編輯部編:《日本随筆大成》第 7 卷(東京:吉川弘文館,1973 年),頁 320。

〔34〕 参九重京司:《にっぽんの性神》(東京:けいせい出版,1981 年),頁 48。

〔35〕 参《五嶋家吉凶帳》,收录在砺波市史編纂委員会編:《砺波市史·資料編 2》(砺波:砺波市,1991 年),頁 659。

〔36〕 菊屋市兵衛:《山王御祭礼附祭番附》(1854),頁 5。国文学研究資料館电子版(编号:248-5)。

〔37〕 参山本笑月:《明治世相百話》(東京:有峰書店,1971 年),頁 160。

〔38〕 山田徳兵衛:《図説日本の人形史》(東京:東京堂,1991 年),頁 30。

〔39〕 参《鍾馗さんを探せ》,頁 1。

〔40〕 石塚豐芥子:《街談文々集要》卷2,《鬼瓦看発病》,收录《珍書刊行会叢書》第2册(東京:珍書刊行会,1916年),頁59—60。

〔41〕 今井金吾:《今昔中山道独案内》(東京:日本交通公社出版事業部,1976年),頁49。

〔42〕 译自曲亭馬琴:《羇旅漫錄》卷上(東京:畏三堂,1885年),頁7。马琴本身并不信钟馗,认为信者愚昧无知。

〔43〕 译自《嬉遊笑覽·下》卷8,方術,頁262—263。

〔44〕 译自山東京伝:《髭男》,《骨董集》卷上(東京:寛裕舍,1900年),頁14。除《骨董集》(1815)外,喜田川守貞(1810—?)在其《守貞谩稿》(1853)中亦引用此文。

〔45〕 参麻国钧:《中国古典戏剧流变与形态论》(北京:文化艺术出版社,2010年),頁75—76。

〔46〕 横山旭三郎:《東蒲原郡の鍾馗信仰考》,《高志路》(新潟県民俗学会)第223号(1971年8月),頁63。

〔47〕 参葛西神社官方网站(http://kasaijinjya.world.coocan.jp/property/index.html)。

〔48〕 埼玉县岩槻市人形馆藏有两尊钟馗石像。岩槻民家屋顶有小型钟馗石像。此外,会津伊那高远有刻有"钟馗大臣"大字的石塔。以上石像及石塔制造年份均不详,似非近代之物。

〔49〕 木下亀城、篠原邦彦:《日本の郷土玩具》(大阪:保育社,1962年),頁41。

〔50〕 金刀比羅宮社務所編:《金刀比羅宮絵馬鑑》第2編(琴平町:金刀比羅宮社務所,1936年),頁38。

〔51〕 王勇:《中国の鍾馗と日本の鍾馗:画像イメージの比較を中心に》,勉誠出版編集部編:《日本文化に見る道教的要素》(東京:勉誠出版,2005年),頁81。藤原高信(狩野高信,1740—1795)在延宝三年(1675)仍未出世,因此事实有待查证。

〔52〕 內田实:《広重》(東京:岩波書店,1930年),頁40。

〔53〕 狩野永納:《本朝画史4・専門家族,雑伝》(東京:尚栄堂,1899年),頁47。

〔54〕 中山高陽:《画談雞肋》,収録在坂崎坦編:《日本画談大観》(東京:目白書院,1917年),頁672。

〔55〕 川部裕幸:《疱瘡絵の文献的研究》,《日本研究:国際日本文化研究センター紀要》第21号(2000年3月),頁137。

〔56〕 参李东红:《关东节令习俗》(沈阳:沈阳出版社,2004年),頁39。

〔57〕 Arthur R. Miller Collection, British Museum (Number: 2008.3037.18206) (https://ja.ukiyo-e.org/image/bm/AN00589220_001_l) .

〔58〕 参今村恒美:《江戸暦渡世絵姿》(東京:創拓社,1984年),頁139。

〔59〕 清水久美子、阿部万里江:《江戸時代における印籠のデザインについて》,《同志社女子大学学術研究年報》巻63(2012年),頁93-107; Melvin Jahss and Betty Jahss, *Inro and Other Miniature Forms of Japanese Lacquer Art* (Tokyo: Tuttle Publishing, 2012) , pp. 299-302.

〔60〕 小笠原信夫:《鐔》(東京:保育社,1975年),頁72—73。

〔61〕 译自《台徳院殿御実紀》巻8,収録在経済雑誌社編:《国史大系》第9巻(東京:経済雑誌社,1905年),頁451。

〔62〕 西山松之助:《江戸歌舞伎研究》(東京:吉川弘文館,1987年),頁12—16。

〔63〕 译自斎藤月岑:《増補浮世絵類考》,収録在神宮司庁編:《古事類苑》,文学部436,絵画上(東京:神宮司庁,1912年),頁859。

〔64〕 収録在横山重等編:《古浄瑠璃正本集》第10(東京:角川書店,1982年),頁444—462。

〔65〕 不过对钟馗的真实性存疑的德川学者亦不少。作家曲亭马琴在《燕石杂志》(1811)指出钟馗在《本草纲目》本是原菌之名,后来在小说及舞台才将其变成驱鬼之神。参滝沢馬琴:《燕石雑志》,収録在日本随筆大成

编辑部编:《日本随笔大成》第2期,第19卷(東京:吉川弘文館,1975年),頁291。儒者松崎慊堂(1771—1844)怀疑钟馗只是架空人物,出于唐宋以来文人雅士的穿凿附会,而且时代愈往后则故事愈多,例如宋代有钟馗小妹图,以钟馗为女性。不久又出现钟馗嫁妹图。参松崎慊堂:《慊堂遺文・下》(東京:松崎健五郎,1901年),頁73—75。

〔66〕 永田徳本:《梅花無尽蔵》,收录在塙保己一编:《続群書類従》第12辑下,文筆部(東京:八木書店,1959年),頁898。

〔67〕 转载自王福祥编著:《日本汉诗与中国历史人物典故》,頁559。

〔68〕 收录在猪口篤志编:《新釈漢文大系45・日本漢詩上》(東京:明治書院,1972年),頁114。

〔69〕 横井也有:《鶉衣》,国民図書株式会社编:《近代日本文学大系》第23卷(東京:国民図書,1929年),頁506。

〔70〕 林鵞峰著,山本武夫校訂:《国史館日録》第4(東京:続群書類従完成会,1999年),頁159。

〔71〕 中井竹山著,水田紀久注:《奠陰集・詩集文集8》(東京:ぺりかん社,1987年),頁3。

〔72〕 松村明编:《ことば紳士録》(東京:朝日新聞社,1971年),頁64。

〔73〕 富岡風生编:《俳句歳時記:夏の部》(東京:平凡社,1965年),頁122。

结　语

"和魂汉神"现象的历史意义

外来宗教传入日本后，大多都先经过本土化的洗礼后才能为日本人所接受。以佛教为例，它在东传日本之初曾被视作异邦之教，在政治及宗教上受相信神道一派的人打击。后来佛教日渐本土化，甚至出现神道诸神的本体是佛教菩萨的本地垂迹说及神佛一致论。[1]至佛教大盛的中世，神佛融合论十分普遍，在教义及寺社中常见佛中有神，神中有佛。佛教本土化日趋明显，日本禅宗跟中国禅宗大不相同。[2]中世日本人甚至自创出充满民族意识的日莲宗及不守戒律、不重仪式，强调相信佛祖便得救赎的净土真宗。

中国民间信仰早在奈良及平安时期已经从中国或经朝鲜半岛传入，日本人将其统称为"汉神"。跟早期佛教相似，它们在传入之初跟本土信仰及习俗有颇多冲突。平安朝官方所编的《续日本纪》记在奈良后期"断伊势、尾张、近江、美浓、若狭、越前、纪伊等国百姓，杀牛用祭汉神"[3]。杀牛祭神不论跟神道还是佛教都不兼容，而且亦不利于农业社会，朝廷因此在七九一年下令禁止。[4]反映佛家思想的《日本灵异记》

（822）第五篇《依汉神崇杀牛而祭，又修放生善恶报缘》记一富人因杀牛拜汉神而病死，本应下地狱，但因死前放生积德而获复生。[5]

时间日久，中国民间信仰跟日本的神道或佛教日渐融合。[6]龙神、牛郎织女、泰山府君、太一、土公、雷公、水神、西岳真人、钟馗等"汉神"融入朝廷祭仪及阴阳道信仰之中。[7]平安朝廷大学寮举行祭孔仪式（释奠）时做出颇多调整以适应日本国情民风，例如为配合神道的死秽及佛教不杀生的信念，祭品不用三牲（牛、羊、猪），而改用被视为有害农耕的大鹿、小鹿、野猪，亦有一段时期以海产代替。基于相同的理由，平安朝廷亦没有引进释奠中将动物拔毛、放血时用的祭器毛血豆。

中世佛教当道，本地垂迹说兴起，不但神道神祇，连部分中国汉神及三皇亦被看作菩萨的化身，例如伏羲、女娲分别被视作宝应声菩萨及吉祥菩萨的化身，神农是佛教药师如来在中国的垂迹。关帝及钟馗等汉神在大乘佛教的体系下成长，甚至被禅僧用来布教或宣传教义。关羽及钟馗均被认为因皈依佛门而获解脱，关羽甚至成为佛门护法。很多五山禅僧支持神佛儒三教一致论，修道求仙、歌颂中国神灵及使用易筮者为数不少。[8]禅僧最高学府足利学校的课程包含大量易占及道教的元素。[9]关帝、神农、禹王、妈祖、石敢当、钟馗、福禄寿、寿老人、吕洞宾等汉神在中世开始普及，从

结语 "和魂汉神"现象的历史意义

五山文学及民间风俗中均可窥见汉神的影响。七福神信仰的出现反映折中神、佛、儒三教的倾向。七福神中有三位汉神(福禄寿、寿老人、布袋和尚)、三位佛教菩萨、一位日本神祇。[10]

中世及战国时期的武士崇拜汉神亦相当普遍。室町将军足利尊氏托人在中国制作关帝木像,然后带回日本奉为军神拜祭。武田信玄在佛寺安奉伏羲、神农、文王、周公木像。织田信长在安土城天守阁安置伏羲、神农及黄帝的画像。前田利家及本多忠胜均用钟馗像作旗印。此外,易占及军配思想十分流行,武将旗下有军师、易者及祈祷师进行占卜、阴阳五行配对及求福咒敌,通常仪式中会向神、佛、儒、道的神灵祈求帮助。

近世是中日文化交流的全盛期,华商频密来日,汉籍大量传入,儒学、汉风文化冒起,中国民间信仰迅速在日本各地散播。值得注意的是,其本土化的性质出现变化。汉神在中世经历佛教化,在近世却走上神道化之路。汉神纷纷取得神道称号,在神社被供奉并在一些地方祭典中与日本神祇及历史人物一起登场,甚至还出现汉神源出日神说。例如,神农被视作日本药祖神少彦名命的化身,各地的少彦名神社多将少彦名命合祀神农。亦有人将神农混同神道的素盏鸣尊,以及佛教的药师如来与牛头天王。本居宣长认为中国远古的三皇五帝均是日本神祇少名毗古那神的化身。平田笃胤将三皇配对不同的日本天神。日本人对本土化的汉神并不抗拒,例如德川后期水户藩打击异国神,一度取缔天妃神社及将天妃(妈祖)像移走,结果在民众的不断要求下将神像送还,在神社与弟橘媛合祀。

汉神在近世的民间风俗、文学、艺术中均见其身影。近世神农绘及钟馗绘的数量多不胜数,民众挂神农绘及钟馗绘祈求治病。关帝及钟馗在歌舞伎演出中大受欢迎,观众期待他们在舞台惩恶锄奸。一八一九年浅草展出七米长的竹编关羽图,约一半的江户人都来观看。钟馗在江户的山王祭及神田祭、东北及甲信越农村的祭典,以及在端午节及新年等年度活动中均扮演重要角色。一些德川兵学、茶道及料理门派奉伏羲为始祖。石敢当信仰被编入日本的石神、石佛系统。以九州岛为中心的全国各地农村及城下町的入口、街角、神社、佛寺常见石敢当。代表禹王崇拜的禹王碑在近世出现于关东、近畿、四国及九州岛的各大河川以纪念水利工程的完成。村民在相模国酒匂川建文命神社祭禹,禹获"文命大明神"的神号。禹步对歌舞伎、净琉璃、神乐、能乐及相扑的步法均有影响。

自古日本人对中国文化的吸收都一直强调日本的主体性,作为客体的中国文化主要是用来丰富及强化日本文化。[11]汉字、汉文被编入日本语体系,[12]汉神亦被神道化。这种取向就是日本人所谓的"和魂汉才"。近世是"和魂汉才"的盛世,

结语 "和魂汉神"现象的历史意义

虽有国学家认为"大和魂"(或"大和心")与"汉意"(或"唐心")格格不入,但主流思潮倾向将中国文化吸收以丰富日本文化。幕末日本对西洋文化持相同态度加以吸纳,提出"和魂洋才"。[13]这种"魂才论"在近世中日宗教交流史的表现,我姑且称之为"和魂汉神"现象。

本书首开有关中国民间信仰在德川日本本土化的学术研究,目的是整理德川时代的文献,对"和魂汉神"现象作综合性分析论述。通过对圣帝明君、文武二圣及守护神灵这三大范畴中的八位汉神的本土化个案研究,尝试勾画出近世中日宗教文化史的整体图像,期望能够对中日文化交流史提供崭新视角。

研究"和魂汉神"现象最重要的历史意义,是了解日本人吸纳中国文化的机制,就是将中国元素本土化,选择性地保留合用的东西,以配合及强化日本固有的价值观、政治生态、宗教、民俗及文化。本土化后的中国民间宗教成为日本文化的一部分。它们与中国的原型相差甚远,名字虽然也许被保留,但内容已变成中日合璧或由日本元素主导。因此,"和魂汉神"的性质是中日宗教的融合及"中为日用"的文化挪用。

注 释

〔1〕从神佛对立至神佛习合的转变,参樱井好朗编:《神と仏:仏教

受容と神仏習合の世界》(東京:春秋社,2000年); Jacques H. Kamstra, *Encounter or Syncretism: The Initial Growth of Japanese Buddhism* (Leiden: E. J. Brill, 1967)。

〔2〕 参 Steven Heine, *From Chinese Chan to Japanese Zen: A Remarkable Century of Transmission and Transformation* (New York: Oxford University Press, 2018)。

〔3〕 菅野真道等著、青木和夫等校注:《続日本紀》(東京:岩波書店,1998年),頁65。

〔4〕 中国民间自古有杀牛祭神的习俗。《礼记》记周朝天子及诸侯均杀牛祭神。秦汉天子祭神亦杀牛祭天。此风传入朝鲜半岛的新罗。宋朝官方虽曾下令禁止,但此风并无消失。

〔5〕 景戒著、與谢野寛等编:《日本霊異記·中卷》(東京:日本古典全集刊行会,1926年),頁79—83。

〔6〕 有关中国道教对古代日本宗教的冲击,参 Jeffrey Richey, ed., *Daoism in Japan: Chinese Traditions and their Influence on Japanese Religious Culture* (London and New York: Routledge, 2015)。

〔7〕 太田亮:《神道史》(東京:国史講座刊行会,1938年),頁119—122。

〔8〕 参 Wai-ming Ng, *The I Ching in Tokugawa Thought and Culture* (Honolulu: University of Hawai'i Press, 2000), pp. 22-34; 薩木英雄,《五山文学と道教上》,《相愛大学研究論集》第9号(1993年3月),頁15—28;《五山文学と道教下》,《相愛大学研究論集》第10号(1994年3月),頁29—41。

〔9〕 参吴伟明:《易学对德川日本的影响》,頁11—13。

〔10〕 叶汉鳌:《日本民俗信仰艺能与中国文化》(台北:大新书局,2005年),頁131—133。

〔11〕 其实中国文化在日本的角色,除了作为模范及他者外,亦是建构日本文化及表达日本审美观及价值观的"素材"。参吴伟明:《德川日本的中

国想象:传说、儒典及词汇的在地化诠释》,页6—11。

〔12〕 吴伟明:《近代以前日本的汉字本地化策略》,《南国学术》第10卷第1期(2020年1月),页27—36。

〔13〕 参平井祐弘:《和魂洋才の系譜》(東京:河出書房新社,2016年)。

参考书目

英文文献

Atkins, Paul S. *Revealed Identity: The Noh Plays of Komparu Zenchiku* (Michigan Monograph Series in Japanese Studies, 55). Ann Arbor: Center for Japanese Studies, University of Michigan, 2006.

Blacker, Carmen. "The Religions of Japan." In Jouco Bleeker and Geo Widengren (eds.), *Historia Religionum: Handbook for the History of Religions. II.* Leiden: E. J. Brill, 1971, pp. 516–549.

Breen, John and Mark Teeuwen. *A New History of Shinto*. Chichester: Wiley-Blackwell, 2010.

Brinkman, John T. *Simplicity: A Distinctive Quality of Japanese Spirituality*. New York: Peter Lang, 1996.

Brown, Kendall H. *The Politics of Reclusion: Painting and Power in Momoyama Japan.* Honolulu: University of Hawai'i Press, 1997.

Collcutt, Martin. "The Legacy of Confucianism in Japan." In Gilbert Rozman (ed.), *The East Asian Region: Confucian Heritage and Its Modern Adaptation.* Princeton: Princeton University Press, 1991, pp. 111–154.

Commons, Anne. *Hitomaro: Poet as God.* Boston: Brill, 2009.

Costa, Ruy O. (ed.) *One Faith, Many Cultures: Inculturation, Indigenization and Contextualization.* New York: Orbis Books, 1988.

De Bary, William Theodore (ed.). *The Buddhist Tradition: In India, China and Japan.* New York: Modern Library, 1969.

De Vos, George A. *Socialization for Achievement: Essays on the Cultural Psychology of the Japanese.* Berkeley: University of California Press, 1973.

Grapard, Allan G. *The Protocol of the Gods: A Study of the Kasuga Cult in Japanese History.* Berkeley and Los Angeles: University of California Press, 1992.

Hamashita, Takeshi. *China, East Asia and the Global Economy: Regional and Historical Perspectives.* New York: Routledge, 2008.

Heine, Steven. *From Chinese Chan to Japanese Zen: A Remarkable Century of Transmission and Transformation.* New York: Oxford University Press, 2018.

Hori, Ichiro. *Folk Religion in Japan: Continuity and Change.* Chicago: University of Chicago Press, 1968.

Jahss, Melvin and Betty Jahss. *Inro and Other Miniature Forms of Japanese Lacquer Art.* Tokyo: Tuttle Publishing, 2012.

Kakazu, Hiroshi. *Island Sustainability: Challenges and Opportunities for Okinawa and Other Pacific Islands in a Globalized World.* Bloomington: Trafford Publishing, 2008.

Kamstra, Jacques H. *Encounter or Syncretism: The Initial Growth of Japanese Buddhism.* Leiden: E. J. Brill, 1967.

Marcon, Federico. *The Knowledge of Nature and the Nature of Knowledge in Early Modern Japan.* Chicago: Chicago University Press, 2015.

Marty, Martin. *The Christian World: A Global History.* New York: Modern Library, 2007.

Maruyama, Masao. "Orthodoxy and Legitimacy in the Yamazaki Ansai School." (trans. Barry Steben). In Chun-chieh Huang and John Allen Tucker (eds.), *Dao Companion to Japanese Confucian Philosophy*. New York: Springer, 2014, pp. 331-410.

McMullen, James. "The Worship of Confucius in Ancient Japan." In Peter Kornicki and James McMullen (eds.), *Religion in Japan: Arrows to Heaven and Earth*. Cambridge: Cambridge University Press, 1996, pp. 39-77.

———. "Ogyū Sorai, Matsudaira Sadanobu and the Kansei Worship of Confucius." Asia Japan Journal 6 (2010): 61-82.

———. "The Worship of Confucius in Hiroshima." *Japonica Humboldtiana* 16 (2013): 83–107.

———. *The Worship of Confucius in Japan*. Cambridge: Harvard University Asia Center, 2020.

Metevelis, Peter. *Mythical Stone: Volume 1 of Mythological Essays*. Lincoln: Writers Club Press, 2002.

———. "Stone and Immortality in Japan." In Peter Metevelis, *Japanese Mythology and the Primeval World*. New York: iUniverse, Inc., 2009, pp. 1–124.

———. "Stone Worship." In Peter Metevelis, *Japanese Mythology and the Primeval World*. New York: iUniverse, Inc., 2009, pp. 191-204.

Ng, Wai-ming. *The I Ching in Tokugawa Thought and Culture*. Honolulu: University of Hawai'i Press, 2000.

———. "The Shintoization of the *Yijing* in Hirata Atsutane's *Kokugaku*." *Sino-Japanese Studies* 19 (2012): 33-47.

———. *Imagining China in Tokugawa Japan: Legends, Classics and Historical Terms*. Albany: SUNY Press, 2019.

Nikaidō, Yoshihiro. *Asian Folk Religion and Cultural Interaction.* Taipei: Taiwan University Press, 2015.

Overmeer Fisscher, Johannes F. van. *Bijdrage tot de kennis van het Japansche rijk.* Amsterdam: J. Muller, 1833.

Ōwaki, Yoshio. "Overview of Research on Yu the Great." *Journal of Cultural Interaction in East Asia* 7（2016）: 5-24.

Pate, Alan Scott. *Ningyo: The Art of the Japanese Doll.* North Clarendon: Tuttle Publishing, 2005.

Rambelli, Fabio. "Elements for a Conceptualization for Maritime Religiosity in Japan." In Fabio Rambelli（ed.）, *The Sea and the Sacred in Japan: Aspects of Maritime Religion.* London: Bloomsbury, 2018, pp. 181–200.

Rambelli, Fabio and Mark Teeuwen（eds.）. *Buddhas and Kami in Japan: Honji Suijaku as a Combinatory Paradigm.* London: RoutledgeCurzon, 2003.

Richey, Jeffrey（ed.）. *Daoism in Japan: Chinese Traditions and their Influence on Japanese Religious Culture.* London and New York: Routledge, 2015.

Ruitenbeek, Klaas. "Mazu, the Patroness of Sailors, in Chinese Pictorial Art." *Artibus Asiae*, vol. 58, no. 3/4（1999）: 281-329.

Satoh, Masanobu. "Mazu Came to Japan: Tracing the Voyage of Goddess in Edo Era." *Osaka University Research Project of History Education, Working Paper Series* No. 13（March 2016）: 37-41.

Sen, Soshitsu XV（tran. Dixon Morris）. *The Japanese Way of Tea: From Its Origins in China to Sen Rikyu.* Honolulu: University of Hawai'i Press, 1998.

Smits, Gregory. "Warding off Calamity in Japan: A Comparison of the 1855 Catfish Prints and the 1862 Measles Prints." *East Asian Science, Technology, and Medicine* 30 (2009) : 9-31.

Steben, Barry. "Edo as Method: An Introduction to Koyasu Nobukuni's Recent Scholarship." *Sino-Japanese Studies* 12:2 (April 2000) : 29-40.

Swearer, Donald K. *The Buddhist World of Southeast Asia.* Albany: State University of New York Press, 2010.

Takahashi, Seiichi. "Ishiganto (Talismanic Stone) and Cultural Interaction." *A Selection of Essays on Oriental Studies of ICIS* (March 2011) : 103-122.

Teiser, Stephen. "Popular Religion." *The Journal of Asian Studies* 54:2 (May 1995) : 378-395.

Von Glahn, Richard. *The Sinister Way: The Divine and the Demonic in Chinese Religious Culture.* Berkeley and Los Angeles: University of California Press, 2004.

Welch, Matthew. "Shōki the Demon Queller." In Stephen Addiss (ed.) , *Japanese Ghosts and Demons: Arts of the Supernatural.* New York: George Braziller, 1985, pp. 81-102.

Yang, Yuanzheng. *Japonifying the Qin: The Appropriation of Chinese Qin Music in Tokugawa Japan.* University of Hong Kong, Ph.D. dissertation, 2008.

Zhao, Qiguang. *A Study of Dragons, East and West.* New York: Peter Lang, 1992.

Zhong, Yijiang. *The Origin of Modern Shinto in Japan: The Vanquished Gods of Izumo.* London: Bloomsburg Publishing, 2016.

参考书目

日文文献（以笔画为序）

ジャパン通信社編：《月刊文化財発掘出土情報》208号（1999年9月）。

九重京司：《にっぽんの性神》。東京：けいせい出版，1981年。

二階堂善弘：《心に残る神と消えゆく信仰——招宝七郎神を例として》，アジア遊学編集部編：《アジア遊学110・アジアの心と身体》，2008年6月，頁28—33。

——：《長崎唐寺の媽祖堂と祭神について》，《東アジア文化交渉研究》第2号（2009年3月），頁99—108。

——：《関帝信仰と周倉》，《関西大学東西学術研究所紀要》第47号（2014年4月），頁71—85。

入矢義高編：《日本文人詩選》。東京：中央公論社，1992年。

三宅米吉編：《聖堂略志》。東京：斯文会，1922年。

三浦三郎：《神農伝説の展開とその儀礼民俗》，《薬史学雑誌》第3巻第2号（1968年），頁1—7。

三浦瓶山：《定家釈奠録》。富山県立図書館电子版（請求記号：前-141）。

上方史蹟散策の会編：《淀川往来》。京都：向陽書房，1984年。

上田望：《日本における＜三国演義＞の受容（前篇）翻訳と挿図を中心に》，《金沢大学中国語学中国文学教室紀要》第9号（2006年3月），頁1—43。

上江洲均、宮城篤正：《首里の石敢當》，《沖縄県立博物館紀要》第1号（1976年），頁1—18。

上村觀光編：《五山文学全集》巻1。京都：思文閣，1973年。

上河淇水：《心学承伝之図》，柴田実校訂：《日本思想大系42・石門心学》。東京：岩波書店，1971年，頁201—206。

下野敏見:《ヤマト・琉球民俗の比較研究》。東京: 法政大学出版局, 1989 年。

——:《南九州の伝統文化 2》。鹿児島: 南方新社, 2005 年。

丸山二郎訓注:《古事記: 標注訓読》。東京: 吉川弘文館, 1965 年。

土佐秀信:《仏像図彙: 増補諸宗・壱》。東京: 森江佐七, 1900 年。

大石学編:《大江戸まるわかり事典》。東京: 時事通信社, 2005 年。

大休宗休:《見桃錄》, 国訳禅宗叢書刊行会編:《国訳禅宗叢書》卷 10。東京: 国訳禅宗叢書刊行会, 1921 年。

大谷貞夫:《近世日本治水史の研究》。東京: 雄山閣, 1986 年。

大屋行正:《伊勢志摩地方の蘇民符と注連縄》,《勢田川調小留書 4》, 2012 年。

大宰春台:《関雲長像賛》,《春台先生紫芝園稿・後編》卷 3。江戸: 嵩山房, 1752 年。国文学研究資料館电子版 (請求記号: 383-3)。

大島武好:《山城名勝志》卷 13 下,《愛宕郡》。京都: 京都叢書刊行会, 1915 年。

大脇良夫、植村善博:《治水神・禹王をたずねる旅》。京都: 人文書院, 2013 年。

大国隆正:《学統辯論》, 田原嗣郎等校注:《日本思想大系 50・平田篤胤、伴信友、大国隆正》。東京: 岩波書店, 1973 年。

《大猷院殿御実紀附録》卷 2, 経済雑誌社編:《徳川実紀》。東京: 経済雑誌社, 1904 年, 頁 10094。

大護八郎:《石神信仰》。東京: 木耳社, 1977 年。

小山田与清:《擁書漫筆》卷 4。国文学研究資料館电子版 (請求記号: 南 15-199)。

——:《松屋筆記》卷 69, 江戸期写本。日本国立国会図書館电子版 (請求記号: 丑 -60)。

小川剛生：《武士はなぜ歌を詠むか：鎌倉将軍から戦国大名まで》。東京：角川学芸，2008 年。

小玉正任：《石敢當攷》，《北の丸》第 33 号（2000 年），頁 54—71。

——：《民俗信仰：日本の石敢當》。東京：慶友社，2004 年。

小坂真二：《陰陽道の反閇について》，村山修一編：《陰陽道叢書 4》。東京：名著出版，1993 年，頁 117—148。

小宮山楓軒：《楓軒偶記》，国書刊行会編：《百家随筆 2》。東京：国書刊行会，1918 年。

小島憲之校注：《日本書紀》巻 3—4。東京：小学館，1994 年。

小笠原信夫：《鐔》。東京：保育社，1975 年。

小野田町史編纂委員会編：《小野田町史》。小野田町，1974 年。

小曾戸洋：《近世日本の医薬界における神農画賛流行の背景》，《日本医史学雑誌》第 40 巻第 3 号（1994 年），頁 333—334。

小澤正樹：《鍾馗さんを探せ》。京都：淡交社，2012 年。

山口建治：《鍾馗と牛頭天王："郷儺"の伝来と日本化》，《非文字資料研究》第 6 期（2010 年），頁 1—14。

山本和義、横山弘校注：《服部南郭・祇園南海 3》。東京：岩波書店，1991 年。

山本笑月：《明治世相百話》。東京：有峰書店，1971 年。

山本輝雄、前川道郎：《長崎・3 唐寺における媽祖を祀る堂について》，《九州大学工学集報》第 64 巻第 2—3 号（1991 年），頁 75—82，頁 143—150。

山田四郎：《三壺聞書》。金澤：石川県図書館協会，1931 年。

山田徳兵衛：《図説日本の人形史》。東京：東京堂，1991 年。

山折哲雄：《日本の神 3・神の顕現》。東京：平凡社，1996 年。

山里純一：《石敢當覚書》，《日本東洋文化論集》第 9 号（2003 年 3 月），頁 37—68。

山東京伝:《骨董集》卷上。東京: 寛裕舎, 1900 年。

——:《蜘蛛の糸卷》, 日本随筆大成編輯部編:《日本随筆大成》第 2 期, 第 7 卷。東京: 吉川弘文館, 1973 年。

山崎美成:《三養雑記》卷 1。江戸: 青雲堂, 1840 年。国文学研究資料館电子版 (請求記号: 96-1145-1)。

——:《提醒紀談》, 日本随筆大成編輯部編:《日本随筆大成》第 2 期, 第 1 卷。東京: 吉川弘文館, 1973 年。

山鹿素行:《武教全書》, 石岡久夫編:《日本兵法全集 5・山鹿流兵法》。東京: 人物往來社, 1967 年。

——:《聖教要錄》, 田原嗣郎、守本順一郎校注:《日本思想大系 32・山鹿素行》。東京: 岩波書店, 1970 年。

——:《聖教要錄・上》, 広瀬豊編:《山鹿素行全集》第 11 卷。東京: 岩波書店, 1940 年。

川上邦基編:《歌川風隈取百種》。東京: 演芸珍書刊行会, 1915 年。

川島絹江編:《荻生徂徠著〈琴学大意抄〉翻刻》,《東京成徳短期大学紀要》第 37 号 (2004 年), 頁 17—28。

川部裕幸:《疱瘡絵の文献的研究》,《日本研究: 国際日本文化研究センター紀要》第 21 号 (2000 年 3 月), 頁 117—145。

中山信名:《新編常陸国誌・上》。大阪: 積善館, 1899 年。

中山高陽:《画談雞肋》, 坂崎坦編:《日本画談大観》。東京: 目白書院, 1917 年。

中井竹山:《草茅危言》卷 3。大阪: 懷徳堂記念館, 1942 年。

——著、水田紀久注:《奠陰集・詩集文集 8》。東京: ぺりかん社, 1987 年。

中本弘芳:《伊是名村誌》。国頭郡: 伊是名村, 1966 年。

中江藤樹:《中江藤樹》卷 1。東京: 日本図書センタ, 1979 年。

参考书目

——：《集義和書》，伊東多三郎編：《中江藤樹・熊沢蕃山》。東京：中央公論社，1976年。

中野寿吉：《閑谷黌史》。福浜村：中野寿吉，1891年。

五代秀堯、橋口兼柄編：《三国名勝図会》。山本盛秀，1905年。

《五嶋家吉凶帳》，砺波市史編纂委員会編：《砺波市史・資料編2》。砺波：砺波市，1991年。

井口常範：《天文図解》，三枝博音編：《日本哲学全書第8巻天文・物理学家の自然観》。東京：第一書房，1936年。

井波律子：《日本人と諸葛亮》，《月刊しにか》1994年4月号，頁62—67。

仁井田好古等編：《紀伊続風土記》第2輯。東京：帝国地方行政会出版部，1911年。

今井金吾：《今昔中山道独案内》。東京：日本交通公社出版事業部，1976年。

今村恒美：《江戸暦渡世絵姿》。東京：創拓社，1984年。

《今昔物語集》，経済雑誌社編：《国史大系》第16巻。東京：経済雑誌社，1901年。

今泉篤男：《京都の歴史1》。京都：学芸書林，1968年。

《元秘別録》，神宮司庁編：《古事類苑・歳時部》第3巻，年号上。東京：神宮司庁，1912年。

内田実：《広重》。東京：岩波書店，1930年。

天野信景：《塩尻：随筆》上巻。東京：国学院大学出版部，1908年。

太田亮：《神道史》。東京：国史講座刊行会，1938年。

戸田茂睡：《梨本書》，平重道、阿部秋生校注：《日本思想大系39・近世神道論前期国学》。東京：岩波書店，1972年。

戸田浩曉：《明治維新前後の学神論について》，《立正大学文学部論

叢》第2号（1954年6月），頁165—180。

《文命皇神尊御由来記》（島田家所藏），稲村坦元編：《埼玉叢書》第5卷。東京：国書刊行会，1971年。

文部省編：《日本教育史資料集》卷16。東京：富山房，1903年。

——編：《旧幕府聖堂釈奠図》。東京：文部省，1892年。

《日本三代実録》，経済雑誌社編：《国史大系》第4卷。東京：経済雑誌社，1914年。

日本随筆大成刊行会編：《日本図会全集》第8卷。東京：吉川弘文館，1929年。

日向野徳久：《関東の民間信仰》。東京：明玄書房，1973年。

日蓮：《立正安国論》。東京：徳間書店，1973年。

木下亀城、篠原邦彦：《日本の郷土玩具》。大阪：保育社，1962年。

水谷容子：《治水神・禹王崇拝の広がり》，《KISSO》卷89（2014），頁8—10。

水野裕史：《近世初期における帝鑑図の制作背景》，《熊本大学教育学部紀要》第64期（2015年12月），頁221—228。

犬塚印南：《昌平志》（1818年）。日本国立国会図書館电子版（請求記号：に-12）。

王勇：《中国の鍾馗と日本の鍾馗：画像イメージの比較を中心に》，勉誠出版編集部編：《日本文化に見る道教的要素》。東京：勉誠出版，2005年，頁74—82。

王敏：《禹王と日本人："治水神"がつなぐ東アジア》。東京：NHK出版，2014年。

加納諸平、神野易興等編：《紀伊國名所図会》後編，下卷。貴志康親，1936年。

加野厚志：《本多平八郎忠勝》。東京：PHP研究所，1999年。

参考书目

加藤玄智：《我が国体と神道》。東京：弘道館，1919 年。

北畠親房：《神皇正統記》，有馬祐政編：《勤王文庫》第 1 編。東京：大日本明道会，1927 年。

《台徳院殿御実紀》卷 8，経済雑誌社編：《国史大系》第 9 卷。東京：経済雑誌社，1905 年。

市木武雄編：《梅花無尽蔵注釈 4》。東京：八木書店，1993 年。

市河米菴：《米菴墨談続編》卷 3。慶應義塾大学図書館电子版（請求記号：215-712-2）。

平井祐弘：《和魂洋才の系譜》。東京：河出書房新社，2016 年。

平田篤胤：《三五本國考》下卷。日本国立国会図書館电子版（請求記号：839-28）。

——：《太昊古易伝》，平田盛胤、三木五百枝校訂：《平田篤胤全集 6》。東京：法文館，1935 年。

——：《牛頭天王暦神辯》（1823）。国立国会図書館藏（請求記号：837-26）。

——：《赤縣度制考》上卷，平田篤胤全集刊行会編：《新修平田篤胤全集 13》。東京：名著出版，1977 年。

——：《春秋命歷序考》卷 1。日本国立国会図書館电子版（請求記号：862-124）。

平野満：《天保期の本草研究会"赭鞭会"——前史と成立事情および活動の実態》，《駿台史学》第 98 号（1996 年 9 月），頁 1—47。

平敷令治：《沖縄の祭祀と信仰》。東京：第一書房，1990 年。

本居宣長：《鉗狂人》，神宮司庁編：《古事類苑・文学部 21》卷 14。京都：古事類苑刊行会，1930 年，頁 665。

——：《鉗狂人》。京都：綛田屋平右衛門，1821 年。日本国立国会図書館电子版（請求記号：210.3-To339Mk-Ⅱ）。

本居宣長著、倉野憲司校訂:《古事記伝3》。東京:岩波書店, 1942年。

《本朝故事因縁集》卷5, 京都大学編:《京都大学蔵大惣本稀書集成》卷8。京都:臨川書店, 1996年。

正宗竜統:《故左金吾兼野州太守平公墳記》, 塙保己一編:《続群書類従》第8輯上, 伝部。東京:続群書類従完成会, 1957年, 頁75。

永田徳本:《梅花無尽蔵》, 塙保己一編:《続群書類従》第12輯下, 文筆部。東京:八木書店, 1959年。

生田万:《古易大象経伝》上卷。日本国立国会図書館电子版(請求記号:847-103)。

——:《象易正義》, 芳賀登編:《生田万全集3》。東京:教育出版センター, 1986年。

田中尚子:《関羽顕聖譚の受容——〈碧山日録〉を端緒として》,《国語と国文学》第82号(2005年9月), 頁40—52。

田村省三:《篤姫の時代》, 古閑章編:《新薩摩学6・天璋院篤姫》。鹿児島市:南方新社, 2008年, 頁11—35。

石川淳:《石川淳全集》第16卷。東京:筑摩書房, 1991年。

石川徹校注:《大鏡》。東京:新潮社, 1989年。

石川謙:《石田梅岩と〈都鄙問答〉》。東京:岩波書店, 1979年。

石川麟洲:《辨道解蔽》, 関儀一郎編:《日本儒林叢書》第4冊。東京:東洋図書刊行会, 1929年。

石田梅岩:《都鄙問答》, 柴田実編:《石田梅岩全集》。東京:石門心学会, 1956年。

石坂善次郎編:《池田光政公伝・下卷》。東京:石坂善次郎, 1932年。

石塚豊芥子:《鬼瓦看発病》,《街談文々集要》卷2,《珍書刊行会叢書・第2冊》。東京:珍書刊行会, 1916年, 頁59—61。

参考书目

仲原弘哲:《今帰仁村の〈イシガントー〉》,沖縄県今帰仁村教育委員会:《今帰仁村文化財調査報告書》第4集（1981年3月），頁3—26。

伊賀風山:《経権提要》(1670)，石岡久夫編:《日本兵法全集7・諸流兵法（下）》。東京：人物往來社,1967年。

伊勢貞丈:《貞丈雑記》巻16。日本国立国会図書館电子版（請求記号：192-55）。

伊藤正義校注:《謠曲集》。東京：新潮社,1983年。

伊藤幸司:《山口大神宮の石敢當》,山口県立大学国際文化学部編:《大学的やまぐちガイド"歴史と文化"の新視点》。東京：昭和堂,2011年,頁90—92。

伊藤東涯編:《歴代聖賢道統図賛》,《古学先生文集》巻3。京都：玉樹堂,1717年,頁27—28。日本国立国会図書館电子版（請求記号：862-140）。

吉川弘文館編:《水戸藩史料》巻5。東京：吉川弘文館,1915年。

吉岡英二:《石敢當の高さとその地域比較》,《神戸山手大学人文学部紀要》第7号（2005年12月），頁59—66。

吉野裕子:《陰陽五行と日本の文化》。東京：大和書房,2003年。

存覺:《諸神本懐集》,小川獨笑編:《経釈抜萃法語集16》。東京：松田甚左衛門,1902年。

宇宿捷:《媽祖の信仰と薩南片浦林家の媽祖に就いて》,《史学》第15巻第3号（1936年11月），頁53—84。

安西安周:《明治先哲医話》。東京：竜吟社,1942年。

安東省菴:《安藤守約悼朱老師文》,青山延于編:《文苑遺談》,関儀一郎編:《日本儒林叢書・史伝書簡部3》。東京：東洋図書刊行会,1929年,頁10。

安倍晴明:《三国相伝陰陽輨轄籤簋內伝金烏玉兎集・卷上》。東京:田中太右衛門, 1919 年。

安然:《悉曇蔵》。東京:佛書刊行会, 1922 年。

安曇川町史編集委員会編:《安曇川町史》。安曇川町:安曇川町役場, 1984 年。

安藤昌益:《自然真營道》, 三枝博音編:《日本哲学思想全書 6・自然篇》。東京:平凡社, 1956 年。

——:《統道真伝》, 安藤昌益研究會編:《安藤昌益全集 20》。東京:農山漁村文化協会, 1995 年。

寺島良安:《倭漢三才図会》。東京:日本随筆大成刊行会, 1928 年。

——:《和漢三才図会・中》。大阪:中近堂, 1884 年。

帆足万里:《入学新論》, 帆足記念図書館編:《帆足万里全集・上巻》, 卷 1。東京:ぺりかん社, 1988 年。

成澤勝嗣:《物はやりの系譜》, 神戸市立博物館編:《隠元禅師と黄檗宗の絵画展》。神戸:神戸市スポーツ教育公社, 1991 年, 頁 98—105。

滝沢馬琴:《燕石雑志》, 日本随筆大成編輯部編:《日本随筆大成》第 2 期, 第 19 卷。東京:吉川弘文館, 1975 年。

——:《醴新書:曲亭馬琴狂文集》。東京:薰志堂, 1897 年。

——:《羇旅漫錄》。東京:畏三堂, 1885 年。

—— 著, 後藤丹治校注:《日本古典文学大系 60・椿説弓張月・上》。東京:岩波書店, 1958 年。

有島こころ:《媽祖信仰について:媽祖文化圏を形成する可能性を探る》,《文化環境研究》第 3 号 (2009 年 3 月), 頁 94。

百井塘雨:《笈埃随筆》, 日本随筆大成編輯部編:《日本随筆大成》第 2 期第 12 卷。東京:吉川弘文館, 1974 年。

西山松之助:《江戶歌舞伎研究》。東京:吉川弘文館, 1987 年。

参考书目

西川如見:《長崎夜話草》。京都:求林堂,1898 年。

——:《華夷通商考》,滝本誠一編:《日本経済叢書》卷 5。東京:日本経済叢書刊行会,1914 年。

佐和隆研、奈良本辰也、吉田光邦編:《京都大事典》。京都:淡交社,1984 年。

佐藤一羊:《神農の由来》。大阪:神農社,1930 年。

佐藤一斎:《尚書欄外書》卷 1。日本国立国会図書館电子版(請求記号:は -55)。

佐藤成裕:《中陵漫録》,日本随筆大成編輯部編:《日本随筆大成》第 3 期。東京:吉川弘文館,1976 年。

佐藤紫雲:《鍾馗百態》。東京:村田書店,1980 年。

佚名:《百錬抄》,《古事類苑・文学部 33》。東京:神宮司庁,1912 年。

佚名:《通俗三国志》,黄表紙。日本国立国会図書館电子版(請求記号:208-439)。

別所恭顯:《道修町と神農信仰》,《薬史学雑誌》第 43 卷 2 号(2008 年),頁 231。

吳繼志:《質問本草》(和泉屋吉兵衛,1837 年)。日本国立国会図書館电子版(請求記号:特 1-820)。

杉崎巌:《史談往来 / 北から南から郷土の鍾馗信仰について》,《歴史研究》第 53 期(2011 年),頁 16—18。

李月珊:《寛政期昌平坂学問所の釈奠改革と"礼"の問題:教育世界の敬神と秩序》,《日本思想史研究》第 47 号(2015 年 3 月),頁 37—56。

李献璋:《媽祖信仰の研究》。東京:泰山文物社,1979 年。

町泉寿郎:《江戸医学館の官立化と神農祭祀》,《斯文》122 号(2013 年 3 月),頁 81—108。

《谷文一画、亀田綾瀬題書、埼玉県杉戸町桜神社の禹王碑表の肉筆原本を得ること》,《東隅随筆》第376号(2014年3月),頁6。

貝原益軒:《日本歳時記》,神宮司庁編:《古事類苑・神祇部31》卷2。京都:古事類苑刊行会,1930年。

周星:《中国と日本の石敢當》,《比較民俗研究》第7号(1993年3月),頁5—25。

奈倉哲三:《幕藩制支配イデオロギーとしての神儒習合思想の成立》,《歴史学研究》別冊特集(1974年12月),頁84—93。

季瓊真蘂等:《蔭涼軒日録》卷23。京都:臨川書房,1978年。国文学研究資料館电子版(請求記号:384-4)。

岡田正之:《近江奈良朝の漢文学》。東京:東洋文庫,1929年。

岸昌一:《御領分社堂》(南部領宗教関係資料1)。東京:岩田書院,2001年。

《徂徠集》,日本随筆大成編輯部編:《日本随筆大成》第2期。東京:吉川弘文館,1973年。

服部正実:《洛中・洛外の鍾馗》。京都:服部正実,1996年。

東京帝国大学文学部史料編纂掛編:《大日本史料》第8編。東京:東京大学出版会,1968年。

東麓破衲:《下学集》卷2。日本国立国会図書館电子版(請求記号:WA16-121)。

松平定信:《集古十種・碑銘之部下》。東京:郁文社,1903年。

松田敏足編:《年中祭典演義》。福岡:豊田舎,1903年。

松田誠:《石敢當の現況》。(鹿児島県)加治木町:松田誠,1983年。

松村明編:《ことば紳士録》。東京:朝日新聞社,1971年。

松村英哲:《鍾馗考》1-6,《近畿大学教養部紀要》第28卷第3号至第31卷第3号(1997—2000)。

松浦東溪編:《長崎古今集覽》。長崎:長崎文献社,1976年。

松崎慊堂:《慊堂遺文・下》。東京:松崎健五郎,1901年。

林自見:《雜說囊話》,日本随筆大成編輯部編:《日本随筆大成》第2期,第8卷。東京:吉川弘文館,1973年。

林鵞峰著、山本武夫校訂:《国史館日録》。東京:続群書類従完成会,1997年。

林鵞峰著、山本武夫校訂:《国史館日録4》。東京:続群書類従完成会,1999年。

林羅山、林春斎:《本朝通鑑》卷16。東京:国書刊行会,1919年。

林羅山:《聖賢像軸》,京都史蹟会編:《林羅山文集・上卷》。東京:ぺりかん社,1979年。

——:《庖丁書録》,日本随筆大成編輯部編:《日本随筆大成》第1期,第11卷。東京:日本随筆大成刊行会,1931年。

——:《羅山林先生文集》。京都:平安考古学会,1918年。

——:《羅山林先生文集》卷2。京都:平安考古学会,1918年。

武田信成:《道統小伝》。京都:井筒屋六兵衛,1681年。東京大学図書館藏(請求記号:儒014:1)。

舎人親王編:《日本書紀》,神宮司庁編:《古事類苑・兵事部7》。東京:神宮司庁,1912年。

花田潔:《石敢當の梵字の解釈》,《鹿児島民俗》第80号(1984年7月),頁15—17。

芳賀幸四郎:《中世禅林の学問および文学に関する研究》。東京:日本学術振興会,1956年。

虎竹正幸等編:《世界教育宝典・日本教育編第6》。町田:玉川大学出版部,1967年。

虎尾俊哉:《訳注日本史料・延喜式》。東京:集英社,2007年。

金刀比羅宮社務所編:《金刀比羅宮絵馬鑑》第 2 編。琴平町:金刀比羅宮社務所,1936 年。

金谷俊則:《毛利隆元》。東京:中央公論事業出版,2008 年。

金春禅竹:《鍾馗》,廿四世觀世左近訂正:《嵐山・正尊・巻絹・花月・鍾馗》。東京:檜書店,1931 年。

金沢兼光:《和漢船用集》巻 2。大阪:藤屋徳兵衛,1827 年。早稲田大学図書館电子版(請求記号:ム 08_00467)。

長尾直茂:《江戸時代の漢詩文に見る関羽像》,《日本中国学会報》第 51 期(1991 年),頁 223—239。

——:《江戸時代の絵画における関羽像の確立》,《漢文学解釈与研究》第 2 号(1999 年 11 月),頁 54—77。

——:《中世禅林における関羽故事の受容》,《漢文学解釈与研究》第 5 号(2002 年 12 月),頁 29—64。

長崎史談会編:《長崎名勝図絵》。長崎:長崎史談会,1930 年。

長崎市編:《長崎市史・地誌編仏寺部下》。長崎:長崎市役所,1923 年。

前田治脩:《太梁公日記・第一》。東京:続群書類従完成会,2004 年。

南里みち子:《大江文坡の関帝信仰》,《学士会会報》第 831 号(2001 年 4 月),頁 144—149。

南忠信:《仲源寺めやみ地蔵尊略縁起》。京都:仲源寺,1957 年。

室鳩巣:《献可録》,滝本誠一編:《日本経済叢書》巻 3。東京:日本経済叢書刊行会,1915 年。

後藤忠盛:《毛利藩の釈菜》,《山口県文書館研究紀要》第 15 号(1988 年 3 月),頁 19—29。

後藤重巳:《臼杵唐人町と石敢當》,丸山雍成編:《前近代における

南西諸島と九州》。東京:多賀出版,1996年,頁333—354。

柳田国男:《海南小記》,《柳田国男全集1》。東京:筑摩書房,1989年。

柳町達也編:《陽明学大系8・日本の陽明学上》。東京:明德出版社,1973年。

狩野永納:《本朝画史4・専門家族,雑伝》。東京:尚栄堂,1899年。

狩野応信編:《探幽縮図聚珍画譜・中巻》。東京:松井忠兵衛,1885年。

秋月観暎:《東日本における天妃信仰の伝播:東北地方における道教的信仰の調査報告》,《歴史》23—24号(1962年),頁16—28。

秋田市編:《秋田市史第16巻・民俗編》。秋田市,1996年。

秋里籬島:《都名所図会》巻2,《平安城尾,宮川》。浪華:河内屋太助,1786年。日本国立国会図書館电子版(請求記号:特1-18)。

紀繁継編:《八坂社旧記集録》上巻,1870年。日本国立国会図書館电子版(請求記号:212-181)。

茅原定:《茅窓漫録》,滝本誠一編:《日本経済叢書》巻19。東京:日本経済叢書刊行会,1917年。

原田禹雄:《琉球を守護する神》。宜野灣:榕樹書林,2003年。

原昌克:《叢桂偶記》,神宮司庁編:《古事類苑・方技部13》。京都:古事類苑刊行会,1914年。

唐橋世済編:《豊後国志》。東京:二豊文献刊行会,1931年。

宮原直倜:《備陽六郡志》,得能正通編:《備後叢書》巻2。東京:備後郷土史会,1935年,頁81。

島田修二郎、入矢義高監修:《禅林画賛:中世水墨画を読む》。東京:毎日新聞社,1987年。

徐興慶：《心越禅師と徳川光圀の思想変遷試論》，《日本漢文学研究》第 3 期（2008 年），頁 313—356。

根岸鎮衛：《耳袋》，巻 207。東京：平凡社，1972 年。

桂川中良：《桂林漫錄》，日本随筆大成編輯部編：《日本随筆大成》第 1 期第 2 巻。東京：吉川弘文館，1975 年。

桃源瑞仙：《百衲襖》（慶應義塾大学館藏影印本）。

真壁仁：《神の憑依するところ：昌平黌釈奠改革と徳川日本の儒礼受容》，《東京女子大学比較文化研究所附置丸山眞男記念比較思想研究センター報告》，2017 年 3 月，頁 99—110。

神戸市立博物館編：《隠元禅師と黄檗宗の絵画展》。神戸：神戸市スポーツ教育公社，1991 年。

神吉和夫、金築亮：《室鳩巣〈水は下より治ると申儀御尋に付申上候〉にみられる享保期の治水思想》，《土木史研究》第 22 号（2002），頁 41—47。

神宮司庁編：《古事類苑・方技部 11》，医術 2。東京：吉川弘文館，1977 年。

——編：《古事類苑・文学部 28》。東京：神宮司庁，1912 年。

——編：《古事類苑・政治部 4》，下編，水利上。東京：神宮司庁，1912 年。

茨城県祭行事調査委員会：《茨城県祭り・行事基礎調査一覧》。水戸：茨城県教育委員会，2010 年。

荒井太四郎：《出羽国風土記》巻 5。山形：荒井太四郎，1884 年。

高坂昌信：《龍虎豹三品》，石岡久夫編：《日本兵法全集 1・甲州流兵法》。東京：人物往來社，1967 年。

高杉晋作：《東行詩文集》。東京：豊文社，1893 年。

高畑常信：《石敢當の歴史（二）徳島県・香川県の石敢當》，《徳島文理大学研究紀要》89号（2015年3月），頁1—28。

——：《石敢當の歷史起源と変遷》,《德島文理大学研究紀要》第87号（2014年3月），頁1—33。

高島幸次編：《天満宮御神事御迎船人形図会》。大阪：東方出版，1996年。

高嶋藍、湯城吉信：《三木家絵画に見る江戸時代の文人世界》,《懐徳堂センター報》（2008年），頁51—57。

高橋誠一：《日本における天妃信仰の展開とその歷史地理学的側面》,《東アジア文化交渉研究》第2号（2009年3月），頁121—144。

高瀬重雄編：《日本海地域の歷史と文化》。東京：文献出版，1979年。

国分剛二：《山形県大山町の石敢當》,《史学》第9巻第2号（1930年6月），頁138。

国立国会図書館編：《日本と西洋—イメージの交差》。東京：国立国会図書館，2012年。

堀田吉雄：《海の神信仰の研究》。松阪：光書房，1979年。

堀幸夫：《沖縄のシーサーと狛犬》,《地中海歷史風土研究誌》第27号（2008年），頁38—45。

惟宗具俊：《医談抄》, 美濃部重克編：《伝承文学資料集成》。東京：三彌井書店，2006年。

惟宗直本：《令集解》，三浦周行、滝川政次郎校注：《定本令集解釈義》。東京：内外書籍，1931年。

梁蘊嫻：《歌舞伎の世界における関羽の受容》,《比較文学・文化論集》第28号（2011年3月），頁1—10。

梅原三千：《旧津藩国校有造館史》。津：八木清八，1934年。

深澤瞳：《禹歩・反閇から身固めへ：日本陰陽道展開の一端とし

て》,《大妻国文》第 43 号(2012 年 3 月),頁 19—45。

深瀬公一郎:《唐人屋敷設置期の唐寺と媽祖》,《長崎歴史文化博物館研究紀要》第 4 号(2009 年),頁 75—85。

清水久美子、阿部万里江:《江戸時代における印籠のデザインについて》,《同志社女子大学学術研究年報》卷 63(2012 年),頁 93—109。

清水俊明:《石仏:庶民信仰のこころ》。東京:講談社,1979 年。

萩市立明倫小学校:《明倫館の教育》。萩:萩市立明倫小学校,1949 年。

荻生徂徠:《弁名》,吉川幸次郎:《日本思想大系 36·荻生徂徠》。東京:岩波書店,1973 年。

——:《南留別志》,《荻生徂徠全集 18》。東京:みすず書房,1983 年。

——:《読荀子》,《徂徠山人外集》。東京:審美書院,1941 年。日本国立国会図書館电子版(請求記号:309-155)。

——:《弁道》,吉川幸次郎等校注:《日本思想大系 36·荻生徂徠》。東京:岩波書店,1973 年。

——:《蘐園十筆》,関儀一郎編:《日本儒林叢書》。東京:鳳出版,1978 年。

——:《弁道》,吉川幸次郎等校注:《日本思想大系 36·荻生徂徠》。東京:岩波書店,1978 年。

荻生徂徠門人:《蘐園雑話》(1787 年)。早稲田大学図書館电子版(請求記号:イ 1702304)。

莊子謙:《芙蓉記》。信州大学図書館电子版(請求記号:0025363052)。

野口鐵郎、松本浩一:《磯原天妃社の研究》。東京:サン・プランニング,1986 年。

野村春畝:《防長風土記》。徳山:青雲社,1957 年。

参考书目

陈艳红:《"民俗台湾"と日本人》。台北:致良出版社,2006年。

鹿児島市编:《武の国鹿児島》。鹿児島市,1944年。

喜多村信節:《嬉遊笑覽》。東京:成光館出版部,1932年。

富山県编:《越中史料》卷3。富山県,1909年。

富永仲基:《出定後語》,水田紀久、有坂隆道校注:《日本思想大系43·富永仲基、山片蟠桃》。東京:岩波書店,1973年。

富岡風生编:《俳句歳時記·夏の部》。東京:平凡社,1965年。

惡失兵衛景筆:《風俗三国志》,《季刊会本研究·復刻第6号·風俗三国志》,2001年。

最澄:《願文》,国史大系編修会编:《新訂増補·国史大系》卷31。東京:吉川弘文館,1930年,頁16。

湖南文山:《絵本通俗三国志》卷1。東京:同益出版社,1883年。

湯浅高之等:《湯島聖堂"神農祭"と少彦名神社"神農さんのお祭り"の比較の検討》,《日本歯科医史学会会誌》第18卷第4期(1992年9月),頁287—295。

湯浅常山:《文会雑記》,日本随筆大成編輯部编:《日本随筆大成》第1期,第14卷。東京:吉川弘文館,1974年。

無著道忠:《禅林象器箋》,靈像類下,"関帝"。京都:貝葉院,1909年。

景戒著、與謝野寛等编:《日本霊異記》。東京:日本古典全集刊行会,1926年。

菅江真澄:《天妃縁起》,太田孝太郎等校:《南部叢書》第9冊。盛岡:南部叢書刊行会,1931年,頁627—632。

菅茶山编:《福山志料·上》卷12。福山:福山資料発行事務所,1910年。

菅野真道:《続日本紀》卷2,文武紀2,甲田利雄注解:《年中行事御障子文注解》。東京：続群書類従完成会，1976 年。

菅野真道等著、青木和夫等校注：《続日本紀》。東京：岩波書店，1998 年。

菅野真道編：《続日本紀》，神宮司庁編：《古事類苑・神祇部 1》。東京：神宮司庁，1912 年。

菊地章太：《民間信仰と佛教の融合：東アジアにおける媽祖崇拜の擴大をたどる—》,《東アジア仏教学術論集》卷 5（2017 年 1 月），頁 29—56。

菊屋市兵衛：《山王御祭礼附祭番附》(1854)。国文学研究資料館电子版（编号：248-5）。

雲泉太極：《碧山日録》卷 3，近藤瓶城編：《史籍集覧》第 25 冊。東京：近藤出版部，1902 年。

須藤利一：《南島覚書》。東京：東都書籍，1944 年。

須藤敏夫：《近世日本釈奠の研究》。京都：思文閣，2001 年。

黒川道祐：《雍州府志》。京都：臨川書店，1997 年。

黒沢石斎：《懐橘談》。松江：秦慶之助，1914 年。

塙保己一編：《続群書類従》第 8 輯上・伝部。東京：続群書類従完成会，1927 年。

——編：《続群書類従》第 12—13 輯。東京：経済雑誌社，1894 年。

新井白石：《殊號事略》，神宮司庁編：《古事類苑・外交部 9》，朝鮮 2。東京：神宮司庁，1912 年。

——：《折りたく柴の記》。東京：岩波書店，1964 年。

——：《折りたく柴の記》，桑原武夫編：《日本の名著 15・新井白石》。東京：中央公論社，1969 年。

会沢正志斎：《読級長戸風》，関儀一郎編：《日本儒林叢書》第 4 冊。東京：鳳出版，1978 年。

参考书目

《源平盛衰記》。東京：国民文庫刊行会，1910 年。

源高明：《西宮記》，《古事類苑・文学部 20》。東京：神宮司庁，1912 年。

万里集九著、市木武雄註：《梅花無尽蔵注釈》第 1 巻。東京：続群書類従完成会，1993 年。

運敞：《三教指帰註》，高岡隆心編：《真言宗全書》。東京：真言宗全書刊行会，1935 年。

鈴木三八男：《神農廟略志》。東京：斯文会，1969 年。

鈴木昶：《日本の伝承薬：江戸売薬から家庭薬まで》。東京：薬事日報社，2005 年。

増田福太郎：《長崎"媽祖"の源流と背景》，長崎大学経済学部産業経営研究所編：《長崎大学経済学部創立五十周年記念論文集》。長崎：長崎大学経済学部産業経営研究所，1955 年。

榮西：《喫茶養生記》。京都：法蔵館，1939 年。

《漢寿亭侯金印之図》，大江文坡：《関聖帝君覚世真経霊応篇》（大阪：名倉又兵衛，1791 年），Hathi Trust Digital Library(100603274)。

熊沢蕃山：《三輪物語》，三枝博音編：《日本哲学全書 4・神道篇、儒教篇》。東京：第一書房，1936 年。

福井県教育史研究室編：《福井県教育百年史：史料編》。福井：福井県教育委員会，1975 年。

福田アジオ編：《結衆・結社の日本史》。東京：山川出版社，2006 年。

窪徳忠：《庚申信仰の研究：日中宗教文化交渉史》。東京：日本学術振興会，1961 年。

裵寛紋：《宣長はどのような日本を想像したか〈古事記伝〉の"皇国"》。東京：笠間書院，2017 年。

広川獬:《長崎聞見録》。日本国立国会図書館电子版（請求記号：863-205）。

広瀬旭荘:《足利学校見聞記》。東京：野田文之助，1925年。

——:《九桂草堂随筆》，関儀一郎編:《日本儒林叢書・随筆部2》。東京：東京図書刊行会，1929年。

徳川光圀著、稲垣国三郎注解:《桃源遺事》。札幌：清水書房，1943年。

横山旭三郎:《東蒲原郡の鍾馗信仰考》,《高志路》（新潟県民俗学会）第223号（1971年8月），頁63。

横山住雄:《快川国師の生涯（三）》,《禅文化》第192号（2004年4月），頁110。

横山重等編:《古浄瑠璃正本集》第10。東京：角川書店，1982年。

横井也有:《鶉衣》，国民図書株式会社編:《近代日本文学大系》第23巻。東京：国民図書，1929年。

横井清編:《近世風俗図譜5・四条河原》。東京：小学館，1982年。

蔭木英雄:《五山文学と道教上》,《相愛大学研究論集》第9号（1993年3月），頁15—28。

——:《五山文学と道教下》,《相愛大学研究論集》第10号（1994年3月），頁29—41。

猪口篤志編:《新釈漢文大系45・日本漢詩上》。東京：明治書院，1972年。

鄭舜功:《日本一鑑》。日本国立国会図書館电子版（請求記号：291.099-Te21）。

曉鐘成:《攝津名所図会大成》。京都：柳原書店，1927年。

橘南谿:《東西遊記》。仙台：有朋堂，1913年。

濱下武志:《華夷秩序と日本：18世紀～19世紀の東アジア海域世

界》,《参考書誌研究》第 45 号（1995 年 10 月），頁 1—16。

磯野信春：《長崎土產》。長崎：大和屋由平寿櫻，1847 年。日本国立国会図書館电子版（請求記号：特 1-1828）。

《隱元禪師語録・續録》卷 18，隱元著，平久保章注：《隱元全集》第 12 卷。東京：開明書院，1979 年。

斎藤月岑：《東都歲事記》卷 2。東京：須原屋伊八，1838 年。日本国立国会図書館电子版（請求記号：121-85）。

——：《増補浮世絵類考》，神宮司庁編：《古事類苑・文学部 43》，絵画上。東京：神宮司庁，1912 年。

鵜川亀文：《華実年浪草》，神宮司庁編：《古事類苑・歲時部 13》。東京：神宮司庁，1912 年。

芸能史研究会編：《日本庶民文化史料系成・卷 1・神楽・舞楽》。東京：三一書房，1974 年。

藤井義博：《本居宣長におけるいのちの視野》,《藤女子大学紀要》第 48 号第 II 部（2011 年），頁 90。

藤田明良：《中国の媽祖から日本の船玉明神へ》,《交通史研究》66（2008 年 8 月），頁 63—64。

——：《日本近世における古媽祖像と船玉神の信仰》，黄自进主编：《近现代日本社会的蜕变》。台北："中研院"，2006 年，页 171—220。

藤田東湖：《弘道館記述義》，今井宇三郎、瀬谷義彦、尾藤正英校注：《日本思想大系 53・水戸学》。東京：岩波書店，1973 年。

——：《常陸帯》，菊池謙二郎編：《東湖全集》。東京：博文館，1940 年。

藤林保武：《万川集海》，今村嘉雄等編：《日本武道全集 4・砲術、水術、忍術史》。東京：人物往來社，1966 年。

藤貞幹：《好古日録》，日本随筆大成編輯部編：《日本随筆大成》第

1期。東京：吉川弘文館，1974年。

藤原良経等著、峯村文人注：《新古今和歌集》。東京：小学館，1995年。

藤原茂範著、増田欣注：《唐鏡：松平文庫本6》。広島：広島中世文芸研究会，1966年。

藤原時平等：《日本三代実録》卷38，光孝紀4，《定衛府釈奠祭牲事與命出羽国慎警固》，黒板勝美、丸山二郎編：《新訂増補・国史大系》第4卷。東京：吉川弘文館，1929年。

——等：《延喜式》，《古事類苑・文学部20》。東京：神宮司庁，1912年。

藤原資房：《春記》。京都：臨川書店，1974年。

藤原緒嗣編：《日本後紀》，神宮司庁編：《古事類苑・地部2》第1卷。東京：神宮司庁，1912年。

藤堂光寬：《国校興造記》，有造館，1824年。早稲田大学図書館電子版（請求記号：ト0201750）。

寶生重英編：《鍾馗》。東京：わんや書店，1933年。

覺禅：《覺禅鈔》卷118，高楠順次郎編：《大正新脩大蔵経・図像部》卷4。台北：新文丰，1983年。

《釈奠旧儀》，犬塚印南：《昌平志》。東京：同文館，1911年，頁162。

桜井好朗編：《神と仏：仏教受容と神仏習合の世界》。東京：春秋社，2000年。

桜庭経緯編：《剪灯史談》卷1。東京：大倉書店，1891年。

蘭坡景茝：《雪樵獨唱集》，玉村竹二：《五山文学新集》卷5。東京：東京大学出版会，1971年。

参考书目

中文文献（以笔画为序）

二阶堂善弘：《日本禅宗寺院之宋明伽蓝神》，李奭学、胡晓真主编：《图书、知识建构与文化传播》。台北：汉学研究中心，2015年，页25—44。

下野敏见：《中国石敢当与日本琉球石敢当的比较研究》，《福建学刊》1991年第1期，页73—76。

千宗室著、萧艳华译：《〈茶经〉与日本茶道的历史意义》。天津：南开大学出版社，1992年。

方广锠：《佛教志》。上海：上海人民出版社，1998年。

王丹、林继富：《从忠勇之士到藏族战神——关帝在藏族人生活中的信仰》，《青海民族研究》第21卷第4期（2010年），页141—143。

王象之：《兴化军碑记》，《舆地碑记目》卷4，俞樾：《茶香屋续钞》，卷19。台北：新兴书局，1978年，页3650。

王福祥编著：《日本汉诗与中国历史人物典故》。北京：外语教学与研究出版社，1997年。

王维先、铁省林：《朱熹的道统思想对日本"暗斋学派"的影响》，《齐鲁学刊》2010年第1期，页22—26。

朱熹：《沧州精舍告先圣文》（1194），郭齐、尹波点校：《朱熹集》卷86。四川：四川教育出版社，1996年，页4446。

佛光大辞典编修委员会编：《佛光大辞典》。台北：佛光出版社，1988年。

吴伟明：《从〈百衲袄〉看中世日本易学的本地化》，《学术月刊》2014年第1期，页162—167。

——：《德川国学对〈易经〉的研究与挪用：平田笃胤的易学新解》，《汉学研究集刊》第18号（2014年6月），页1—22。

——：《易学对德川日本的影响》。香港：中文大学出版社，2009年。

——：《德川日本的中国想象：传说、儒典及词汇的在地化诠释》。北京：清华大学出版社，2015年。

——主编：《中国小说与传说在日本的传播与再创》。上海：上海交通大学出社版，2018年。

——：《近代以前日本的汉字本地化策略》，《南国学术》第10卷第1期（2020年1月），页27—36。

李大川：《日本的石敢当信仰及其研究》，《民俗研究》第21期（1992年），页83—86。

李成焕：《韩国朝鲜中期的关帝信仰》，《道教学探索》第4期（1991年10月），页466—477。

李东红：《关东节令习俗》。沈阳：沈阳出版社，2004年。

李林甫：《唐六典》。北京：中华书局，1992年。

李建成：《伏羲文化概论》。天水：甘肃文化出版社，2004年。

李杰玲：《论日本对中国石敢当信仰的接受》，《华夏文化论坛》2013年第1期，页327—337。

李舒燕、马新广：《佛道介入与妈祖信仰的嬗变》，《广东海洋大学学报》第28卷第2期（2008年4月），页20—23。

李福清（Boris Riftin）：《关公传说与三国演义》。台北：汉忠文化，1997年。

李露露：《华夏诸神·妈祖卷》。台北：云龙出版社，1999年。

沈复：《浮生六记》，宋凝编注：《闲书四种》。武汉：湖北辞书出版社，1995年。

谷川健一著，文婧、韩涛译：《日本的众神》。北京：社会科学文献出版社，2015年。

阮玉诗：《越南文化中的关公研究》，《文学新钥》第19期（2014年

6月），页61—84。

阮黄燕：《简论越南石敢当信仰》，《泰山学院学报》第37卷第5期（2015年9月），页21—24。

周幼涛：《祭禹丛考》，陈瑞苗、周幼涛主编：《大禹研究》。杭州：浙江人民出版社，1995年，页79—150。

周星：《中国和日本的石敢当》，《民族学研究所资料汇编》第8期（1993年11月），页88—116。

周煌：《琉球国志略》，《台湾文献史料丛刊》第3辑，第293种。台北：大通书局，1984年。

林登名：《莆舆纪胜》。超星数字图书馆（分类号：K295.74）。

邱奕松：《妈祖祀在日本之探讨》，《史联杂志》第10期（1987年8月），页91—96。

邱岭、吴芳龄：《三国演义在日本》。银川：宁夏人民出版社，2006年。

金文京：《三国演义的世界》。北京：商务印书馆，2010年。

金宅圭：《韩国民俗文艺论》。汉城：一潮阁，1980年。

金秋：《古丝绸之路乐舞文化交流史》。上海：上海音乐出版社，2002年。

姚琼：《传入日本的钟馗信仰研究》，《浙江社会科学》第11期（2015年），页114—118。

泉州市区民间信仰研究会：《关岳文化与民间信仰研究》。厦门：厦门大学出版社，2008年。

韦旭升：《抗倭演义〈壬辰录〉及其研究》。太原：北岳文艺出版社，1989年。

徐宏图：《从大禹治水神话看越文化对日本文化的影响》，《绍兴文理学院学报》第23卷第2期（2003年），页8—15。

徐逸樵：《先史时代的日本》。北京：生活·读书·新知三联书店，

1991年。

徐庆兴编:《新订朱舜水集补遗》。台北:台湾大学出版中心,2004年。

徐谦:《关帝觉世真经本证训案阐化编》卷3。北京:会文斋刻字铺,1845年。

翁敏华:《中日韩戏剧文化因缘研究》。上海:学林出版社,2004年。

马达:《越南开国传说与中国历史文化渊源》,《河南科技大学学报(社会科学版)》28卷第3期(2010年6月),页27—29。

马继兴:《神农药学文化研究》。北京:人民卫生出版社,2012年。

高罗佩:《东皋心越禅师传》,高罗佩编著:《明末义僧东皋禅师集刊》卷1。重庆:商务印书馆,1944年,页3。

国家文化财产研究所编:《释奠大祭》。汉城:国家文化财产研究所,1998年。

崔应阶:《陈州府志》19卷。中国哲学书电子化计划,https://ctext.org/wiki.pl?if=gb&chapter=494217。

张哲俊:《日本谣曲〈皇帝〉再考》,王晓平主编:《东亚诗学与文化互读》。北京:中华书局,2009年,页269—277。

张昆将:《日本德川时代神儒兼摄学者对"神道""儒道"的解释特色》,《台大文史哲学报》第58期(2003年5月),页141—179。

张博主编:《中国风水宝典》。延边:延边人民出版社,2000年。

张爱萍:《从"禹祭"的东传与流变看吴越文化与日本民族文化的渊源关系》,《日语学习与研究》第3期(2015),页10—16。

张学礼、王士禛等撰:《清代琉球纪录集辑等十二种(上)》。台北:中华书局,1971年。

庄伯和:《中国风狮爷研究:兼论中琉狮子之比较》,《台湾历史博物馆馆刊:历史文物》第2卷第8期(1989年),页12—25。

参考书目

陈吉人：《丰利船日记备查》，松浦章著，冯佐哲译，吕昶校：《中国商船的航海日志》，杜文凯编：《清代西人见闻录》。北京：中国人民大学出版社，1985年，页262。

陈抗：《中国与日本北海道关系史话》，中外关系史学会编：《中外关系史论丛》第2辑。北京：世界知识出版社，1986年，页25—47。

陈伟涛：《中原农村伏羲信仰》。上海：上海人民出版社，2013年。

陈智超编纂：《旅日高僧东皋心越诗文集》。北京：中国社会科学出版社，1994年。

陈玮芬：《日本江户汉学者对道统论的继承和发展》，《人文及社会学科教学通讯》第8卷第5期（1998），页106—155。

陈耀郎：《澎湖石敢当信仰之调查研究》。2011年淡江大学历史学系硕士论文。

陶宗仪：《南村辍耕录》。沈阳：辽宁教育出版社，1998年。

麻国钧：《中国古典戏剧流变与形态论》。北京：文化艺术出版社，2010年。

叶汉鳌：《日本民俗信仰艺能与中国文化》。台北：大新书局，2005年。

叶涛：《泰山石敢当》。杭州：浙江人民出版社，2007年。

葛兆光：《文化间的比赛：朝鲜赴日通信使文献的意义》，《中华文史论丛》第2期（2014年），页1—62。

雷晓臻：《汉族石敢当在仫佬族中的演变》，《广西民族学院学报》第27卷第1期（2005年1月），页102—105。

窪德忠著、李杰玲译：《石敢当：日本对中国习俗的接受（之三）》，《民间文化论坛》第3期（2012年），页32—45。

刘向编、高诱注：《战国策》。台北：艺文印书馆，1974年。

刘惠萍：《伏羲神话传说与信仰研究》。台北：文津出版社，2005年。

欧阳修:《新唐书·礼乐五》。北京:中华书局,1975年。

蔡东洲、文廷海:《关羽崇拜研究》。成都:巴蜀书社,2001年。

萧登福:《关帝与佛教伽蓝神之关系,兼论关帝神格属性应归于道而非佛》,《成大宗教与文化学报》第20期(2013年12月),页65—84。

萧嵩:《大唐开元礼》卷53《皇太子释奠于孔宣父》。北京:民族出版社,2000年。

赖思妤:《东皋心越诗文中的航海信仰:以天妃信仰和五岳真形图的在日流传为中心》,《中国文哲研究通讯》第26卷第1期(2016年),页83—118。

钟宗宪:《炎帝神农信仰》。北京:学苑出版社,1994年。

蓝弘岳:《荻生徂徕的古代中国史观与政治思想——"圣人之道"的重构与"宋学"批判》,《汉学研究》第33卷第3期(2015年),页169—203。

蓝吉富主编:《禅宗全书:杂集》。北京:北京图书馆出版社,2004年。

藤田明良:《由古妈祖像看日本的妈祖信仰》,林田富编:《2008年彰化研究学术研讨会论文集》。彰化:彰化县文化局,2008年,页29—50。

关四平:《三国演义源流研究》。哈尔滨:黑龙江教育出版社,2001年。

樱井龙彦:《妈祖文化在日本的展开——其传来与分布以及吸收与利用》,叶树姗编:《妈祖国际学术研讨会论文集》。台中:台中市文化局,2012年,页31—48。